中国红十字运动史料选编·常州专辑

（第十三辑）

江　华　张　涛　主编

合肥工業大學出版社

《中国红十字运动史料选编·常州专辑》编辑委员会

总　　序

150 年前，高举人道主义旗帜，旨在促进人类持久和平的红十字运动在欧洲兴起并迅速走向世界。100 多年来，红十字会为世界和平与发展做出的巨大贡献有目共睹，因而日益受到世界各国、各地区的欢迎，已发展成为与联合国、奥委会并称的世界三大国际组织之一。究其原因，乃其所奉行的七项基本原则——也是红十字文化的内核——涵盖了世界上各种不同文化的共同点，能为文化和制度不同的国家所接受，故而具有强大的生命力。

100 年前，红十字运动东渐登陆中国。在其中国化的发展过程中，红十字会不断吸取中国传统文化的精髓，茁壮成长，逐步形成了“人道、博爱、奉献”的文化内涵，并成为中华文化的瑰宝之一。

百余年来，红十字运动在波澜壮阔的实践中积累了丰富的经验，也留下了许多教训。经验与教训需要上升为理论，也只有理论才能更好地指导红十字事业持续、健康发展。学界、业界对此都进行了持续的关注。

2005 年 12 月 7 日，苏州大学社会学院与苏州市红十字会携手合作，成立全国首家红十字运动研究中心，旨在通过学界和业界的联合，推动和加强红十字运动的理论研究，探究红十字运动中国化的过程与特色，凝练红十字文化价值，探求红十字运动在构建国家软实力和促进中华民族伟大复兴中的地位与作用。同年 12 月 9 日，中国红十字会总会也提出，“确定一批研究课题，组织专家学者开展对国际红十字运动及中国红十字运动的深入研究”[①]。由此，学界、业界共同开展了对红十字运动

① 中国红十字会总会：《关于加强和改进宣传工作的意见》，红总字〔2005〕19 号。

的学术研究与理论探讨。

多年来，红十字运动研究中心除通过专业网站（http://www.hszyj.net）发布和交流学界、业界动态外，已出版研究成果数十部；帮助一些地方红十字会建立与高校的合作，搭建平台，共同开展研究；举办了首届红十字运动与慈善文化国际学术研讨会；培养了一批专门研究红十字运动的生力军；积累了大量的学术资料。中心主要研究人员还借助在各地讲学的机会，传播重视红十字运动研究的理念。正是在红十字运动研究中心的引领之下，红十字运动研究在中华大地上呈现出生机勃勃的发展态势，并取得了丰硕的成果，“新红学”[①] 呼之欲出。仅以2011年为例，各地以纪念辛亥革命100周年为契机，纷纷整理、编辑出版了地方红会百年史；有的红会还与高校合作组建相关研究中心，等等[②]。这些方式有力地推动了红十字运动研究向更深更广的方向发展。

当今世界正处于大发展大变革大调整时期，多极化、经济全球化深入发展，科学技术日新月异，各种思想文化交流交融交锋更加频繁，文化在综合国力竞争中的地位和作用更加凸显。2011年10月18日，党的十七届六中全会通过的《中共中央关于深化文化体制改革推动社会主义文化大发展大繁荣若干重大问题的决定》，提出要推动社会主义文化大发展大繁荣。11月7日，教育部发布了《高等学校哲学社会科学繁荣计划（2011—2020年）》，强调要大力提升高等学校人才培养、科学研究、社会服务、文化传承创新的能力和水平。12月7日，全国人大常委会副委员长、中国红十字会会长华建敏在中国红十字会九届三次理事会上提出，“要深化理论研究，充分挖掘红十字文化内涵，推进红十字文化中国化，广泛传播人道理念，在全社会推动形成良好的道德风尚”[③]。红十

---

① 在2009年4月于苏州大学召开的“红十字运动与慈善文化”国际学术研讨会上，红十字运动研究中心主任、江苏红十字运动研究基地负责人、苏州大学教授池子华指出，经过100多年波澜壮阔的实践发展和学术界呕心沥血的开拓性研究，在人文社科领域构建一门“新红学”——红十字学，条件已经具备，时机已经成熟。见池子华：《创建“红十字学”刍议》，《中国红十字报》2009年4月17日。

② 池子华、郝如一：《2011年红十字理论研究之回顾》，《中国红十字报》2012年1月3日。

③ 《中国红十字会九届三次理事会召开》，《中国红十字报》2011年12月9日。

字“文化工程”已然成为红十字会总体建设目标之一[①]。进一步加强与拓展红十字运动理论研究，尤其是对红十字文化中国化的研究，已成为历史与现实的呼唤。

有鉴于此，红十字运动研究中心继续发挥高等学校与业界合作的优势，汇聚研究队伍，科学选题，出版一套“红十字文化丛书”，弘扬有利于国家富强、民族振兴、人民幸福、社会和谐的思想和精神，凸显红十字文化在中国文化园地中的地位，使红十字文化在神州大地上更加枝繁叶茂，促进中国红十字事业可持续发展，推动红十字文化的国际交流。

“红十字文化丛书”的出版，得到了中国红十字基金会、江苏省红十字会、苏州大学社会学院、上海市嘉定区红十字会、浙江省嘉兴市红十字会、江苏省盐城市盐都区红十字会等单位的鼎力支持，也得到红十字国际委员会东亚代表处及中国红十字会总会的关心和指导，在此谨致衷心感谢。

池子华

2012 年 6 月于苏州大学

① 池子华:《“文化工程”应成为红十字会总体建设目标之一》,《中国红十字报》2009 年 12 月 11 日。

序

常州文化博大精深，源远流长，常州的红十字运动和红十字文化是常州本土文化与西方文化结合的产物，是常州文化重要的组成部分。历史上，正是因为有了常州人的参与和常州红十字运动的探索，才引领了全国红十字运动不断走向高潮。近年来，常州市红十字会按照总会“深化理论研究，充分挖掘红十字文化内涵，推进红十字文化中国化”的工作要求，立足自身实际和工作实践，在做好各项业务工作的基础上，重视地方红十字运动资源的保护和挖掘，认真梳理百年来发生在常州大地上的红十字运动资料，开发红十字文化系列产品，着力从国内外红十字事业发展的具体实践中汲取营养，不断提高理论研究和历史研究的水平与能力。通过不懈的努力和探索，常州市红十字会正逐步走出一条具有常州地方特色的红十字理论研究之路。

一、探本溯源，发掘常州红十字运动历史“宝藏”

据史料记载，常州是一座有着5000年文明史、近3000年建城史的城市。2012年，常州市被评为“全国文明城市”；2017年，又成功跻身全国首批全域文明城市行列，拥有着“慈善之城、爱心之都”的桂冠。经过千百年的历史文化积淀，常州已经形成了“尚文”“尚德”“尚学”的独特城市品质。在这块富有人文关怀精神的土壤中，红十字运动的种子一经落地，就在常州大地上迅速生根发芽，茁壮成长。

简单来说，常州红十字运动的发展历程具有三个显著特点，即历史悠久、人物众多、资料丰富。

说历史悠久，是因为1914年就着手筹备，1921年正式成立了常州红十字会。迄今已经跨越了两个历史时期，风雨100年，其间虽两度中断，但红十字运动的发展脉络清晰可见。悠久的历史渊源，加上浓厚的慈善氛围，催生了常州红十字事业的发展和壮大。

说人物众多，是因为无论从总会、省会还是从市、县红十字会的层面上，均涌现出一批优秀的常州籍慈善界知名人物，包括官方任命的中国红十字会首任会长盛宣怀，率团赴日开展救护工作的总会理事长庄录，一生热爱公益、位列“海上四老”之首的闻兰亭，牺牲于日军屠刀下的红十字救护队长苏克己，常州分会奠基人王完白，分会首任会长屠寄，在家中设立妇孺救济院的龚承祖会长，临终遗言捐建“琢初桥”的伍琢初会长，复会功臣吴逸樵，乡村服务站创始人杨迪群，国际医防大队十一勇士，第35届南丁格尔奖获得者孙静霞及其学生邹瑞芳，感动中国的“信义夫妻”，我国首例为新西兰患者捐献造血干细胞的志愿者孙萌婷，为家乡捐赠100余幅书法作品成立爱心基金的恽建新，等等。正是有了这样一批无私奉献的红十字运动的领袖人物和模范人物，加上常州人的平和细腻、严谨执着、淳朴善良、乐于助人，才有了今天的“慈善之城、爱心之都”美誉，给常州人民乃至于全国人民带来了福祉。

说资料丰富，是因为在每一个历史阶段，常州红十字人都十分重视积累和保存资料，目前在中国第二历史档案馆和常州档案馆、常州图书馆等部门，都保存有相关档案。另外《申报》《时报》《兴华》《红十字月刊》《新中国红十字》《中国红十字报》《江苏红十字报》等报刊，均载有大量常州红十字人的文章，这些历史资料为我们研究常州红十字运动提供了最可宝贵的第一手材料。而《大清万国红十字会档案》《盛宣怀资料选编》《上海图书馆藏盛宣怀档案萃编》《探本溯源：来自博爱论坛的声音》等资料书籍的出版，更是以铁的事实证明常州人盛宣怀是中国红十字会官方任命的首任会长，是常州的骄傲。

以上三点，经过百年的积累和沉淀，共同组成了一座研究常州红十字运动的“富矿”。

二、保护利用，开发常州“红十字文化系列产品”

前人为我们留下了宝贵的红十字文化的精神财富，如何才能保护好、利用好，并充分发挥其影响社会风尚的作用，这是我们当代红十字人一直在思考的问题，也是激励我们不懈探索和实践的动力。近年来，通过学习、借鉴、探索、创新，常州市红十字会逐渐具备了开发具有自身特色的“红十字文化系列产品”的能力和优势。目前，常州红会的“红十字文化系列产品”主要包括六大方面：

一是创办《常州红十字》季刊。依靠红会自身力量，独自办刊。刊物特别重视红十字理论研究和文化传播工作，每期刊发理论研究文章3~4篇、红十字运动历史资料3~4篇，两者占到刊物三分之一以上篇幅。

二是编撰首部《常州红十字志》。2014年，《常州红十字志》正式出版。该书记述了常州红十字运动100年的历史轨迹和发展历程，为后人研究常州红十字运动提供了真实可靠的依据。它是常州红十字会独立编撰的第一部志书，也是目前国内为数不多的市级红十字志。

三是编写《常州红十字会简史》。2010年，我们完成了《常州红十字会简史》的编写工作。该书在记述历史的基础上，突出了重要人物和重大事件的作用与意义，真实再现了常州红会在血与火的岁月中得到磨炼与提高的历程，是普及常州红十字运动历史和宣传常州红十字历史人物的较好材料，得到了市领导和相关部门的充分肯定。

四是编写《常州红十字人物传》。在编写《常州红十字会简史》的同时，我们广泛收集有关常州籍红十字人物的资料，组织力量编写了《常州红十字人物传》，目前已经完成了盛宣怀、闻兰亭、屠寄、王完白、苏克己、孙静霞等10余人的编写工作，并陆续刊发在《常州红十字》上。

五是完成了《报刊中的常州红十字》。该书收录了自1916年至2013年，全国重要刊物中有关常州地区红十字运动的报道和历史图片，共计30多万字。该书是研究本地区红十字运动的又一重要成果，其中仅民国时期的资料就达10万多字，在全国亦属不多见。

六是开展红十字理论研究的探索。我们建立了红十字宣传通讯员队伍，创办了网站和微信，鼓励全市的专、兼职红十字会干部结合工作实际开展理论研究，并通过论文征集、论文比赛等形式激励更多的人参与这项工作。每年，常州红会都有10篇以上的研究论文正式发表，在全国红十字会系统中有一定的影响力，一批优秀论文还被评为全省优秀论文。

通过开发以上六大“红十字文化系列产品”，我们实现了史、志、传三位一体全方位的红十字理论和文化研究格局。同时，通过创办刊物、整理资料、加强合作、深入研究等途径，不断扩大了常州红十字文化的传播范围和影响力，受到了越来越多的关注。

三、不忘初心，做红十字理论研究和文化传播的“使者”

常州市红十字会在理论研究和文化产品开发方面已有了一定的基础，下一步将在市委、市政府的正确领导和大力支持下，把红十字理论研究和文化传播纳入全市精神文明建设整体规划之中，形成具有常州特色的红十字文化。

2018年底，中国红十字会总会改革方案正式出炉，再次将红十字理论研究提高到七大改革措施之一，要求“加强理论研究，大力开展宣传工作”，围绕红十字运动重大理论和现实问题开展研究。2019年适值中华人民共和国成立70周年，为庆祝这一伟大的节日，并结合开展“不忘初心、牢记使命”主题教育活动，常州市红十字会计划将前期收集的史料（图片、档案）分别编撰为《民国卷》和《新中国卷》出版，并通过开展形式多样的党史、国史、改革开放史、会史教育，用先进人物的事迹激励人、鼓舞人。

历史是现实的镜子，无论是经验还是教训，都值得我们认真总结。中国红十字运动110年的奋斗历史，常州红十字运动100年的发展历程，都是党史、国史的组成部分，更是地方文化宝贵的精神遗产，值得深入挖掘、整理。可以预见，随着红十字事业的不断发展，红十字理论研究必将得到进一步加强。作为地方分会，常州市红十字会也将在理论研究、文化产品开发、红十字精神传播等方面做出自己的努力，为中国红十字运动的发展做出应有的贡献。

江　华

2019年春于龙城

前　　言

本书辑录的资料涉及大量的图书、报刊、照片、档案，辑录遵守以下原则：

一、辑录的资料一般按时间先后顺序排列（个别条目因相互关联，适当调整至相关条目之下），每条资料之后注明原载资料的名称和年月日。

二、辑录的资料按照原文照录，不做改动。

三、内容雷同的资料一般以最早者为准，其余从略。有重要存史价值的资料，则附录于相关条目之下。

四、辑录的资料按原文整理，并按现行规范加标点符号。遇有错字直接做了修改，无法辨认的字用“□”表示。

五、资料仅部分涉及常州红会的内容，一般作节录处理。

六、部分资料由于缺少相关背景，编者适当加了按语，并以不同字体加以区别。

七、本资料选取有所侧重，报刊以《申报》《新闻报》《时报》《武进报》《商报》《武进商报》《武进新闻》《中山日报》和《红十字月刊》为主要来源，照片主要来源于各类图书，档案主要来源于常州市档案馆所藏 1946 年至 1948 年武进红十字会卷宗。

八、抗日战争时期，常州红十字会会务工作被迫中断，导致部分年份无史料。

由于编者能力有限，所见资料不全，遗珠之憾必然存在，加之时间仓促，疏漏之处在所难免，敬请读者批评指正。

目　　录

第一部分　报刊中的常州红十字会

1912 年

红十字会与基督教

王完白

十月三十号，中国红十字会开统一大会于上海汇中大旅馆，中央政府及各省长官多派代表莅会，合全国各分会代表，约共百数十人。鄙人为江阴部理事长，亦躬与斯盛。会中除讨论统一方法外，并有各名人演说，以外交部代表陈徵宇君及黎副总统代表赵伯威君所论尤为透彻。会长沈仲礼君极赞耶稣教各医士之热心公益。盖各省分会教会医院实居多数，皆能不受津贴，而甘为红十字善工力尽义务，诚令人感愧无已云云。次日尚有继会，鄙人以事不克延留，遂匆匆辞归。

原载于《通问报》1912 年第 527 期

1914 年

常州教会拟开医院

三月九号，有监理会西牧霍约翰·鲍、江阴医学博士王完白君主理，现两公会（长老会、监理会）已上闻差会，筹划经费，研究地点，一等回信，即行开办云。

原载于《通问报》1914 年第 594 期

中国红十字会常州分会之筹备

光复之际，余方主任江阴医院，曾组织红十字医队，参与南京及津浦路线之救护事业。迨来常（1914 年）创办（福音）医院后，上海红十字会总会沈仲礼前会长，即以筹备常州分会事相托。开院（六月一日）后，（十月一日）遂以筹备处名义办理红会事业。（王完白《十年之回顾》）

原载于《兴华》1923 年第 20 卷第 12 期，第 21—23 页

【编者按：括号中内容为编者所加。中国红十字会常州分会筹备处设于 1914 年 10 月 1 日，地址在福音医院内，王完白任理事长，常州地区红十字运动由此开始。因原始资料缺失，故以王完白 1923 年《十年回顾》等有关材料为佐证。】

1916 年

常州快信

局前街福音医院系基督教人所办，向设有中国红十字会筹备处。今因军队丛集，闻该院已备作常州红十字会分会。

原载于《时报》1916 年 4 月 21 日

常州消息

常州昨到有省军千余名，闻驻团部。今日四城盛搜船只，有将载运驻天宁寺内七十四团兵士开往江阴进攻之说。昨日此间闻有隆隆炮声，

昨商会绅商集议维持常州治安事，旋即电宁请示办法。散会时已晚，现尚未得省复。福音医院院长王完白现已组织红会筹备处，预备开赴战地救济。

原载于《申报》1916年4月26日

红十字分会之扩充

澄台告警，战讯频闻，伤病军民，亟待救护，前经王完白君设立分会于局前街福音医院，已有年所。兹因风云紧急，特扩充会务，筹备救伤事业。由美国罗（淑君）、孙（友朋）、霍（约翰夫人）、蘧（美丽）诸女士担任义务，看护伤兵。又增设妇孺留养院于县立女子师范学校内，由校长任女士兼理院务，以收被殃妇孺，业已由王君拟定章程，征集会员，募捐经费。其代收捐款处已定商会、女子师范、东门福音堂三处，兹录其简章如下：

第一章

一、本分会名为中国红十字会常州分会筹备处，设于局前街福音医院。

二、本分会所用旗帜袖章均由中国红十字会总会给发，本分会须尽力禁阻滥用。

三、本分会须遵照总会章程办理。

第二章

一、本分会在会同各处分会协助总会按照一千八百六十四年各国会订之《日来弗条约》暨一千九百零六年七月六号中国在保和会签押之《陆战时救护病伤条约》（一名《日来弗红十字约》）办理。

（甲）在战时应遵守本国海陆军部定章及临时军司令官命令协助医队救护病者伤者。

（乙）在平时应筹募款项设立医院，造就医学人才，置办医务材料，并预备赈济水旱偏灾，防护疫疠及其他各项危害之用。

第三章

一、凡纳捐洋二十五元以上者均认为正会员（未满二十五元者，酌赠福音医院优待诊券，聊申谢意）。

二、凡纳捐洋二百元以上或募捐洋一千元以上，由本分会函请总会办事处议决，举为总会特别会员。

三、凡独捐洋一千元以上或募捐洋五千元以上，由本分会函请总会办事处议决，举为总会名誉会员。

四、本分会会员中有犯刑事案或其作事有违本分会章程者，本分会得褫夺其会员资格。

五、凡分会会员出会，无论告退、被退，所收入会费概不发还。

六、凡本分会所收会员会费，至少应将一半之数，按季汇交总会办事处。

以上章程系由中国红十字会总会所订，俟会员满三十人时即开成立大会，选举职员，同理会务。

会所常州局前街福音医院，电话一百五十号。

原载于《武进报》1916 年 4 月 27 日

【编者按：该章程内容曾以《中国红十字会常州分会章程》为题刊发在 1916 年第 13 卷第 24 期《兴华》，第 27—28 页，落款为“六月廿一日，中国红十字会常州分会筹备处王完白启”。】

红十字会之思患预防

本埠红十字会因见近日江阴宣战，苏常一带谣言亦盛。特分请江阴福音医院华尔德医士、常州福音医院王完白医士、苏州齐门外福音医院魏更生医士、葑门天赐庄博习医院芮真儒医士筹备救护，即以各该医院为红十字会临时机关，应需经费，悉由该会担任。如苏常一带不幸有事，均可就近将受伤军民送院疗治，昨该会已电致各军司令知照矣。

原载于《申报》1916 年 4 月 28 日和《武进报》4 月 30 日

常州快信

福音医院西医王完白所办之红十字分会筹备救护甚忙，闻病院尚不敷用。省立第五中学及教堂，均愿划分房屋作临时病院，并有美国女教士六人，自愿担任义务看护伤兵。县立女子师范学校亦划一部分归红十字分会作妇孺留养院，以收被殃妇孺。

原载于《时报》1916 年 4 月 28 日

中国红十字会常州分会筹备处入会简章

捐洋在二十五元以上即由总会举为正会员，二百元以上特别会员，一千元以上名誉会员，皆有徽章凭照（未满二十五元者谨赠优待诊券）。王完白启。

原载于《武进报》1916 年 4 月 29 日

中国红十字会常州分会谨谢

县立女子师范校长任玄珠女士，省立第五中学校长童伯章君，中学校博物学教员兼学监黄颂林君热心救济，各捐洋二十五元，除分请总会认为正会员外，谨此登报，奉扬仁风。福音医院常州红十字分会筹备处王完白启。

原载于《武进报》1916 年 4 月 29 日

红十字分会之进行

福音医院所办之红十字分会筹备救护情形，已记前报，现在江阴战事虽已结束，然红十字会系永久之慈善机关，故该会现仍竭力进行。兹闻医院病室尚不敷用，幸得第五中学童校长慨然将校舍划出一部分作临时病院，备居伤兵。并有屠友梅君热心同尽义务，协助一切，甚为忙碌。又美国女教士担任义务看护者，前记已有四人。现悉尚有鲍（涵恩）教士夫人及海女士，亦一律加入看护团云。所有筹设红十字会事业之各处，已由筹备处王完白君往县公署及团本部请求一体保护矣。

原载于《武进报》1916 年 4 月 29 日

翁知事慨捐鹤俸

中国红十字常州分会王完白：前因澄锡战端既开，筹备救护等情，已志昨报。现该分会以需款孔殷，分头捐募，省立第五中学校校长童伯章君、县立女师范学校校长任玄珠女士，先后各已捐洋二十五元，经该会推为会员。兹县长翁志吾君慨分鹤俸五十元，助为该分会经费。该分会感县长热心慈善，已请总会推为正会员云。

原载于《武进报》1916 年 4 月 30 日

中国红十字会常州分会谨谢

翁县长捐助银洋五十元，敝分会筹备救护需款正殷，乃蒙县长翁志吾先生热心慈善，拨款慨助，感荷曷极，除请总会推为正会员外，谨此登报，奉扬仁风。福音医院常州红十字分会筹备处王完白启。

原载于《武进报》1916 年 5 月 1 日

妇孺留养院之办法

女子师范校长任玄珠女士创办妇孺留养院，附设于常州红十字分会内，所有简章业已议定，兹采录于下：

定名

本院由常州分会参照上海总办事处癸丑年救济妇孺办法而设，定名中国红十字会常州分会附设妇孺留养院。

宗旨

本院由中外红十字会会员共任义务，以救济战地被难妇孺为宗旨。

院址

附设常州城内西庙沟武进县立女子师范学校内。

院务

院务分左列三项：

（甲）救济被难妇孺，由院分批保送出险或代访亲族，遣送前往。

（乙）留养被难妇孺，俟战事平复遣送回籍（无家可归酌量资助）。

（丙）在留养期内，由院筹给衣食。病者疗之，丧者葬之。

职员

本院推定院长、院董、书记、会计、庶务等职员处理院务，其助理等员由院长选任之。

制限

留养妇孺以确在战地被殃及者为制限。

时期

本院救济事业至大局平定以后为止。

经费

留养人数依捐款定之，捐款有左列规定：

（甲）捐款章程照中国红十字会常州分会章程办理。

（乙）捐款用途由会计员随时结算，报告常州分会，汇报上海总办事处。

医药

由中国红十字会常州分会福音医院任之。

余则

本简章未经规定事项，一切照中国红十字会定章办理。

原载于《武进报》1916年5月1日、2日

中国红十字会常州分会谨谢

一善堂堂董汪世铨君经募，一善堂捐洋二十五元，李东孙君捐洋四元。热心救济，曷胜感佩，谨此登报，奉扬仁风。福音医院常州红十字分会筹备处王完白启。

原载于《武进报》1916年5月10日

中国红十字会常州分会谨谢

教育会会员高耀奎君介绍元真堂汪葆钧君捐助银洋二十五元，除请总会推定汪君为正会员外，谨此登报，奉扬仁风。福音医院常州红十字分会筹备处王完白启。

原载于《武进报》1916 年 5 月 27 日

中国红十字会常州分会谨谢

常州分会敬谢沙田局专办龚瑞冀君热心慈善，慨助银二十五元，除请总会认为正会员外，谨此登报，奉扬仁风。福音医院常州红十字分会筹备处王完白启。

原载于《武进报》1916 年 6 月 14 日

中国红十字会常州分会谨谢

常州分会敬谢沈漱六君热心慈善，慨助银二十五元，除请总会认为正会员外，谨此登报，奉扬仁风。福音医院常州红十字分会筹备处王完白启。

原载于《武进报》1916 年 6 月 22 日

中国红十字会志谢

六月九号起十五号止，常州分会筹备处介绍汪世铨君、屠敬山君、沈漱六、龚瑞冀，……以上各捐洋廿五元，推赠正会员。中国红十字会总办事处沈敦和启。

原载于《申报》1916 年 7 月 6 日

中国红十字会常州分会谨谢

屠敬山君介绍贺杏村君慨捐银洋三十元，具领之余，无任钦感。除请总会推贺君为正会员外，谨此登报，奉扬仁风。福音医院常州红十字分会筹备处王完白启。

原载于《武进报》1916 年 8 月 19 日

1917 年

中国红十字会志谢

四月一号起十五号止，常州分会筹备处介绍徐京和君，汪正铎君介绍张兆敬君，……以上各捐洋廿五元，俱推赠正会员。中国红十字会总办事处沈敦和启。

原载于《申报》1917 年 5 月 26 日

红十字分会代募水灾赈捐

顺直水灾，异常重大，为百年所未有。各埠团体及慈善士女，或慷慨解囊，或热心筹募，莫不踊跃从事。红十字会尤竭诚赞助，不遗余力。如开会筹款，调查灾区，散放衣食，掩埋尸骸等，均引为己任。兹闻吾常局前街福音医院内之红十字分会，因吾常素号繁富，当不乏大慈善家乐为捐助，惟吾常地无收款机关，故该分会愿效收解之劳。如捐洋在二十五元以上者，由总会推为红十字会终身会员云。

原载于《武进报》1917 年 10 月 17 日

常州红十字分会谨谢

兹承德生庄交来常元真君慨助天津水灾赈捐洋十二元正。除谨赠优待券外，特此鸣谢，奉扬仁风。中国红十字会常州分会筹备处福音医院启。

原载于《武进报》1917 年 10 月 21 日

常州红十字分会谨谢

兹承汪大善士（台衔不愿宣布）热心救济，慨助北方水灾赈捐洋二十五元正。除函请总会推为红十字正会员外，特此鸣谢，奉扬仁风。中国红十字会常州分会局前街福音医院启。

原载于《武进报》1917 年 10 月 28 日

常州红十字分会代募水灾急赈

顺直水灾，异常重大，为百年所未有。各埠团体及慈善士女，或慷慨捐输，或热心筹募，莫不踊跃从事。本红十字会尤竭诚赞助，不遗余力。如开会筹款，调查灾区，散放衣食，掩埋尸骸等，早见各报记载。吾常素号繁富，当不乏大慈善家，尚望慨解仁囊，乐为捐输，敝分会愿效收解之劳。捐无巨细，钧当登报申谢，凡捐洋在二十五元以上者，由总会推为红十字会终身会员，特赠庄严华美之徽章凭照，并将衔名分呈政府及万国红十字会，以表敬仰。未满二十五元者，各赠敝医院优待券，聊尽微意。故捐款之经由红十字会转放者，既可使灾黎保受实惠，复可得无上之荣誉，乐善君子，盍兴乎来？中国红十字会常州分会筹备处，局前街福音医院谨启。

原载于《武进报》1917 年 11 月 4 日

中国红十字会常州新会员公鉴

本分会经收捐款，凡个人捐洋在二十五元以上者，均经推为中国红十字会正会员，所有佩章凭照已先后由总会寄交敝处，会员中有尚未收到该件者，乞饬价持条来取为幸。局前街福音医院常州红十字分会筹备处王完白启。

原载于《武进报》1917 年 12 月 6 日

中国红十字会常州分会谨谢

本分会代募北方水灾急赈以来，承诸大善士源源捐助，殊感热心。兹再将最近捐数登报，征信并扬仁风。金启生女士经捐戚墅堰政成乡立第一女子国民学校，捐洋十元。谭祥麟君交来无名氏捐新华储蓄票五元，又不书名捐储蓄票一元，谢女士捐洋一角。局前街福音医院常州红十字分会筹备处王完白启。

原载于《武进报》1917 年 12 月 6 日

红会募捐

现交冬令，北方水灾灾民饥寒交迫，可怜孰甚。所赖各埠团体踊跃输将，得以稍苏其困。吾常州地本繁富，对于此次水灾，竟寂然无闻，殊为缺憾。幸局前街福音医院向有红十字分会，该院院长王完白君本慈善之旨，广发布告，愿作收捐机关，以效代解之劳。闻经此提倡后，各界之慷慨捐助者，颇不乏人，现当冬节，俗须彼此送礼，今多有节省无谓应酬之消耗费，而移作赈捐者，一转移间，化无用为有用矣。

原载于《时报》1917 年 12 月 7 日

常州红十字分会谨谢

时届寒冬，北方水灾待赈尤急，本分会经募捐款，幸承诸大善士慷慨乐助，殊深感佩，除汇寄总会妥为散放外，谨此登报，奉扬仁风。邹肇基君捐洋十元，刘幼毅君捐洋十元，张小舫君捐洋五元，李玉明君捐洋五元，瑞泰顺烟行捐铜洋三元十一角。局前街福音医院常州红十字分会筹备处王完白启。

原载于《武进报》1917 年 12 月 29 日

1918 年

常州红十字分会谨谢

北地严寒，灾民无衣无食，可怜已极。兹承树德堂锁记热心救济，慨助振捐二十五元，殊深感佩。除请总会推赠红十字会会员外，谨此登报，以扬仁风。局前街福音医院常州红十字分会筹备处王完白启。

原载于《武进报》1918 年 1 月 7 日

常州红十字分会代募水灾捐

北方水灾，异常重大，名埠团体无不热心筹款，从事赈济。吾常素号繁富，当不乏大慈善家乐为捐输，惜无正式收捐机关，殊多不便。敝会爰本会章中救灾恤兵之旨，愿效收解之劳，捐无巨细，均可代收并一一登报征信。凡捐洋在二十五元以上者，请总会推为红十字会终身会员，特赠庄严华美之徽章凭照，并将台衔分呈政府及各国红十字会，以表敬仰。未满二十五元者，各赠福音医院优待诊券，聊尽微意。尚望乐善君子，慷慨输将，必可上邀天佑也。局前街福音医院常州红十字分会筹备处启。

原载于《武进报》1918年1月7日

中国红十字会敬谢

诸大善士捐助京直水灾赈款、棉衣，自七年一月十一号至二十号止，常州分会筹备处经募诸君四十五元一角，储蓄票六条，介绍徐京和君，汪正铎君介绍张兆敬君，……以上各捐洋廿五元，俱推赠正会员。中国红十字会总办事处沈敦和启。

原载于《申报》1918年4月8日

武进医院开幕记

武进医院定于昨日上午九时行开幕礼，并请县知事及童伯章、庄百俞、王完白、屠友梅等到场演说。……（六）王完白演说略谓“现在监理公会与邑人合办医院固属盛事，惟此种事业最好以自力创办，不用外力。敝人所办之福音医院，从前亦藉外款补助，现在已完全自办，且有余力补助西门外长老会。故予所希望者，将来武进医院亦能收回自办，则不受人掣肘”云云。

原载于《武进报》1918年7月2日

1919年

红十字之重要通电

大总统任蔡廷干为副会长

徐大总统举为中国红十字会名誉会长后，颇注意会务。近以上海总会驻会办事之副会长为全会之中心人物，乃特明令任蔡廷干为副会长。

本城福音医院红十字分会已接总会前副会长沈敦和之通电，兹采录如下："常州红十字会鉴：奉令退职，遂我初服。得人有庆，谅表同情。瞻望前途，幸福无极。迭承赞助，感愧交萦。除电中央，请蔡君速临接办外，特电闻。敦和支。"

原载于《晨钟报》1919 年 5 月 6 日

中国红十字会常州分会谨谢

各省天灾人祸相继而来，救济事业无时或歇，本分会特常年代收捐款，汇交总会，稍尽天职。兹承临江会馆罗国祥君急公好义，慨捐银洋二十五元正，除汇交上海总会并推罗君为红十字会正会员外，谨登报征信，奉扬仁风。局前街福音医院常州红十字分会筹备处理事长王完白谨启。

原载于《晨钟报》1919 年 10 月 1 日

1920 年

汪大燮任红十字会会长

本城福音医院红十字分会昨接上海总会通告，前会长吕海寰君辞职后，已由大总统任汪大燮君为会长。原函录下："'本月五日奉北京总会支电，本月三日奉大总统令，派汪大燮充中国红十字会正会长，此令'等，因汪会长已于五日莅会任事，特此电闻。并希转达常议会冀电各分会知照等因，合行转达，此致常州分会。上海红十字总会办事处启。"

原载于《商报》1920 年 10 月 10 日

常州红十字分会筹备处紧要启事

按照红十字会章，当地欲设分会，须集会员三十人以上之志愿书寄由总会核准。本筹备处前因常地会员未满定额，迄未正式成立分会。兹查先后入会者已逾三十人，自应将正式分会早日组成，以立永久慈善机关。现由本筹备处拟就志愿书稿，凡我同会诸君（无论在何处入会，凡籍隶武进者均可）务请于双十节以前驾临局前街福音医院签名盖章，以便寄呈总会核准。事关公益，至为企盼。常州分会筹备处理事长王完白谨启。

原载于《晨钟报》1920年10月21日

常州红十字分会代募北方赈捐

今岁北方大荒，据西报所载：灾区之广达百万方里，灾民之众至三千五百万人。灾情严重，为从所未有。现方由中外各埠尽力筹捐，以救灾黎。吾常不乏大慈善家，乐捐之心，当不落人后。敝分会爰按会章中救恤兵灾之旨，愿任代解之劳，捐无巨细，均当登报征信。凡捐数在二十五元以上者，请总会推为红十字会终身会员，特赠庄严华美之徽章凭照，并将台衔分呈政府及万国红十字会，以表敬仰。未满二十五元者，由福音医院谨赠优待诊券，聊尽微意。故赈款之经由红十字会转放者，既可使灾黎必受实惠，无意中复得无上荣誉，尚希各界热心君子本人类互助之义，慷慨捐助，至深盼祷。中国红十字会常州分会筹备处理事长王完白谨启。

原载于《晨钟报》1920年10月21日

常州红十字分会敬谢

北方大荒，待赈孔亟，幸蒙诸大善士源源捐助，铭感至深。按总会章凡捐数满二十五元者，当由总会推为终身会员。兹有德源典葛怡生君、局前街李涤云君、白云渡韩少英君、第九工场侯均六君、同元吉冶坊吴亚农君各捐洋二十五元，又高克仁、屠友梅二君介绍刘荀八君捐洋三十元。以上六位除函请总会推为正会员，各赠徽章凭照外，谨此鸣谢，奉扬仁风（其余未满二十五元之捐数，台衔容汇齐一并登报）。局前街福音医院常州红十字分会筹备处理事长王完白谨启。

原载于《晨钟报》1920 年 10 月 27 日

两个问题

我应该做红十字会会员么?

世界各国同盟入红十字会的已有四十余国，大都会员众多，慈善事业非常发达，就如东邻日本，在数年前已约有会员一百八十万人，以全国人口计算，每三十人中有红十字会会员一人。我中国会员只有六千，照人口比较，每七万人中才得会员一人。相形之下，太难为情了。难道我国民的慈善心如此薄弱么？我当先雪此耻。

怎样可做红十字会会员呢?

现在北方大荒，我们人人都该尽一份力，趁此机会捐钱交与红十字会去散放。凡捐洋满二十五元的就得为红十字会终身会员，还有庄严的徽章同文凭送来。若是学生们，只要捐洋一元就认为红十字会学生会员，一般也有体面的徽章凭照。能劝募十人以上的，还可免费得会员资格。我们或是捐钱，或是捐力，快去救同胞的命吧。常州收捐处，局前街福音医院红十字分会。

原载于《商报》1920 年 12 月 4 日

常州医院行将开幕

红十字会会员高克仁、刘立及丁福保之高足吴建元择定青果巷中段陈宅设立常州医院，不日将开幕。

原载于《商报》1920 年 12 月 11 日

常州医院开幕颂辞

毗陵有高子，才迈志行笃。医学尤精研，中西治术熟。
会组红十字，乃祖早厕足。及君绍箕裘，两世俱单独。
慨抱济世心，庸甘徒碌碌。万里从军行，高举乘黄鹄。
伤残与病废，着手春回谷。活人何足算，功高不言禄。
归来谒堂上，此身幸不辱。编成记事书，历历皆可读。
仁智一身兼，闻者咸叹服。劝君设医院，乡里蒙幸福。
介绍尽名流，开幕新年卜。各科皆精良，疗室都整肃。
奇药供人求，诊金不计足。诊断既确实，奏效亦迅速。
更有六零六，淋菌可抗毒。注射心手灵，生颂庐扁复。
行见求者多，济济日盈屋。仁寿忻同登，拜手爰谨祝。

原载于《医药杂志》1921 年第 3 卷第 4 期第 50 页

1921 年

救　命

积德的好机会，银钱的真享用

有人说："赈济北方这句话已经闹了好几个月功夫，大概现在终可完毕了。"哎，这是什么话。列位可知冬天北地严寒，一般灾民休说没有吃的粮食，更加没有穿的衣服。天天有几千人冻饿而死，饥寒交迫，实在更比前几个月格外凄惨的紧呀！

我们生在南方福地，应该省点银钱，去救他们的命。银钱本是身外之物，俗语说的好："生不带来，死不带去。"但是我们若用他来做好事，得那精神上的快乐，倒是享的真福。比藏在银箱或留与子孙，还稳当千万倍呢！大家快来，不要失却这救命的机会！

附告：捐款不拘多少，都可代解。凡捐洋满二十五元的，当请中国红十字总会举为正会员，并奉送庄严的徽章与凭照作名誉上的酬报。若有旧棉衣或布料捐来，亦当妥为代运灾区。中国红十字会常州分会筹备处理事长王完白谨启。

原载于《商报》1921 年 1 月 7 日

常州红十字会成立

常州红十字分会筹备已久，昨日在局前街福音医院开成立会，到者除各会员外，尚有军政警界人员。王完白报告筹备经过情形等。随即投票选举，于团长、笪警佐为监票员，屠敬山当选为会长，王完白为理事长，童伯章为理事，龚瑞蕡为资产监督，张炳华为会计，李涤云为文牍，刘荀八、恽汉辅等十二人为评议员。闻该会会员陈大猷、赵衡、屠方、徐学竞等，因成立大会选举职员，只以基本会员为限，颇不满意，已据理函请再订日期，筹商一切。拟使本地新旧各会员一律加入，未知若何解决也。

原载于《新闻报》1921 年 2 月 25 日

常州红十字会议案

本邑红十字分会于前日开第一次职员会，闻其议决案如下：（一）另印正式分会三联收捐据，照章须由会长、理事长盖印，其存根二条，一存资产监督处，一存会计处。（二）各会员担任募捐及介绍会员，除捐户自行指定用途之各捐项例应代解外，余均作为分会基金，汇交资产监督龚瑞蕡保存生息，以备拨用。（三）凡非基本会员而现居本分会区域内者，不论籍贯与何处入会，皆为本分会赞助会员，由文牍员李涤云分函敦请，定期开谈话会，以笃交谊而利进行。

原载于《新闻报》1921 年 4 月 5 日

红会员开茶话会记

本邑红十字会昨日下午在青年社开茶话会以联络新旧会员，促进会务。除本邑入会者外，他处入会之会员如朱稚竹、钱晓昇、王健常、苏德芳、沈子炳君等数十人亦纷纷到会。会中特备茶果饷客，并开留声机以助兴趣。后由会长屠敬老、理事长王完白君先后演说，大致谓此次开会无非使新旧会员相聚一堂，以敦友谊。分会原欲邑中会员同办会务，但因为总会基本会员之规章规格，故选举时未便违例。至下届选举已无会费关系，不致令总会为难。希望选举权可以推广，但红会有义务而无权利，望各会员本牺牲救济之精神协力赞助，以期会务发达云云。至散会时已五下矣。

原载于《商报》1921 年 4 月 18 日

红十字会创办报纸

中国红十字总会本有月刊按期出版。后沈前会长退职，该刊遂停。今总会汪大燮、蔡廷干二会长又拟办一种红十字会报，灌输本国人民红会之知识，以期慈善事业之日益发达。现正向各分会征求稿件，本邑红十字分会亦已奉到此项公函矣。

原载于《商报》1921 年 7 月□日

保护常州红十字分会之公函

中国红十字会总会会长汪大燮、副会长蔡廷干以常州红十字分会业经正式成立，依据大总统公布红会条例及中国在保和会签约之红会条约执行会务，除已咨请内务、海军、陆军等部立案外，近复分致公牍于本省齐督军、王省长、王道尹及姚知事等分别立案，并转知驻防军警一体保护，一面函知本邑分会长屠敬山、理事长王完白以资接洽云。

原载于《商报》1921 年 8 月 1 日

常州分会之灾区救护队

客秋（编者：指1921年）七月中旬，风潮狂涨，长江沿岸各沙洲，均遭水灾，不特圩岸冲破，十占八九，甚且江水高过圩岸，泛滥全地。故灾区之广，损失之大，为数十年来所未有。我武进江岸，上邻扬中、丹徒，下接江阴，适当受灾最重之中点。常州分会对于救灾防疫责无旁贷，故有救护队之组织。常州分会述：

理事长之调查 水灾既成，常州分会理事长王完白博士即决意躬赴灾区，先作实地调查，再定办法。新商轮局特放小轮送王君至小河，出荫沙口，往沿江上下视察一周。当地绅董及驻防水警长官，带同警兵，随同出发，以免意外。时水尚未退，灾民群栖高岸，食宿无方，状甚可惨。王君携有快镜摄成影片多帧，以便分送各机关。

救护队之组织 调查后，知地方公团已在纷纷筹备济赈，唯灾民露宿风餐，疾病丛生，各赈灾机关尚未暇顾及。因决组织红十字救护队，前往灾区防治疫病。特召集议事会，共商进行方法。当议决请福音医院医师及职员担任救护事业，药品器用，由会员协力募捐置备。一面呈报总会，请求补助。后蒙总会发下药料一箱，余均分会自筹，赶办出发。

各沙洲之巡视 救护队队长为张炳华医士，队员为俞德霖、郑荣昌、杨天沛、陈明庠、胡斗爂、张佩玉等，带同仆役，乘轮出发，至沿江沙洲各灾区巡视，随时诊治灾民。当地绅董及驻防军警长官，均开会欢迎，招待膳食。有数处且要求救护队定期前往，以救灾黎。

义渡局之送诊 当理事长亲去调查，见荫沙为出长江之要口，上下游沙洲各地往来最便，故函请县公署，知照荫沙义渡局拨借余屋，作为定期放诊之所，自中秋起，每逢三、八两期，队员即在该局送诊给药。远近就治者至为拥挤，灾民有远自扬州、泰州、泰兴、丹徒、丹阳、镇江、江阴等县境而来者，治愈之人为数甚众，灾民皆颂声载道。

今荫沙之定期送诊，仍继续进行，江苏全省赈务处，对于各地水灾，曾拟定六种办法，责成各县举办。第六条即为预防灾疫，武进县知事公署及沙洲灾赈事务所，均因常州红十字分会已在担任防治，先后呈报省署，并索取所摄灾地照片，一并呈省，以备察核。

原载于《中国红十字月刊》1922年第7期；
又载于《慈善近录》1924年

民国十年沿江四乡决堤灾赈记

民国十年（1921 年），东接江阴边境，西邻丹阳的依东、依西、孝东、通江四乡东西约长三十七里、周围约二百里的江滩沙田，入夏以来阴雨连绵，致使稻苗尽淹。农历七月中旬大潮汛，接连三昼夜狂风暴雨，江潮上涨，冲破圩岸一百数十处，圩内一片汪洋，泛滥成灾。房屋没顶，家俱什物随风浪漂入大江。农民有的迁至高岸，有的攀登屋顶以免淹死，号哭之声不绝于耳，其状惨不忍睹。据估计灾民约十万人。决口处怒浪翻滚，声震数里。江水入堤白茫茫一片泽国，不知多少人葬身鱼腹。当时武进县商会、公益事务所联合邀集地方各公团、士绅、各业领袖、各区董会，成立“武进县沙洲灾赈事务所”，附设在城内东横街育婴堂内。公推霍倬、龚承祖为正、副主任，登报呼吁劝募灾款。八月初，派恽曙初、吴省方等下乡查明灾民户口，以救死不救贫为原则，先将过去平粜余款一千元，发放给每大口小洋四角，小口小洋二角。一面散发馒头、麻糕、面粉、炒米等食物。同时，函电上海华洋义赈会、旅外绅商，城乡全面劝募，各界踊跃输捐。八月二十七、八、九在城内第一公园小京班义演三天；号召各工厂、商号节省费用赈灾。个人捐输也不少，屠蛰庵一人即捐款五百元，戚墅堰刘少云、谢济云等一次捐赈面粉五十五包。县、省两级也拨款救灾。据灾赈事务所民国十一年九月统计，共收到捐款（包括拨款息金）七万二千六百五十五元三角七厘。当时灾区病疫甚盛，武进医院每逢一、六在小河镇送诊给药治疗灾民。(邵仲华)

原载于《武进文史资料》1984 年第四辑，第 11 页

红会职员会议

十二日下午，常州红十字分会为沙洲水灾召集职员会议。会长屠敬山因病未痊，由理事长王完白代为主席。当经议决：（一）救护队前往灾地，应函请县公署照会义渡局，妥为招待，并知照水警长官，派警沿

途保护。（二）救护队出发在即，除总会已拨助药品外，经费尚不敷甚巨。应函请灾赈事务所补助经费，以济急需。（三）由会中刊印劝捐启，广募经费，由职员具名，向各机关或个人尽力劝募。议毕，即公定捐启、文稿一一签名而散云。

原载于《时报》1921 年 9 月 15 日

武进沙洲灾赈事务所
补助常州红十字分会救护队案牍

谨启者：

本邑沙洲灾情綦重，业经理事长亲往灾区查勘，先后电达总会，并请拨款赈济。但总会复电谓会中实无款可拨，仅发下救急药品一箱，稍资补助云。际此天时寒暖不齐，灾民易致疾疠，若不先事预防，一旦发生剧烈传染病症，则后患何堪设想？故敝会决组织救护队出发灾区，从事防治疫疠。本月十二日，特开职员会议共筹进行。经众议决，救护队应多备药品，克日出发。一面由会中职员协力募捐，以济急需。惟是灾区辽广，普及为难。敝会又基金支绌，无从挹注，故会中又议决，要求贵事务所量予补助，以竟全功。为此专函奉恳，务祈拨款赞助，至纫公谊，此请善安，并候福示。

会　长　屠　寄

理事长　王完白

九月十四日

原载于《武进沙洲义赈分会征信录》1922 年 9 月

屠寄会长病逝

民国十年（1921），岁辛酉，六十六岁。是春，仍任县志总纂、全县水利总董、北塘河工局总董及积谷总董。……时国内诸省大半荒歉，而本县亦以雨水过多，田禾淹没。邑中原有红十字分会，适于是时成立募款赈济，复公举先君为会长，于会中事务，颇多尽力。……秋（八月）十五日晨七时，脉息骤沉，呼吸渐弱，不数分间，竟弃不孝等长逝矣。

原载于屠孝实、孝宦、孝密著《屠敬山先生年谱稿本》

常州红会补选会长

本邑红十字分会会长屠敬山逝世后，经该会呈准总会，于昨日下午开会补选会长，龚瑞蓂君当选，所遗资产监督一席，李涤云当选，范拜竹当选为文牍员，范君本系议事员之一，所遗之缺，另日再开全体大会补选。

原载于《新闻报》1921 年 10 月 4 日

分会征信录

今收到瞿叔佩、徐子焕二君交来沙洲灾赈事务所大善士热心救济，慨助银洋一百元。除登报征信外，特给收据并鸣谢悃。中华民国十年九月二十日，中国红十字会常州分会理事长王完白。

原载于《武进沙洲义赈分会征信录》1922 年 9 月

中国红十字总会助赈江苏常州水灾

（目）11 月 18 日，常州分会来函。略云："常邑沿江水灾，特组织医疗队出发。今阅三月，就诊仍多，尚继续送诊给药。前蒙拨寄药品，又允将新募会员费全数留用，以资补助。至为感荷。"

（目）12 月某日，庄录理事长致函常州沙洲灾赈公所伍琢初云："今年吾邑沙洲水灾，值此暮冬，遗黎冻馁交迫，良堪悯念。兹由本会筹拨现洋五百元，棉衣二百件，即乞核收散放。棉衣已交中国运输公司带常，迳送贵公所。现款由上海银行汇上。并望掣给收据，寄交本会为盼。”

录自《中国红十字会二十年大事纲目》1921 年条

红会委定驻常调查员

县商会昨接中国红十字会总办事处来函云：“迳启者，本会为国际慈善法团，比年吾国时局未定，灾害频仍，在在有救济之必要。现就各省县属推广设立分会已一百九十余处，藉收指臂之助。自应一律依据大总统公布中国红十字会条例及在保和会签押之红十字条约办理。乃各分会主任人员执行职务合法者固属多数，而违反者亦尚不少，亟应专员调查，据实报告，以凭纠正而重善举。除任谈恂之君为本会驻常调查员外，相应函达贵会查照，至希接洽为荷”云云。

原载于《商报》1921 年 12 月 19 日

辛酉年大事记

正月十四（2 月 21 日），常州分会正式成立。

八月十二（9 月 13 日），红十字会议决救护队出发。

九月初一（10 月 1 日），红会改选会长，龚瑞萁当选正会长。

原载于《商报》1922 年 1 月 17—20 日

1922 年

常州红会选举议长

武进红十字分会昨日（二十二）上午在局前街福音医院开议事会，到会者除职员外，议事员出席者计八人。旋即开会，分票选举正、副议长，由会长龚瑞莫、理事长王完白二君为监察员。初次投票，赵颂平、朱稚竹二君同得正议长之最多数，以年数推之，应由朱君当选，朱君再三辞让，乃公决重行投票。结果朱稚竹多三票当选为正议长，次举副议长，恽汉辅当选。选毕即散会。

原载于《申报》1922年4月24日

灾振所开振务会议

武进沙洲灾振事务所于昨日（二十三日）下午开振务会议，到者霍约翰、王完白、胡稼农、瞿倬、戴笠耕、曾省三、卢锦堂、姚瑞生、伍琢初等君。首由瞿莼馨动议请拨华洋义振会余款以救灾黎，并谓伍、姚二君亲赴灾区调查时，目睹陆安洲人民多食乌泥，其惨状概可想见。王完白谓欲拨此项振款，须先组分会，再行请拨。曾省三谓须请胡稼农函达华洋义振总会索取分会章程，以便研究。最后议决定于夏历四月初一日再行开会讨论，旋即散会。

原载于《申报》1922年4月25日

常州分会启事

敬启者：

三月二十五日曾函请拨助款项以继续施诊灾民之救济事业，嗣闻贵所会议时，以事近永久性质，未克通过。敝分会既无款补助，则施诊之举只能任福音医院自行酌办。但查敝分会去年组织救护队出发灾区，至三个月之久。药费等项为数不赀，除尽力募集捐款外，尚不敷甚巨，不得已暂挪分会基金临时垫用。今当结束，总账所垫基金亟须设法筹还。因思去年全省赈务处颁布救灾计划，本有防治疫疠一条，贵所因敝分会业在出队实行，不再另办，并即据情转报有案。今拟仍请贵所协助分拨款项，俾得早日结束，实纫公谊，肃请大安，伫候惠复。

中国红十字常州分会启

四月二十九日

原载于《武进沙洲义赈分会征信录》1922 年 9 月

灾赈事务所启事

迳复者：

叠奉惠书，以去年组织救护队出发灾区，药费等项为数不赀，应请续拨款项以便结束等因，具见仁心济世，诚莫大之功德，殊堪钦佩。惟查此案前准大函节，经敝所于去年九月间拨助洋一百元在案，兹准前因出队救护，延至三月之久，耗费确系不赀，爰是公同集议，准于收集赈款内再酌拨洋一百元，藉资补助。兹特随函附上，请即察收，见复为荷。此复，祇颂台安。

武进沙洲灾赈事务所启

四月三十日

原载于《武进沙洲义赈分会征信录》1922 年 9 月

分会征信录

今收到武进沙洲灾赈事务所大善士热心救济，慨助银洋一百元正。除登报征信外，特给收据并鸣谢悃。中华民国十一年五月十一日，中国红十字会常州分会会长龚承祖、理事长王完白。

原载于《武进沙洲义赈分会征信录》1922 年 9 月

华洋义振会增助振米

武进沙洲灾振事务所以华洋义振会调查员西人韦美森君前次来常，允拨振米并有证明书交存王完白处。特函请王完白偕同商会职员李复稔前往镇江领取。王、李二君于十六日乘车赴镇，往见华洋义振会职员孔仁孝教士，即按照该会规定办法核算武邑灾区修圩工程只可百石。经王完白要求，谓就工程论固不便再多，就灾情论实不敷分发。应请通融增加，以济饥民。磋商结果，照数再增一倍，拨上等米二百石，作价二千元。王、李二君遂取谢而别，当晚即回常报告云。

原载于《申报》1922 年 5 月 19 日

灾赈所主张以工代赈

武进沙洲灾赈事务所因领得华洋义赈会拨助之赈米，于昨日下午召集士绅开会。到者瞿萼馨、龚瑞蓂、伍琢初、曾则先、王完白、李馥稔等君。先由王完白、李馥稔二君报告赴镇领取赈米情形，继由伍琢初君提议华洋义赈会素主以工代赈，此次领得赈米，自不能随意散发，须共筹妥法云云。经众计议，咸以水灾之后，灾民仓卒抢筑之圩工，多未坚固，后患堪虞。应责成圩董，令灾民将草率所垫之破圩缺口加高培厚，以保安全。作工者即发米以助之，实行以工代赈，在座者多表赞成，旋即散会。

原载于《申报》1922 年 5 月 21 日

常灾振所续议工振

灾振所昨日（二十二）下午二时召集各机关领袖及灾区各乡乡董开会，瞿萼馨主席。当由书记报告华洋义振会拨米办理工振应如何支配，请众公决。即由王完白出华洋义振会英文来电译告大众，谓总会复电已备米十八吨，计二百石零，即可派人往运。并嘱办理工振必先尽极贫之户，命鄙人注意监督云云。鄙人已将前日灾振所议决加筑圩工计工发米办法函告义振会，并声明现方请县知事向财政厅领运米护照，一俟护照办妥，即去运米。报告毕，郭次汾谓可将王君报告情形，由会函知各乡董及圩董，以便照办。继又议支配米石数目，经众议决，通江八十石，孝东二十石，依东、西各五十石。交由乡董保管，即按工授食，记入册籍，以便汇齐报告义振会。议毕散会。

原载于《申报》1922年5月24日

童子军会操纪

武进各团童子军，于六月三日下午三时在公共体育场举行会操。来宾到者，有姚知事、傅团长及江苏童子军视察员顾拯来、江苏童子军副总教练童君畴，吴县、江阴、无锡等邑童子军特派员，该邑城区各校教员、学生共二三千人。开会后，各团童子军整队入场，行升旗礼。唱国歌毕，即行校阅。知事、团长、省总教练，均至队前受礼。次知事、团长、省总教练相继训词，全体摄影。后依顺序表演，其节目如下：（甲）旗语（英文字母）；（乙）棒操；（丙）结绳；（丁）炊事；（戊）救护；（己）生火；（庚）旗语（电码通信）；（辛）国技；（壬）旗语（英语通信）；（癸）游技；（子）棒操；（丑）音乐；（寅）游技；（卯）工程（架桥）；（辰）游泳；（巳）幼童军表演游技；（午）落旗。至散会，已六时许矣。各种表演以救护、架营、国技等为最特色。红十字会及武进、福音两医院，均派临时救护队到场救护，姚知事、傅团长均备绸旗奖赠各团。

原载于《申报》1922年6月5日

中国红十字会全国大会纪（节录）

中国红十字会于昨日午后三时假总商会开第二次全国联合大会，先期柬邀来会之各省区一百六十余分会代表。有宁波代表发言谓今日大会正副会长均未出席，在法律上尚有疑问，不如改称恳亲会。嗣经沪北分会、常州分会等解释，略谓此次大会系常议会议决，当然合法。主席即以合法不合法付表决，赞成合法者多数。

原载于《申报》1922年6月26日

红会会议浙省振捐

本邑红十字分会昨日（十四）在福音医院开议事会，筹议救济浙江水灾事宜。因议事员到者不足法定人数，改为谈话会。由会长龚瑞莫提议募捐办法，拟印发捐启，请各职员分途劝募，在座者咸表赞同，当推恽汉辅担任起草，交理事长王完白印刷分发，并推定龚会长担募政界捐款，恽汉辅担任绅界捐款，徐化吾担任学界捐款，赵颂平担任商界捐款，吴葵秋担任四乡捐款，以期早日集款，汇解灾区，议毕遂散。

原载于《新闻报》《时报》1922 年 10 月 16 日

1923 年

常州红会改选纪

武进红十字分会三十一日下午三时，在局前街福音医院开会。姚知事代表陈文化、傅团长代表段受清及其他会员均签名入席。首由会长龚瑞莫报告，照章每年须改选议事员三分之一，今为第二届改选。凡常州会员，均不分界限，一律有选举权。次即分票选举，结果吴师召、谈恂之、俞德霖、屠心矩四人当选为议事员，次多数系高援群。次以书记员范拜竹，因店务羁押拘留所，不能行使职务，改选郑荣昌继其任。选毕，理事长王完白报告劝募振济捐款情形及组织火灾医队之经过，至新选各员均须俟呈报总会核准后就职云。

原载于《申报》1923 年 4 月 2 日；
又载于《中国红十字会月刊》1923 年第 20 期

常州分会组织火灾医队

救护救火员及灾场上人

四月十六日，接常州分会会长龚承祖、理事长王完白来函云："敝分会去冬曾经组织（火灾医队），成绩颇佳。因本邑迭遭火灾，救火员及灾场上人时多受伤，因而致死者亦屡有所闻，殊堪悯惜。本分会有鉴于斯，特组织火灾医队，一逢失火，即出发救护伤人，一概不收费用。"

原载于《中国红十字会月刊》1923年第20期；
又载于《慈善近录》1924年，第78页

十年之回顾（节选）

民国三年，余尚主任江阴福音医院，常州监理、长老二公会西教士，屡次相邀来常组织正式医院，以应教会及地方之需要。……就局前街福音堂原址，创办福音医院。六月一日行开幕礼。……医院中尚有二种联属之事业，（一）为福音医院医学校……（二）为中国红十字会常州分会。光复之际，余方主任江阴医院，曾组织红十字医队，参与南京及津浦路线之救护事业。迨来常创办医院后，上海红十字会总会沈仲礼前会长，即以筹备常州分会事相托。开院后，遂以筹备处名义办理红会事业。如乙卯（1915，按当为1916年）江阴炮台发生战祸，炮声相闻。常州大起恐慌，急与地方领袖共谋救济之法，乃组织伤兵留养院于第五中学，妇孺留养院于女子师范。教会西女士五六人，担任义务看护。幸澄台事变不久平复，然中西士女之热心赞助，殊可感佩。后如丙辰（1916，按当为1917年）京直水灾，庚申（1920）北省旱荒，辛酉（1921）本邑沙洲水灾，去年（1922）浙江风灾，或捐募赈款，或出发救护，均曾稍尽绵力。分会正式成立则在十年（1921）之春，因所募会员已满法定人数，即选举职员同理会务，当选者均邑中知名之士，经总会汪伯唐会长呈报陆军、海军、内务各部及本省长官，备案保护，遂成永久之慈善机关。（王完白）

原载于《兴华》1923年第20卷第12期，第21—23页

常州卫生会成立会纪

常州卫生会二日在恺乐堂开成立会，到姚知事及各界代表来宾等五百余人。首由王完白报告开会顺序，次姚知事述开会词，次王完白报告筹备经过情形并略述意见数种，后请江苏昆虫局技术员杨惟义君演讲蚊蝇。杨君携带标本器具并摄影及图说供人展览，先讲蚊蝇之生殖及变化，次讲灭除之方法。演讲时并将器具当众试验。讲毕，讨论问题，（一）议决即日由各警察分所收买苍蝇，每五十个十文；（二）徽章定为铜质、磁质、银质三种，由会置备；（三）议决本事务所今夏先办灭除蚊蝇，以后再谋推广；（四）推定姚知事为正会长，王完白为副会长，许剑虹、林俊保为文牍，芮医生、汪少吾、何汝霖办理宣传部，卢心嗜、朱采章、孙梅臣办理执行部，李渊甫、吴省方、恽汉辅办理纠察部，段彦琛为会计员，潘敬斋、俞德霖为庶务员书记。由会长延聘，略给酬劳金。议毕散会，已近七时矣。

原载于《申报》1923 年 6 月 4 日

常州卫生会干事会纪

常州卫生会于十六日下午三时在警察所召集干事会，到姚知事代表李渊甫及卢心嗜等二十余人。开会后，王完白报告会费收入及支款情形。旋即议决各案如下：（一）未开大会前，如有职员辞职，由干事会重推；（二）会计段产琛辞职，公推郑荣昌、吴省方担任；（三）各部主任各推干事五人，于五月初十日开临时会；（四）会章添列团体会员一项，加入者由会赠送徽章一枚；（五）添设三分所、商会、福音医院三处，收买苍蝇；（六）捞取粪蛆或用石灰渗入灭杀，并劝告居民将露出粪缸，一律加盖；（七）请市公所督促清道夫，认真挑除垃圾，如有未经挑清者，另雇夫役协同挑除；（八）请各分所于本星期六讨论纠察卫生事宜；（九）注意各种宣传方法；（十）下次开会仍在警察所。议毕，第二次将收到苍蝇八万五千头烧毁而散。

原载于《申报》1923 年 6 月 18 日

卫生会联席会议纪

常州卫生会于十一日下午三时，在福音医院开评议干事联席会。至者姚知事，卢、李两警佐，各分所长暨士绅龚瑞蒖等三十余人。开会后，由姚知事主席报告开会宗旨，次副会长王完白报告收捐经过情形，次会计员郑荣昌报告帐略，次庶务员俞德霖报告收买苍蝇死畜数目，计共收苍蝇五十六万八千五百十三头，死狗、死猫四十余只。次议决各案：（一）秋初暑气未消，苍蝇孳生力尚强，应再续收一个月，仍请各分所收买。至灭蛆方法，请李渊甫、郑麟书两君协商进行。（二）清道方法，公推纠察部李渊甫、恽汉辅、吴省方三君与市公所接洽，商议妥善办法。（三）宣传事宜，规定讲演每星期一次，日期、地点，均由宣传部支配。广告则用画图及简章说明，印刷张贴，或随处散发。（四）警所宜即日出示布告，劝令居民勿将秽物、垃圾抛弃河内。水灶售水，务必煮沸。饮食店陈列食物，应一律加盖。如经卫生警察查出不合卫生，立即处罚。（五）请各报馆多载卫生文字，以资提倡。（六）会员提案两件，由执行部采择施行。（七）鲜鱼巷对面小弄内粪窖，请一分所派警前往调查是否停积，并令暂行封闭。迨散会已万家灯火矣。

原载于《申报》1923 年 8 月 13 日

溧阳分会报灾乞赈

江苏溧阳红十字分会函称：“溧邑淫雨为灾，蛟洪并发，河流陡涨丈余，田畴尽成泽国。道路断绝交通，禾苗淹没损伤殆遍。无告孑民，不独秋冬受饥寒之累，即来春蚕事亦大失所望。冲塌房屋，伤毙人口，实难数计。现在哀鸿遍野，露宿风餐，同人等既不忍坐视，而又力薄如棉，用特专函，转恳各义振会勘验，速发急振，以活人命云”。

原载于《申报》1923 年 8 月 29 日

卫生会职员会纪

常州卫生会因时届冬令，夏季所办卫生事业亟应结束。爰于三日下午三时，邀集各职员在福音医院开会，商议结束事宜。主席王完白报告夏令卫生事业及收支账略，约余一百三十元。次讨论议案：（甲）奖励警察。决定对于各分所请县知事发给奖状，以资纪念。对于卫生警察，特铸银质纪念章，每人各赠一枚。（乙）催拨助款，决定由会具函致发起本会之各团体，请将认助款项即行送会，以资结束。（丙）编印报告，决定请王完白主编，印刷分送。（丁）冬季事业决定对于浚井、疏河尽宣传提倡之责。迨散会已五时许矣。

原载于《申报》1923 年 11 月 5 日

1924 年

江浙问题中之红会消息

常州分会筹商预防救护　总办事处嘱静以待之

本埠红十字会总办事处，昨接驻常特派调查员即常州分会议事员谈恂之函，略谓："分会为近日江浙问题，风声日紧，常邑东、南两方，均为重要之地，无论是否成为事实，不能不未雨绸缪，筹备救护事业。爰于十二月二十九日下午三时，在局前街分会办事处福音医院开会集议，共决办法。由副议长恽汉辅主席，恂等议事员七人及分会会长龚瑞虞，理事长王完白等均列席，并特约曾在他省办理救护事业之会员伍琢初、沈荫曾、姚公鹤等到会，以资赞助。先由龚、王二君报告《为江浙时局召集会议之经过情形》，即详细讨论，应否筹备救护及如何着手办理。经众议决，先推恂以特派调查员名义，与总办事处接洽一切。常州邻近之处，或有接触，是否由沪派队救护，分会或即至后方援助，应如何筹备之处，俟有具体答复，再当开会共商进行云云。"该会总办事处当即复函云：接奉惠示，藉悉一切。江浙大局，经两省绅商奔走调停，为弭兵之运动，目前当不至于干戈相见。吾辈办理慈善事业，不偏不倚，亦只得沈机观变，静以待之云云。

原载于《时报》1923年12月31日；
又载于《申报》1924年1月5日

常州分会预筹救护之来往函

一月三日，接常州分会议事员谈恂之十二月三十日来函云：“日前接敝处分会来函，称近因江浙问题，风声日紧，吾常东南两方，均为重要之地，无论是否成为事实，本会不能不未雨绸缪，筹备救护事业。爰定于十二月二十九日下午三时，开会集议，共决办法等因。恂当即前往列席会议，佥以常州分会能力薄弱，董事人员及药品器用物件均属缺乏，一时筹备，殊不易易。万一敝地邻近之处，或有接触情形，尊处是否亦派队救护，分会或即至后方援助。惟各种缺乏及能力薄弱等情，尊处是否亦有相当之补助？应如何筹备之处，即祈示遵，俾有准绳云云。鉴珣函达台前，以期妥洽，务希裁示。”

附：常州分会开会报纸新闻一则

（十二月三十日《常州商报》）《红十字会会议纪要》：本邑红十字分会昨日下午在局前街福音医院开议会，出席者议事员恽汉辅、谈恂之、吴葵秋、俞德霖、汪世铨、吴师召、刘荀八等七人，职员龚瑞萁、王完白、童伯章、李涤云等皆到，并特约曾在他省办理救护事业之会员伍琢初、沈荫曾、姚公鹤等到会，以资赞助。先由会长龚瑞萁、理事长王完白二君报告《为江浙时局召集会议之经过情形》，即请副议长恽汉辅主席详细讨论，应否筹备救护及如何着手办理。经众会议结果，先推谈恂之以总会特派调查员名义，与总会接洽一切，俟得具体答复后，再开会共商进行。余以红会动作应取慎重，不再宣布云。

同日复谈君函云：“接奉惠示，藉悉一切。江浙大局，经两省绅商奔走调停，为弭兵之运动，目前当不至于干戈相见。吾辈办理慈善事业，不偏不倚，亦只得沈机观变，静以待之。奉质高明，当亦谓然也。此复谈恂之先生，十三年一月三日，总办事处。”

原载于《慈善近录》1924年，第143—144页

江浙时局中红会之未雨绸缪

一月十七日，接江苏常州分会理事长王完白来函，云："前为江浙风声日紧，吾常东南两方，适当其冲，故由完白与敝分会长龚瑞蓂商酌不可不未雨绸缪，筹备救护。当于上月底召集议事会，经众公决，先推总会所派调查员谈恂之君与钧处接洽以定行止。因恐以分会名义正式呈报地方，不免张皇也。旋得钧处复示，谓江浙要人方在力谋和平，救护事业不妨从缓云云。今已将此意宣布以安人心。惟军情瞬息千变，以后设或于我会相近之地变故发生，此项出发战区之救护队，是否由钧处直接遣派？抑须由分会就地组织。务望早为示知，俾有所遵循也。"

同日复函云："来函诵悉，江浙战事，道路传言，不可尽信。惟军情瞬息千变，万一不幸，忽然实现，则救护措手不及，自宜先事筹备，以免临渴掘井，至责任问题，则本处与各分会当共同负担，随时相机进行可耳。"

原载于《新闻报》《时报》1924 年 1 月 19 日；
又载于《慈善近录》1924 年，第 148—149 页

卫生会召集会议

常州卫生会二十六日下午三时，在三一社三层楼开会。到姚知事、李警佐、朱采章、郭次汾、王完白等二十余人，会长姚知事主席。首由主席报告开会宗旨，次王完白报告会务经过情形，并谓三一社成立，设有卫生部，鄙人因事务繁剧，精力不继，拟将本会并入办理，惟各方面多数主张继续进行，故今日开会讨论，以决行止。次由会计郑荣昌报告帐略毕，姚知事即将继续进行问题，付众表决，一致赞成续办，并议进行事宜：1. 续募新社员；2. 收买老蝇；3. 减除疯狗癞狗。议毕摄影而散。

原载于《申报》1924 年 4 月 28 日

红分会开会员大会

常州红十字会分会于十九日下午三时开会员大会，改选会员四人，由姚知事莅场监视选举，军官长官亦均到会。闻此次大会本拟于上月举行，以龚会长兼办水利研究事宜，颇形忙碌，故展缓至今日云。

原载于《时报》1924年5月20日

《中国红十字会二十年纪念册》跋

红十字会者何？国际慈善团体也。国际慈善何以有团体？为救灾也，为恤兵也。灾何为救？兵何为恤？以其惨无人道也。然则红十字会者，乃国际慈善不祥之团体也。团体曷言乎其为不祥？以国际苟无军事发生，而一切水旱风疫诸灾患亦频年不一见，则国际慈善又何需此红十字会？盖军事者，国与国争，兵戎相见，为人世最不祥之举，而省与省不与焉，官与民更不与焉。若一切水旱风疫诸灾患，则又地方疠气所钟胥，视人心为感召，初不限于苍苍者天也。若是乎，红十字会为军事、为一切水旱风疫诸灾患而建设，其结果虽曰“人心好善”，惟一以救护为目的，而究厥灾与兵原始之造因，则为惨无人道。吾故曰红十字会者，国际慈善不祥之团体也。

顾红十字会究何自昉哉？考西史，创于鼐鼎盖。鼐鼎盖者，英之女看护士也。我中国则自前清光绪甲辰始。初日本占高丽，密迩我东三省，屠戮人民，侵越疆土，恣睢荼毒，殆无所不用其极。骎骎乎无厌，有将及我之势。俄罗斯者，我邻国也，接东三省，相去仅咫尺间。知日人野心勃勃，肆志鲸吞我也。深虑波及，而阴为之备，忌之盖特甚。既而日俄两国违言果起，遽失和，于是乎我东三省不幸乃沦为战区，而商民之罹于锋镝者，达八十余万人。维时武进盛公宣怀于役海上，闻报恻然，乃商于吕公海寰、杨公士琦、吴公重熹，与夫沈敦和、任锡汾、施则敬、任凤苞诸君子，为红十字会之发起，谋所以救济之，盖我中国创举也。而泰西诸国人士之旅沪者，见义勇为，亦相率偕来，愿为臂助。于是英则有若威金生、裴楷式、安特生、麦尼而等，法则有若勃鲁那等，德则有若宝隆等，美则有若葛垒、李提摩太、潘文慎等，一时集合中西数十百热心志士，呼号奔走。或则救死扶伤于战域，或则筹款募振于海上，行者居者，勠力同心，酿造物之和，行好生之德。猗欤休哉，我中国红十字会之大有造于吾民者，固中外属（瞩）目矣！

亦越辛亥，吾国不幸政变，武汉战事骤起，南北各省，闻声响应。不百日而清帝逊位，汉业重光，斯真我黄炎裔胄，仰邀天佑，默相以成之也。庸讵知天鉴下民，而人心尚未厌乱。自癸丑以迄癸亥，十二年来，南北各直省，称戈比干，此仆彼起，父兄子弟，诸姑伯姊，互相杀残，号称争宪而私利自图，致吾民生命财产损失不可以恒河沙数计。我红十字会联合各省二百六十余分会，遣队四出，分头救恤，而各省之以水旱风疫诸灾患来相告者，则又册不胜书。我红十字会罔弗剜肉补疮，人人济之。去年七月，日本大震为灾，得世界未曾有。录挈医队，渡海振救，全活甚众，幸不辱命。斯则我红十字会数十同人有以启发之要，非录之能也。

今者，我中国红十字会二十周纪念，既往事业，固已采录斯册。而未来事业，则窃有望于我四海同胞，言归于好，勿再省与省争、官与民争，有军事动作，造国家不祥之因。俾得永庆升平，化干戈为玉帛，变戾气为慈祥，而一切水旱风疫诸灾患亦不作，是则录所私心，日夕祷祀以求之者。

录忝理会务，数载于兹，建白毫无，杀青垂竟，敢贡鄙臆，敬告邦人，大雅贻讥，知所不免，幸教正焉。

中华民国十三年六月，中国红十字会理事长庄录谨跋

原载于《中国红十字会二十年纪念册》1924 年

调寄何日醒

宇宙茫茫罪恶深，灾难苦频乘。缘无道德心，酿成世界乱纷纷。红会加入免灾祲，上苍自感应。

会员身价，宝贵如金。努力向前行，世乱真堪悯，扶危救急要殷勤。各人本分，各人募振，各尽各天真。（狄廷佐）

原载于《中国红十字会二十年纪念册》1924 年

题《中国红十字会二十年纲目大事记》

蒋维乔

扬徽红十字，立会以救世。甲辰迄癸亥，纲目存大事。

亦是仁慈心，亦是悲哀泪。安得长乐康，此册不复备。

原载于《中国红十字会二十年纪念册》1924 年

常州卫生会开庆功会纪

常州卫生会征求会员，于十一日下午四时在恺乐堂开庆功大会。到者各机关代表等五十余人，副会长王完白主席。首由会长姚知事述开会词，继由王完白提议改选职员办法。多数主张用题名委员制，公推李渊甫、朱采章、吴有方、恽汉辅、周志靖五人为题名委员。嗣由委员提议职员仍旧连任，一致通过。次为讨论问题：1. 议决纠察部干事添设十人；2. 议决苍蝇照旧收买，除蚊则雇人捞取孑孓；3. 议决秋季约集各校进行卫生表演；4. 掩埋死畜、取缔粪窖、清洁河流、击杀狂犬，照旧进行；5. 议决分送年刊与各乡；6. 议决检查食品，归纠察部报告；7. 议决取缔粪船粪担，如有罚金赏给巡士；8. 议决取缔冰荷兰水、限十日内禁止出售；9. 议决药水灭蛆；10. 议决卫生格言书于木牌，张挂于热闹处所；11. 议决死亡调查，由本会印就表格，交各警区调查填报本会。议毕，由芮医生演讲公众卫生，王完白报告征求成绩。最后决定阳历七月十九日下午三时，在警察所开宣传、执行、纠察三部主任联席会议。闭会后，焚毁苍蝇二十一万余头而散。

原载于《申报》1924 年 7 月 13 日

常州市公所之卫生委员会

武邑市公所于五日下午开第一次卫生委员会，到委员六人。市总董及董事均列席。首由总董说明组织之经过情形。即开会议决下列之事项：（一）本会定名为卫生委员会。（二）公推王完白博士为主任。（三）议决清洁道路，除通盘规划，酌量添雇清道夫外，居户、商号门前之垃圾、瓜皮，应各自扫除倒于附近垃圾窝内，如屡次不扫除者，由警区处罚。此项办法，由市公所函县布告，并荷牌鸣锣，俾众周知。（四）议决整顿厕所。拟择地建造合于卫生之大便处，但筹备需时。现令应先由警区饬警协保，通知各户凡露天坑厕，一律加盖，以免蚊蝇下子，秽气扬溢。（五）本会简章及其他进行事项，由主任酌拟意见，再行召集会议。

原载于《申报》1924年8月7日

武邑红十字会为江浙风云日亟筹备救济事宜

由会长龚承祖、理事长王完白召集临时会议，议决事项：（一）组织伤兵收容所。（二）组织妇孺救济院。（三）筹备出发前线之救护事宜。甲：救护队，乙：输送队，丙：调查队，丁：掩埋队，各推定队长，赶紧筹备组织。（四）宽筹经费。（五）延请临时职员。（六）由王完白派人至上海总会接洽一切，并领取徽章及医药材料等。（七）由分会制定会员门条，专备会员领用。（八）请王完白与本城各医生接洽，分担医务。议毕，当晚致电上海总会。

原载于《申报》1924年8月27日

红会之救济

中国红十字会昨为进行筹备救护，特发出二电：

……

（二）南京齐巡帅勋鉴：江浙战讯万急，本会职责所在，自应照章筹备救护，以重人道。除率同南京、下关、镇江、常州、无锡、吴县、溧阳七分会分头救护外，惟办事人员虽有本会关防袖章，如无通行证，途遇军队，仍不得通过，于救护甚形窒碍。务乞俯念善举，准予照发二十张，寄上海二马路本会，以资照验，同深感荷。

中国红十字会总办事处（印）

原载于《申报》1924 年 8 月 28 日

红会筹备忙碌

常州红十字分会二十七日召集职员、医生开医务会议。（一）公推芮真儒为伤兵收容所医长，一切医务均归主持。（二）议决设伤兵收容所九处，由到会医会医士分担医务。（三）推童伯章于救护队出发时同赴宜兴组设救济队办事处，并推广红会事业。（四）议决本会会务分股办事，以利进行。计设文牍、书记、会计、庶务、管理五股。并闻该会所办之救护队派张炳华为队长，输送队派吴普成为队长，救济队派沈炳斋为队长，其掩埋队队长尚未筹备云。又闻伤兵收容所大致分设于各男校及医院等处。二十七日晚，各校长及教育局讨论内部组织办法，公推张沅等先行起草。

原载于《时报》1924 年 8 月 30 日

常州各方应付时局方法（节录）

红十字会开紧急会议，该会前日议决：先办伤兵收容所、妇孺救济院、出发救护队三项。公推芮医生为收容所医长，童伯章于救护队出发时同赴宜兴组设办事处。

原载于《申报》1924 年 8 月 30 日

避难与救护之消息（节录）

常州居沪宁中心，在商业上言，远不敌无锡、苏州。但在用兵之际，亦视为重要地点之一。自苏方布置军事发动以来，常州方面即受影响。最初将原驻陆军及警备队调防宜兴及各要隘，次则由宁开到多数军队，地方受此影响，遂不免大起恐慌。城内西瀛里、青果巷、麻巷，为由西至东大道，至是遂为行军必经之路。军队日夜往还，络绎不绝。居民见此，益形惶急，稍有资产者纷纷迁避。目下城中徙迁一空，所遗者都系中产阶级以下之家，商业因此停滞。……常州本有红十字会在福音医院，兹恐战事爆发，已分设妇孺收容所及疗养院多处，由常州分会理事长王完白及地方士绅分别主持，自前日起凡由城中往火车站者，行经北门均被军队拦阻，非有红十字会及军队凭证，概不许出城。居民啼叹怨号，惨凄情形，为数十年来所未有云。

原载于《申报》1924 年 9 月 1 日

红会筹备救护（节录）

昨讯，红十字会总办事处对于预备救护事宜布置非常忙碌，现该会已在昆山设立救护总队，以备与太仓、嘉定、青阳港三处联络。又在常州设立救护总队，备与吴兴、宜兴、长兴三处联络。

原载于《申报》1924 年 9 月 1 日

红十字会之昨讯

又据常州避难者言，常州红十字会近分设妇孺收容所多处，如女子职业学校、女子师范学校等处，均经分会与各该校长接洽妥帖，临时收容避难妇孺。惟目前城内外兵士触目皆是，而此项兵士，亦常有任意闯入各收容所中者，故该分会业已向驻扎军队长官，请求禁止军士随意出入妇孺收容处所矣。

原载于《申报》1924 年 9 月 2 日

红会救护团之统计

自时局紧急以来，各地红十字分会均纷纷组织救护队，尤以本埠总办事处所发出之救护队为最多。昨日该处特将已经出发之救护队之统计表，张贴门外，兹录之如下：

（一）昆山总队与太仓、嘉定相呼应；（二）浏河队；（三）常州总队与宜兴、长兴、吴兴相呼应；（四）吴淞队；（五）江湾；（六）北车站；（七）镇江；（八）后备队出发南翔；（九）游行队接应各处；（十）南车站；（十一）松江。按：十与十一两队，系沪城分会所组织者。

原载于《申报》1924年9月5日

常州军事消息

红会新入会之会员已达二百五十人，调查队业已出发，输送、掩埋两队，与总会派来之救护队，同赴宜昆前线服务。

原载于《申报》1924年9月6日

各处纷纷要求设立红会分会

昨日到中国红十字会总办事处要求设立分会者，计有嘉善代表徐士纛、宝山代表陈石和、吴兴南浔代表吴颂芳，均按照章程缴费，立案领取旗章，正式成立分会。另有溧阳分会蒋国贤来沪领取证书徽章（系新入会者所应用）及采购药品云。

原载于《申报》1924年9月9日

红会派员视察各队情形

又该会派赴外埠之第一（昆山及苏州）、第二（常州及宜兴）等各救护队因通讯不便，情形隔膜。昨特由牛医生派请张卜熊医生为代表，前往常州、宜兴、苏州、昆山等处，详细视察各种设备、布置及救护等情形。张君已于昨日晚间十二时搭德和轮出发云。

原载于《申报》1924 年 9 月 13 日

宜兴快信

红会总会救护队因常州后备疗伤所伤兵数百，医生不敷应用，已将支队由前敌调回，救护事移交宜兴分会办理。

原载于《申报》1924 年 9 月 14 日

常州红会救护消息

上海中国红十字总会焦锡生医生率领第二救护队于开战前驶往常州驻扎，计有医员、救护员、工役等数十人，携带卫生材料二十余大箱，即驻第五中学设立后备疗伤院。另于车站恒丰面粉厂设立第一急救所，城内谈宅、庄宅，设立第二、第三急救所。一面派支队往宜兴前敌救护。连日昆山、宜兴运到伤兵百余名，焦医生日夜施手术，钳取子弹，忙碌异常，不得已将支队自宜调回，救护事由宜分会办理。一面函请总会增备医院用品。据军界人云，前方伤兵尚须继续运来，常红会后备疗伤院，将日益繁忙。

原载于《申报》1924 年 9 月 14 日

宜兴快信

红会上海总会及无锡、常州分会均派队来宜开赴前方救护。惟宜兴分会办事秩序颇乱，不能一致，甚以为憾。（十三日）

原载于《申报》1924 年 9 月 17 日

常州军讯

常州红十字会连日掩埋阵亡兵士。截至昨日止，共计四十五名，内有排长一人。

原载于《申报》1924 年 9 月 19 日

江浙战事中各方杂讯

（常州）本邑红十字分会掩埋队所埋阵亡兵士棺柩，截至昨日止，已共有六十具之多。

原载于《新闻报》1924 年 9 月 20 日

红十字会救护消息

张卜熊医生云，常州救护队因宜兴方面战事并不十分剧烈，故伤病较少。

原载于《申报》1924 年 9 月 21 日

红十字会昨讯

中国红十字会救护伤兵昨日状况如下：……（三）常州红会第二救护队医生曹志绥昨由常到沪云：常州红会后备疗伤所，计有两处，一在第五中学校，内有伤兵八十余；一在武进医院，有伤兵五十余人。而兵站医院为苏军所属，计有伤兵一百六十余人。

原载于《申报》1924 年 9 月 23 日

江浙战事中各方杂讯

红十字会救护队焦队长由沪协同医士余达夫回常，并有看护员四人。齐督、韩省长同时电令本邑姚知事拨款三万三千元，以应军需。本邑红十字分会昨日开会欢迎新会长理事等。

原载于《新闻报》1924 年 9 月 23 日

伍琢初会长赴沪

红十字分会会长伍琢初，因有各项重要事宜须与总会接洽，二十三日乘车至镇，转轮赴沪。（二十四日）

原载于《申报》1924 年 9 月 27 日

江浙战事中各方杂讯

常州：南京红十字会职员彭光湘赴昆调查救护掩埋等事，前日抵常，昨晚赴昆。

原载于《新闻报》1924 年 10 月 1 日

江浙战事中各方杂讯

美国红十字会代表夏牧师三日由宁来常，与王完白医士等商定组织救护队，俟齐督发给护照，即往昆山前线担任救济。

近日，本邑红十字分会掩埋队掩埋大批棺柩，因天气炎热，尸气外溢，各队员已备口鼻防护器，以防臭味。现由会中规定掩埋深度，须四尺五寸以上，又以掩埋虽深，而墓上盖土不多，尚易塌卸，决定雇船装载各处堆积河泥，运往该处，以备加高。

原载于《新闻报》1924 年 10 月 6 日

中国红十字会敬谢

中国红十字会敬谢武进县姚知事大善士捐助棉被 100 条，……中国红十字会总办事处谨启。

原载于《申报》1924 年 10 月 18 日

江浙战事中各方杂讯

本邑红分会以军事结束，会务亦应筹备结束，所有分设伤兵收容所，除第一第二两处，尚有伤兵未愈者数十人外，其余均已结束。前日豫军回防过境，将所有阵亡官长及士卒棺柩共十八具全行领回，当由红会派员指示具领，随车运宁带回营葬。

原载于《新闻报》1924 年 10 月 29 日

常州难民救济会开会纪

南京美国红十字会自联络各埠教会通力合作后，已改组为中国红十字会难民救济会。该会常州办事处设于福音医院，十九日下午四时开会，由王完白主席。议决事项：（一）推举胡稼农、牧师芮真儒、医士罗淑君女士三人为委办；（二）请王完白赴昆山总事务所接洽，并领取徽章及通行证；（三）监理会濮会督于星期一来常，各队员俟其离常后出发；（四）救出难民各埠收容不少，已达四千人以上。以后是否继续进行，俟与地方士绅接洽再定办法。议毕散会，已六时许。

原载于《申报》1924 年 10 月 22 日

战地闻见录

福音医院王完白君近著有《战地闻见录》一篇，读之可了然于灾区之现状，兹特转录于下：

去冬余对红会之服务分三时期，当江浙失和，军事方兴，余以常州红十字分会理事长名义，筹备救护事业，设立伤兵疗养院、妇孺救济院，组织出发之救护、调查、输送、掩埋各队，备极忙碌。此为办理庶务之第一时期也。后昆山、宜兴两方输送伤兵，均以常州为终点，医务骤忙，医学人才顿感缺乏，余即卸去庶务，专心疗伤。此办理医务之第二时期也。迨战事结束，伤兵渐少。适有美国红十字会托办救济事业，遂入办理振务之第三时期。亲往战地调查后，即回常组成救济队陆续出发，并广募棉被棉衣，运送灾地，为数颇巨。本篇即调查时之笔记，编刊之意有二：（一）忠实描写战争之罪恶与痛苦，作非战之宣传，撒和平之种子。（二）灾区待振孔急，望各地同志发起劝募银钱衣被，交慈善机关妥送灾地散放，是亦吾人应尽之天责也。

余受美国红十字会之委托，在常州组织救济队，往前方战事区域救济难民。当与邑中各教堂领袖接洽，得牧师、教员、医士多人，慨任队员，乃合德智体三项人才组织成队。决由余先往昆山，与总事务所接洽，并往前线实地调查灾区状况。遂于十月二十日乘兵车出发，至昆山、安亭、方泰、黄渡、南翔、真茹一带，且亦至上海一行，共历一星期乃归。途中情况，多为生平所未曾经历者。回常后，友人纷来问讯，不克一一详告，爰将见闻所及者拉杂记之，以作谈话。

旅行中衣红会制服，佩袖章通行证，故任遇何项火车，均可享免费乘坐之权利。然车开无定时，坐亦无定位，幸运时亦有大班车或头、二等车，余则行李车、铁篷车、敞车、货车乃至机关车。（龙头）无不遍尝况味。且每因待车失时，而致枵腹作临时难民。各埠无代步之具，火车到站后往来均须步行，食宿则在各埠红会办事处，虽菜饭布被，因劳顿竟日，得之甚甘，食量且较居家时为宏也。

忆在安亭红会时，余等已睡，忽有无锡巨绅杨翰西君偕公子蔚章及商团职员等十余人到会求宿。布被与板床均不敷，有数人得旧棉胎御寒，余则围坐待旦而已。杨君初许捐米五十石助赈，及亲至灾地，备尝艰苦后，乃慨然加捐至一百五十石。深望安居逸乐之绅富，均能一往灾地，必将慷慨输将矣。

当启行时，余曾询前途情形于姚绍枝县长，据谓自常至昆，已照开客车，通行无阻。惟再往前方，须到昆后探询云。不意抵站后，知客车只达苏州，且无头、二等车与大餐车，不得已附三等车且视为舒适过望，可见人生安乐，不在外界之物质，实随心为转移也。

车至苏站，即停止不前。余乃下车，往更生医院访惠医生。承邀至其宅午餐，后复陪至病院，遍观住诊伤兵，留院者尚六十有余。有第四旅那云青副官常川驻院，专对伤兵谈到，盖副官乃热心基督徒也。惠医生谓苏州红分会共收伤兵一千八百余，概由彼支配，分送七处医院诊治。惟某省客军自设军医院，亦有伤兵约三百人，然设备不周，病兵多不愿住，恒自投教会医院求治。前曾得传闻，更生医院因搜获伤兵身上大宗金器，缴送司令部，致发生风潮。余乘便以相问，惠医生谓绝无其事。伤兵中虽间有赃物，并无如许金器，更无所谓风潮也。

下午复至站候车，站上遇无锡、苏州两处教会代表，皆前往昆山加入美红会之救济队者，遂与余同行。联苏常锡代表为一队，戏呼为“混成队”。以后同余出发各地者，即此混成队也。

至昆山后，站上无洋车，无夫役，各携物徒步进城。军警检查颇严，惟对红会职员不加干涉。美红会总事务所设李平书花园内，中西办事员均为旧友，相见甚欢。至各埠教会合组之救济队，已到八大队，常州编列第七。当战事剧烈时，美红会最得军队信任，能深入战线，救出难民，送往后方。现留各埠收容所者约四千人。兹因战事结束，不再运出难民，特备米粮衣被，输送战地散放。但必先由队员亲往灾区调查，见无衣无食者，填票付之，令至就近之本会办事处领取，以免冒滥。

中国红十字总会所派之第一救护队驻扎昆山，办事处设于浸礼会教堂。队长倪承芳医士为余同学，余此行未携卧具，故就宿倪队长处。倪君前驻镇江为铁路医官时，以夫人忽撄危疾，急电招余往诊，一别迄今，转瞬数年。相逢意外，始觉他乡遇故知之乐趣。

昆山为大本营所在地，得免浩劫。然主客军云集，长官耳目所周，仍不免有非法举动。传闻有八龄幼女及七十八岁老妪，亦遭轮奸之惨。事闻于齐督，曾力求根究，惜未能查出犯事者之姓名，终亦无可如何也。

二十一日晨，总事务所商定，毕、华二教士等，以汽油船赴浏河、嘉定一带调查。余与苏锡代表，往沿铁路黄渡一带出发。上午至昆山站候车，是日适有江苏警备队第一团全团待车开回原防，一、二营仍回常州，三、四营则往镇江。该团驻常久，官佐士兵多相熟识，余特往见傅紫垣团长，欢迎凯旋。傅团长笑谓："出征两月，已环绕太湖一周矣。"盖该团初赴宜兴作战，继进长兴、湖州而调昆山，今沿苏锡归常，恰兜一大圈子也。

自午前八九时到昆山站候车，直至日已平西尚无下行车消息。欲问何时有车，某车挂去否？匪独站上职员不知，即站长与车长亦不自知，须临时见车到，始奉司令部命以行。站上无茶水食物，幸携有热水、牛乳、饼干，聊可充饥。至将近五时许，得站长知照，谓有难民二三十人，方自昆山第一妇孺收容所来，欲归安亭。余等即照料上车，迨车抵安亭，已夜色苍茫。妇孺辈见沿路驻军甚惧，乃命夫役举红十字旗为前导，余等自护其后，得安抵镇中红会办事处。知镇上附近尚时有淫掠，即留置难民于红会收容所，令明日再去。

安亭为江浙两军最初接触处，自八月三日在二十八号桥开火，战线逐步东移。至近黄渡之二十四号桥乃定，相持不下，直至沪局变化为止，共历四十日之久。故安亭仅八九百居户，三千余人口之小镇，前后驻军有一百七十余营之多，迭遭蹂躏，民不聊生。幸有商人李仲廉君自告奋勇，设红会办事处，组织救济队与妇孺收容所。（除运送出险者外，镇中曾收容四乡难民四千左右）现更招待放赈人员，作附近四方之救济总机关。无基本金，亦不征求会员，但就知友处捐米粮菜蔬，日开数十桌。措置裕如，保全生命无算，诚不可多得之热心家也。每有坐拥巨资，大名鼎鼎，号称慈善家者，反不能施人实惠，拯救一命，对之真当愧煞。

安亭镇离站二里许，市上尚留驻军四千余，咸就店铺住宅，比户而居，席地而卧。主人翁均全家远避，军人即承受其所有权，除衣被食品权充军需外，门窗板壁，木器用具，亦毁灭无余。向有所谓四壁萧然者，今且只一二壁危然独存矣。不特十室九空，实已十室十空矣。故古人所用之形容词，亦当应时代潮流之进化而加以改良也。

二十二日，偕队员往安亭间之各乡村实地调查，经十余村，再越铁路而北至方泰镇，计程十余里，沿途所见伤心惨目之状，殊出意表，兹就笔记中摘录数则，余则不便形诸笔墨，只可从略。

多数乡村，因居民避难远去，全村空无一人，只余残破之屋壳，鸡犬无声。至陈项村始见一老妇，方自收容所归，因衣食器具荡然无存，正苦无办法。余等乃书米票付之，然不识伊将如何炊煮，盖锅炉等亦化乌有矣。顾泾村有三四家难民，方自上海长途步行回里，遍觅全村，只剩一残破之锅灶，乃共就此锅为炊云。

沿铁路旁各村因较近大道，破坏更甚，在二十八号桥南之庐家宅遇一龚姓老人，自云："年已七十六，长发军来时，彼方十四岁。一生已遭两番大劫。"余询以："两番大劫，何者为重?"老人叹曰："此次凶暴之甚，远胜长毛时。犹忆洪杨之乱，历十八月之久，吾乡人尚种熟两次田稻，今则数日之间，衣食器用，农具耕牛，完全无存矣。"言下欷歔不置。

铁路之北，闻有枪声数响，乡人均惊惶无措，谓邻村又有兵匪来矣。继进汪家宅村，遇二兵自村中出，与余等擦肩过。进村后，乡人因见余等一色制服，又以为丘八太爷光降，均逃往宅后竹园深处。经余等遥呼系红十字会救护队，特来分送衣米者，乡人始自隐匿处探首而出，男妇均集。既知余等系远道特来救济者，一宣姓老妇顿足曰："惜不早来一步，数分钟前，有衣军服者二人进村索妇女，将侄媳及一年轻产妇尚卧床褥者，强施非礼而去，若君等早来一刻，即免此辱矣。"余等方悟适在村前所见之二人，即来干此勾当者。竟能于青天白日，大庭广众间，逞此兽行，闻之真堪发指。

方泰镇居安亭、黄渡之北，离铁路约五六里。余等于午后到镇，在途中时遥见军队异物以行，为数甚众，皆自该镇开拔往火车站候车。进镇后，知所见军队为最后离镇者，方泰之兵今已悉数开尽。但见全市房屋，空空洞洞，状若荒山凉亭，内外无一完物，所余者垃圾如山，遗屎满地而已。秽臭触鼻，蝇蚋扑面，令人几难呼吸。

有商界代表陈容如君前来招待，据云，镇中惟彼与董事、议长、警所长四人未逃，负维持秩序之责。全市有三百零四家，全乡计一百六十余村，人口约万人。镇为战线要隘，前后驻军逾十万，供应军需，筋疲力尽。最感困难者，所存食盐用罄，接济无方，致淡食多日云。

镇上居民死于兵火者百余人，今日数小时前，尚牺牲一顾姓妇人，乃铜匠店主妇，居其屋者，临去时既夺其衣饰，又辱其身体，更以手叉其喉毙之，作最后之辞别礼。事后，邻人见其裸死床上焉。

调查方泰灾况，除衣被米盐等赈品外，尤急需灭蝇消毒之防疫处置。最危险者为星罗棋布之粪秽，苍蝇丛集，筑成黑色地毯。不独街市间，即官佐之卧室中，亦随处黄金满地，殊不可解。且兵队中患伤寒赤痢者甚多，常有兵士向余乞痢疾药，一兵曰："同棚十二弟兄中，患痢者占十人云。"此种遗矢，病菌甚夥，皆可藉苍蝇作媒介广为传染。若不早为预防，恐将来死于疫疠之难民，较死于烽火者多出百十倍也。

在方泰冒险与苍蝇争食后，余等改由水道回安亭。沿途可再经过若干乡村，见沿岸棉花田熟花落地，采取无人。舟子语余，谓目睹一农舟，拉去装兵十三人出游，瞥见岸上有一中年妇捉棉花，即上岸挟之登舟，递淫之，妇创甚毙命。彼等复舁之上岸，就土穴埋之，欣然而去。故乡人宁舍其辛苦所种之棉，不敢往采。

继抵一处，曰北林家村，见桥旁有被毁之柩二，皆曾演大劈棺故事。尸体暴露，碎布片狼藉柩外。余等此行见破毁尸棺甚多，然此二柩之惨状，尤觉触目。舟子云："此髹漆之棺中，乃林乡董之遗骸。旁一较小之棺，乃该董之孙者。"未几村人出观，则董之子曰林学礼者亦在焉。余等询之，确为其父若子之柩，均去年谢世，因俗有先殡后葬方为吉利之惯例，故暂厝村外，不意长眠人犹遭此厄也。方今避难归来，改葬无资云。余谓造成此种恶果，远因在迷信风水，兵祸其近因耳。

又闻村中尚有被兵枪毙之二尸，迄今尚未葬埋。余等遂登岸进村视之。见空场上有草垫二，下盖二尸，一名赵小严，为村中首富。一名顾阿美，佣工也。当战事初兴，省中相率避难，惟赵胆壮力健，自任守护一村之责。以为方今世界文明，若好意招待，军人亦必讲理，故毅然留家。岂意即九月三号开火之日，首批军队经过，即无理可喻，遽以卫生丸奉敬，赵与佣工饮弹仆地。今已五旬，尚暴尸场上，其子昨方回里，则已家室荡然，无以为殓。余等呼其子揭去草垫，视之尸体已腐化，只余不完全之枯骨二副而已。余为之摄影登记，以便告知掩埋队也。

闻尚有一村，夫妇二人因畏炮火，就房内泥土上掘一深穴，匿居穴中。上盖木板草泥，以为掩饰。后为兵士发见，即就穴中枪击之。夫妇乃同死穴中，亦至今无人埋葬。（此种避炮火地穴，余曾见多处。）

余等归途仍随地放赈，方过二十八号桥，见一船载少妇二，向铁路行，余等急止之，令勿前。因铁路上遇兵甚多，彼等即随余舟返镇。后知二少妇皆为新嫁娘，在妇孺收容所已月余。今因战事平定，急欲回家。会中坚留不听，昨日出所者，不意晚间均为散兵所污。故今日又送回会中，以途径不熟，几至迷路。幸遇余等，始得返会。

船将抵安亭镇，天已昏暗，余等乃舍舟登陆先行，忽闻后有人声，高呼缓行，视之三五乡人，状甚忽遽，乃伫立以待。既近，询以何事。乡人曰，今晨自上海长途徒步回乡，途中遇着灰色衣人拦搜多次。所携物件，悉被抄去。迨后某甲尚留一铜边黑镜，告以因患红眼，藉以遮光者，用之恐传染目疾，但彼仍一律赏收。某乙只余铜元三枚，苦求留备途中购物充饥，亦未邀恩准。某丙双履颇新，亦令奉献。经一再恳求，着灰色衣人慨然以己之敝屐付之，俾免赤足就道云。今将抵镇，见红会旗帜，如获救星，坚恳尾随进村，免再搜检。余等随卫之入市，继知彼等家屋，尚满驻军队，不准主人入室，余等即留之至红会膳宿。

余等当晚即通函后方各埠之妇孺收容所，因灾区尚日有淫掠，请暂缓遣回避难妇孺，以免功亏一篑云。

二十三日晨，在安亭站候车，拟往黄渡。站长谓昨因兵车拥挤，二车相撞出轨，路线不通，故无下行之车。闻之甚为焦急，偶在站间步，遇西工程师卡理司氏、总稽查格兰德氏，均相识。询之，知现有救险车（即修铁路者）将开往南翔，然无论兵民，概不搭载。后经特别通融，余等即就其修路用之木料车上附之以行。车过黄渡，目睹苏浙两军战壕甚悉，尚有数巨炮高架路旁，因车不停留，只能俟归途中再前往详视。

午间抵南翔，相将下站。见道旁散乱之新车票甚多，闻车站亦曾遭抢。又残破之黄包车皆随地遗弃，马路旁树皮多被剥去，采作燃料。步行至镇，街市两旁均破毁无余，荒凉满目。迨至南翔最繁盛之香花桥，东街西街，已只余一片焦土，瓦砾成堆而已。闻本镇三日之间被烧七次，今晨尚有一处火灾。美红会队员夏牧师曾亲见一兵，在某巨室内集棉被煤油，举火欲焚，即捕之送往司令部云。

后至古猗园南翔红分会，接洽赈务。分会长朱赓石君出见，招待甚殷。朱君道貌岸然，状态宛似省教育会之沈信卿先生。畅谈之下，轶闻甚多，然多有只可宣诸口而不便形诸笔墨者，姑录一二则如下：

有程梅生者，为本镇电灯公司路线毁坏，由齐总司令给以特别通行证，令来修整电灯，藉维秩序。程以恃有证符，放胆启行来镇。忽遇衣灰色制服者喝令停步，将施检搜。程出特别通行证示之，并告以有重要任务，冀勿为难。彼竟置之不理，仍强行摸索，将金表等物悉取去。复解其内衣，得一银元。程苦恳留作途中食用，仍不许，卒尽夺其所有，始释之行。

会中有长途电话，可直接与上海通话。上海得南翔遭劫之消息后，急备赈粮数船，拟由水道输送。不意自上海北新泾，直至南翔以西，所有数十里河道，全被船只拥塞。迄今数日，此项振米尚无法运到。余询以何项船只有如许之多。朱君太息曰：“运载劫物之船也。”

午膳后，朱会长陪游古猗园。忆数年前适逢园游盛会，余曾偕内子来此一游。今则断井颓垣，不堪回首，盖近方驻扎大军也。出园后，更往观妇孺收容所。全镇共有七所，教会所办者居其六，规模颇大，共收容妇孺约六千人，均就礼拜堂校舍等处，密排地铺以居之。避难妇女，贫富俱有，在此世外桃源，幸获保全生命与贞操，然长日枯坐，未免思家。会中乃常开演讲会，映灯片、留声机等，聊施慰藉云。

午后到南翔站，拟候车往黄渡。静待许久，杳无消息。天色将晚，忽有一军事专车，随救险车后开往上海。盖路已修竣，可直达北站矣。余等闻之，以为既无上行车，何不即赴沪一行。一则因连日旅行，衣履不更，不栉不沐，遍体不爽，可乘机至上海一新面目，并添购需用物品；二则希望到沪后，可将目睹灾况，对重要机关报告，以利振务之进行，议决即上车行。

车过真茹，见暨南大学前军营密布。盖现为齐总司令之大本营，守卫甚严。闻真茹镇遭兵祸后，被焚者有一百三十余家，现因大军云集，居民多未归家，故振务尚无从着手。

连日开行兵车，均以真茹为终点。今日专车，乃更自真茹开至上海。抵北站时日已衔山，偌大车站，竟为余等寥寥数人首先占领。与历来至沪之景象，迥然不同。同人乃在站共摄一影以志纪念。余笑谓所衣之黄色制服，效力较军人之灰色老虎皮为大，因彼虽可随意乘火车，却不能随意入租界；余等所享权利，乃兼而有之。在电车中共议往范围较小之旅店，纵云简陋，必较战地中之起居优胜多矣。余独主张素位而行，在战地时固甘心耐苦，既至安乐之地，不可不安享一宵，以资补偿。故决往向所常寓之先施公司东亚大旅馆，馆中职员，相见愕然，几不相识。

此次至沪，幸不虚行。因适逢华洋义赈会明日会议服务，同人即以调查所得之灾况，详细报告于会长卜主教。其时上海方面，尚不明灾地真相，闻之殊出意外。又在知友处临时募得捐款数百元，亦不无小补也。

二十四日上午往北站，冀有上行兵车可往黄渡，到站后，冷清清的，绝无行人。欲觅站上职员，亦不可得。或谓须往麦根路，始有兵车，余等以真相难得，姑在月台稍息，再作计较。未几有一铁路职员前来招呼，视之乃余素识之车长王君，询余何往，余具告之。王君曰：“现有一专车将开南翔，不若先到南翔，再换车往黄渡可也。”余即偕同人随王君入一空车，坐候至一时许，果有机关车来，拽之行。迨抵真茹东阳旗外，车停。见兵车拥塞，长约里许。后到之车，开行无期。车长王君为余向前探询，旋着人来知照，谓西扬旗外有兵车一列将开。余等即舍所乘车越站前行，至则车已急欲开行，因得王君嘱，特在等候，而车中又无隙地可容，王君乃招余至机关车上同坐，既上，即展轮行。到南翔后，王君又代觅一上行兵车，并关照特在黄渡暂停，俾余等下车。于是千辛万苦始达目的地黄渡，此役得车长助力不少，谚云：“出门赖朋友”，洵然。

黄渡为江浙战事之中心点，故余必欲一穷战壕之真相。出站西行不远，即二十四号桥。浙军沿河之东岸筑战壕，既深且长，铁轨之下，则穿以地道，有水处则架以浮桥，全线联络贯串，自后方输送子弹食物。另有纵形之交通沟，军士输卒在壕往还，对方不能窥见。远望则连绵数里，工程极巨，十日前，浙军尚据此苦战也。

二十四号桥乃三洞之石墩铁桥，河阔只丈余，战时相持最久者即在此处。然桥面并未拆毁，只凭守护之炮火，划成两军之鸿沟也。时同行者多倦，不欲再前，余独持快镜，越桥往视苏军战壕，沿途拾得枪炮弹壳多枚，留之作纪念品。统观两方阵地，苏军取攻势，逐步前进，故有战壕三道。浙军始终固守一处，苏军之战壕惜未连贯一气，后方亦无输送军需之壕沟，输卒往返，至为危险，故往往前线战士有数日未获饮食者，在浙方之能死守多日，似与战壕之工程及布置有重大关系也。

两军前线战壕相距甚近，约只一百五十步。余在常州疗治伤兵时，尝闻兵士言，两方军人当停火时，常互相谈话，因名为江浙争战，其实卢齐战士，尽属北军，往往有父在浙而子在苏，或兄在苏而弟在浙者，故每藉战壕，彼此通问。惟命令一下，则弹发如雨，炮震似雷。咸受激若狂，不能自已，不期然而然互相残杀矣。

余因同人在站坐候，即折回相偕往黄渡镇，自站至镇有六七里之遥，入市首见一浙军阵亡兵士之公墓，系战时浙军自行掩埋者。镇上房屋为炮弹所毁者甚多，有一石桥，亦为炮击断，市屋遭火焚毁者有数处，居民方在整理劫余之残物。随余等同行有自上海避难返里者数人，与市民相见，辄互相庆幸曰：“不谓炮火余生，今生尚能相见云。”

黄渡之美红会办事处，设于上海著名侦探长窦如海之宅，窦已故，遗产甚丰，所藏古董，亦值数万金。军兴后，其家人运动某会移设宅中，赖作保障。不意空名无补，依然破门直入，劫掠一空，不问精粗巨细，无一存留。惟残破之银箱与铁床，尚堆置一隅。后美红会以其房屋轩敞，即驻此办公。就余此行所见，无论红会教堂，若徒恃皇然匾额，以作护符，绝无效力可言。惟真能出力办理救济事业之地，虽无正式名目，却无一处遭害，极无理中亦自有其理也。

在办事处，四乡灾民凭票来领取米粮衣被者，踵趾相接，大都鹑衣百结，甚或裸其半体，饥寒之状可掬。时有要求棉被者，谓夜凉如水，无被不能成寐，恒数人相抱而坐，以待天明日出。若给以银钱，反不以为宝，盖持钱亦无买处，所谓“寒者不能以为襦”也。若辈皆安分农民，自力足以温饱，今乃宛转求人，忧苦中杂以羞涩之色，虽铁石心肠，见之亦当堕泪。

二十五日，因出行已一星期，拟今日回常。启行前先往黄渡镇之西，一观浙军战壕，横亘数里，与二十四号桥所见者连成一线。自镇中引至战壕，另筑交通沟，成丁字形，藉以输送军需，时乡民群集壕旁，以锄掘地，寻觅子弹枪壳，以筐贮之，所获颇多。余正对之摄影，忽见脚下有一形似菠萝蜜之铁器，俯拾之，赫然炸弹也。乡人争来观看，余急携之行，以备送往会中，免人误弄，发生危险。某处有人拾得炸弹一枚，众方围观，不意触地爆发，立时炸毙者三人，伤者多人云。

方拟再观苏军战壕，突闻对面邻村枪声叠发，乡人均向镇中飞逃，镇上亦锣声四起，顿呈恐慌之状。未几一警察出巡，余急询以何事，警察曰：“适有乡人驰报，在殷房、向堰、三官堂一带，有兵士成群入村，劫掠避难初归之乡民云。”余以须早往站上候车，即以所拾炸弹交付警察，讵彼胆小如鼠，不敢接取，谓掷之水中即妥。余谓恐将来为挖泥人挖起，仍有后患，坚令携送警局销毁，彼始勉强受之，状甚战兢，可怜亦可笑也。

自镇赴黄渡站，须行一时许。将抵站，遥见一上行兵车适进站停，余因所距尚远，深以为失之交臂为惜，幸该车不即开。迨余等奔到上车，始徐徐展轮行。余视所上者为临时军医院之救护车，车后带柩多具，将至安亭施行掩埋。到安亭后，下车另觅地位。得一军官之乘车，较为安适，即乘之回常。车过昆山时，命随行夫役返总事务所，报告一切。余等即随车行，经过苏州、无锡，两地教会代表一一握别去。余乃

独归常州，抵站已五时许矣。（王完白）

原载于《通问报》1924 年第 1129—1131 期；
连载于《商报》1924 年 10 月 29 日至 11 月初；
后刊于《中华医学杂志》1925 年第 11 卷第 3 期，第 175—184 页

【编者按：它与下篇《常州救济队王完白君所记安亭附近被兵情形》相互印证，可谓珠联璧合，堪称“常州分会的《索尔费里诺回忆录》”。】

常州救济队王完白君所记安亭附近被兵情形数则

多数乡村，因居民避难远去，全村空无一人，只余残破之屋壳，鸡犬无声。至陈项村始见一老妇，方自收容所归，因衣食器具荡然无存，正苦无办法。余等乃书米票付之，然不识伊将如何炊煮，盖锅炉等亦化乌有矣。顾泾村有三四家难民，方自上海长途步行回里，遍觅全村，只剩一残破之锅灶，乃共就此锅为炊云。

沿铁路旁各村因较近大道，破坏更甚，在二十八号桥南之庐家宅遇一龚姓老人，自云：“年已七十六，长发军来时，彼方十四岁。一生已遭两番大劫。”余询以：“两番大劫，何者为重。”老人叹曰：“此次凶暴之甚，远胜长毛时，犹忆洪杨之乱，历十八月之久，吾乡人尚种熟两次田稻，今则数日之间，衣食器用，农具耕牛，完全无存矣。”言下欷歔不置。

铁路之北，闻有枪声数响，乡人均惊惶无措，谓邻村又有兵匪来矣。继进汪家宅村，遇二兵自村中出，与余等擦肩过。进村后，乡人因见余等一色制服，又以为丘八太爷光降，均逃住宅后竹园深处。经余等遥呼系红十字会救护队，特来分送衣米者，乡人始自隐匿处探首而出，男妇均集。既知余等系远道特来救济者，一宣姓老妇顿足曰：“惜不早来一步，数分钟前，有衣军服者二人进村索妇女，将侄媳及一年轻产妇尚卧床褥者，强施非礼而去，若君等早来一刻，即免此辱矣。”余等方悟适在村前所见之二人，即来干此勾当者。竟能于青天白日，大庭广众间，逞此兽行，闻之真堪发指……

当余等在方泰改由水道回安亭时，沿途经过若干乡村，见沿岸棉花田熟花落地，采取无人。舟子语余，谓：“目睹一农舟，被拉去装兵十三人出游，瞥见岸上有一中年妇捉棉花，即上岸挟之登舟，递淫之，妇

创甚毙命。彼等复舁之上岸，就土穴埋之，欣然而去。故乡人宁舍其辛苦所种之棉，不敢往采。”

继抵一处，曰北林家村，见桥旁有被毁之柩二，皆曾演大劈棺故事。尸体暴露，碎布片狼藉柩外。余等此行见破毁尸棺甚多，然此二柩之惨状，尤觉触目。舟子云：“此髹漆之棺中，乃林乡董之遗骸。旁一较小之棺，乃该董之孙者。”未几村人出观，则董之子曰林学礼者亦在焉。余等询之，确为其父若子之柩，均去年谢世，因俗有先殡后葬方为吉利之惯例，故暂厝村外，不意长眠人犹遭此厄也。今避难归来，改葬无资云。

余等归途仍随地放赈，方过二十八号桥，见一船载少妇二，向铁路行。余等急止之，令勿前。因铁路上过兵甚多，彼等即随余舟返镇。后知二少妇皆为新嫁娘，在妇孺收容所已月余。因战事平定，急欲回家，会中坚留不听，昨日出所，不意晚间均为散兵所污。故今日又送回会中，以途径不熟，几至迷路。幸遇余等，始得返会。

船将抵安亭镇，天已昏暗，余等乃舍舟登陆先行。忽闻后有人声，高呼缓行，视之三五乡人，状甚忽遽，乃伫立以待。既近，询以何事。乡人曰：“今晨自上海长途徒步回乡，途中遇着灰色衣人拦搜多次。所携物件，悉被抄去。”迨后某甲尚留一铜边黑镜，告以因患红眼，藉以遮光者，用之恐传染目疾，但彼仍一律赏收。某乙只余铜元三枚，苦求留备途中购物充饥，亦未邀恩准。某丙双履颇新，亦令奉献。经一再恳求，着灰色衣人慨然以己之敝屐付之，俾免赤足就道。今将抵镇，见红会旗帜，如获救星，坚恳尾随进村，免再搜检。

余等随卫之入市，继知彼等家屋，尚满驻军队，不准主人入室，余等即留之至红会膳宿。

余在重雾濛濛的早晨，别了安亭，别了昨天一日使我惊心动魄的安亭。它赐给我们以永久占据我们心旌上不能消灭的景象。我们所给它留下的纪念，则只是一张永仁堂药店被兵残破的写真，我们与它，不知道以后还有见面拜访的机会没有？现在只好暂说一声“永别”，而祝它早早恢复元气而已。

随了引导穿过连阡的田垄，离开安亭远了，更远了，回头看它被裹在重重的雾里，迎着初上的阳光，只微微看见一两片白墙的影子。它倒很安宁地裹在白银的幛帷里，谁又想到它在几星期前会是被毁坏在炮子枪弹里，在一群凶狂的魔鬼手里呢？

我们现在是往黄渡去了。黄渡离安亭十二里，但是路径很不便，有时竟七弯八折绕着田亩走，沿路的乡村人家十分安静，虽然也受过惊扰，但总没有像镇上那样颓败，也有人在田里工作，如不晓得这次战事的人也许到这个地方竟不知此地已经过十分残酷的焚掠。

在九点多钟的时候，引导人说已经离黄渡很近了。我们看见许多迤逦的战壕，横亘在田亩的中间，还有两条中间夹着狭河。我们在战壕边上跑着，有时在战壕的里面，这样狭长的泥沟，在几星期前，有许多人发狂似的聚在里面射击，呼喊，也有许多在这里面失去在人世挣扎的生命，也有许多在这里丧失了身体上的自由。战争已经过了，这泥沟还静静的躺着和刚开掘的时候一样。有几条已经为乡民填平了，也有几条里面还留着兵士们用下的枪壳，几个扁污的军帽横压在乱堆的稻草底下。

我们寻了个堡垒，在它边上休息，也预备招几个乡人，请他们把受苦的告给我们。不一息已经聚集了许多，初时都彳亍不前，以后知道不是兵，却都兜圈子围了拢来，他们的面上都露出诧异而又来求恤的神气。当我们问的时候，他们大家很乱的说，说得很急而没有一点次序，这使我们感到十分困苦，而且他们有许多以为我们是红十字会的人，竟有乞药求医的。好容易才使他们明白了，告给我们，但他们总不能说个清楚。

立定在林前面的是一个高大嘴微瘪的老妇人，她身穿得还整齐。她说："先生，还有法子把我们一个囡寻来，已经一月了，还没有寻见。"她这样没有头绪的说了，并且很急的反复着这两句话，后来我们一句一句问她，她才说来较明白些。

"我住在庐家宅（黄渡小桥西）。我家里名字叫庐福庆，被浙军抢掉东西不少，又被他们抢去钞票一百五十多块钱。开火的时候，大家避在镇上，又搬到乡下去。我们有一个囡，十六岁，已经有婆家了，开火时候，我们送他到婆家去，路上遇见兵，大家吓得逃散了。我的囡到现在还没有寻着，不晓得是死还是活。先生们做好事，帮我寻一寻吧。"

我们告诉她，我们到镇上同红十字会说再想法子，她失望似的强倔着气走了。在片时的延留，我又听得了许多事情：曹家村倪、周两个人避在屋中泥洞里，被兵士们打死；朱钱村的妇女被兵士们侮辱死的很多，也有被逼投河的；陶政村后陈某为军队诬作侦探打死。最后直接告诉我们自己受害情形的，是一个住在朱钱村的乡民姚桂馨，他被军队拉去到安亭站搬运子弹，最初时因途中子弹横飞，不敢前进，常受兵士们敲打，也只有忍耐去搬运。后来肩上皮破血出，还得继续工作。夜间只露宿在稻田里，天冷也没有衣服增加。这样困苦的渡过四十几天，才被放回，但身上已经染得很重的水湿症，家面里房屋又都被捣毁了。他又告诉我们说：“陶政村里姓周的，就是因为这样死的。”

我们仍继续前行，十点钟的时候，我们到了黄渡镇。

……

三间平屋位置平帖在镇后，屋前一块小草地，现在虽乱草深深的长了，以前却曾有二十几个活泼天真的孩子在上面跳荡过，欢乐的游玩过。屋的四周围了竹笆和砖垣，檐下笆旁也栽着一列小树，更有一双蔷薇花架罩着对放的石凳，在有日光的时候，替屋门沿阶上添了许多整齐的影子。这里是黄渡乡立第二小学的校址，虽然没有深密的树林，可以看掩映的日光，虽然没有高大的楼房，可以容纳许多儿童，虽然也没一切华丽的，宏大的，但在这空旷的乡野，这样的学校，也觉得清爽宜人了。但是平时为和悦所笼罩，为清灵所沉浸的一个小学校，也因为这次战事被毁伤了。当中一间是教员预备室，只纷糊的堆着点书籍、纸张，散放着几张长凳、方桌。两边是两间课堂，墙壁上满布了枪弹孔，有几张学生用的小桌上，有子弹擦过的痕迹。屋后的砖垣玻窗也都破碎不全了，虽然战事已经停止了，但是还没有上课。

我们和罗超先生——这校的校长——坐在方桌面前，预备着请他来告诉我们黄渡镇在枪炮布满日的情形。他很诚正而带有旧式老夫子的神气。当我们因为在镇上寻不着介绍人，往见本镇董事金西林先生的时候，金先生把他——罗——绍介给我们，而请他把一切情形详细告诉我们。

午饭后，我们就聚集在这学校里。看了学校的地方，看了学校的四围和被损害的状况以后，我们紧坐着。而罗先生也开始他的讲义了，我依着他所说的次序，记在下面：

“黄渡镇属于青浦、嘉定两县，生产丰富，居民性情强悍直爽。学校尚不发达，八月廿九日浙军来，颇守纪律，直到九月五日苏军来就开始战斗。素来很安逸的镇，这时候竟低伏在枪炮狂吼的当中了。

全镇乡损失三百余万（数不甚确实），而居民死的有三四百人，妇女因兵士们侮辱死的有一百余人，房屋被毁千百家。来扰乱的大都是苏军，夜间抢劫兵士们所用的火把，闪烁和上海街夜间所排列的电灯一样。”

他用有斟酌的态度说了上面的话，我们又要求他告我们晓得受苦人们详细的情形。

“死伤的人很多，那些普通死的我不说，也记不清，我只把我记忆中最残酷最悲伤的说一点。住在文五图工港张某的母亲，被兵士侮辱后，又为砍下一手一脚。潢河村朱姓妾，被营官僭占去时，又被他们带去不少值钱的东西和地下埋藏的财物。乡里妇女们被兵士侮辱死的，有福田庵的陈姓媳；丽南十七图顾姓母，都是被辱死的。受伤的有文下九图东市某氏、万女、白堰陆妻、叶妻、周妻，还有赵家村周子鑫被炮打死。”

他一面说一面翻着赈济的册子，发出低缓而又涩哑的声音，每说一件事，都带了一声叹息，最后他又告我们说：“男子打死的更多，大半因为兵士们索逼不遂打死的，有时也因为流弹误伤而死的。在我的记忆里，如赵家号乡的何锡荣；陶政村的吴吟福、史子成；前李村的李姓父子、沈章……等，都很悲惨的死在枪弹底下。最可痛的，乡里人辛苦养了羊牛鸡鸭也大都被他们吃尽，门户窗板亦多烧毁。咳，黄渡人何辜，遭这样的大劫。”

太阳已渐渐西沉了，大地上斜刷了金黄颜色，我们随罗先生离开学校去附近乡村里。空旷的乡野，触在我们眼帘里的都是些战争恐怖的余迹。散乱堆积着被毁房屋的墙砖屋柱，纵横摊布着刚从田里割取的棉干，破折的园竹，腐烂的河草，使人看了总引起不快的心绪。我们踏着土道，走近村舍多的地方，沿路都还有被淹没了战壕的淡痕。村舍里人见了我们，都十分悲苦地申诉，或者求怜恤似地看着。我们不忍听他们幽暗的哀苦声音，不忍看身体精神上受过伤害，灰黄的颜色，我们不忍听不忍看，只有迅速地走过。向西再沿着河道前进，罗指我们看的夹河战壕，在很平的河岸上对耸着，也不知这里滴染过多少热血。太阳已隐约无光了，天空渐渐灰暗，黝黑的河水静止着，赤里的树枝凝伸着，夜的威力已经展布来，更添上凄凉萧条的景况。

当我在火烧场拍照完了的时候，林忽地跑来告诉我一椿事。他说：“我刚才走到后面，碰见两个女人，她问我买不买马桶？后说什么都没有了，只剩下一只马桶，想卖一点钱用。你说这是不是悲剧中的趣剧啊？”林又向我商量拿一点钱周济她们，罗先生赶紧拦住，这不必说是因为善门难开的缘故，而我们就不能不忍心走了。

晚饭后，我们又谈论着战争时的情形。

“罗先生，请把你自己所受的也告诉我们。”林带着酒意问说。

他喝了点茶答道：“我们家里这次的遭际，也算十分奇特而且艰险的了。从战争开始直到停止的时候，我们住在学校左面高墩上家里。最初我在学校里，已经听着枪子来往的啸声，但我总不稍为恐惧。”他说着表有十分诚恳而有信仰的样子。

“我往来冒着弹雨，在战地内救人，我曾对天许下宏愿，我因为老母亲有病，不能够行动，怕她老人家不得好死，许下戒去我二十余年每餐不能相离的酒，许下了尽我的力量去拯救他人，只要她能够平平安安的，得着一个好下场就行了。我许下了这个愿以后，一点也没有受伤，就是我家里的人，虽然受过很大的惊吓，但是到现在还安乐地存在。”

这里虽然我们不赞成他的迷信，但不能不钦佩他的热心和毅力。

“一天，两方枪炮射击得最厉害的时候，”他继续着说：“我母亲坐堂前楼上，忽然屋顶被中了一炮，炮弹穿破屋顶一个很大的洞，老母很受惊，但终没有受伤。我老母的安宁，使我更十分信仰天意，更坚定了我拯人的志愿。”

是的，他家我们也去过，屋脊上同样的炮孔很多，门窗墙壁上也有许多枪孔，而他们人一点也没有被创，这使我们感到十分神奇。

我们更谈得和谐了，更亲切了，使我竟致忘了这两天来所得的景象。在微晕的灯光里，大家围坐在方桌旁，我们都有点酒，而听罗说给我们听。有时林也发出他正确和有力的言论。是的，我们中间真感密切了，不是暂时相逢的朋友，竟似多年老伴，别久重逢的一样。谈着谈着，渐渐谈到家庭间的事了。

“家庭间的苦恼是怎样的难受。”罗很忧闷地说。

如流的谈话中，忽然有了这句话，使我们十分惊奇。罗也改变了适才的神气，只微微点着头，继续说：“我有一个老母，二位已经看过的，因为久病的缘故，身体行动很不方便。但就是这样的一个老人，我们还没有叫她安稳的过一天。还要叫她操心，周转不灵的运动。一个人婚偶的不当，算是人生中最苦最不幸的事了。”他微微昂着头，面上时时露出怨恨的样子，低涩的语声格外沉重了。“我妻子好点，我的老母也不致如此。可恨她是个能说不能干的人，做起事来十分迟缓，说起话来倒十分响亮。哎，说也说不了许多，总之，自从她进门以来，没有帮助我过，简直是个一生都不能帮助人的。叫老母不能安稳过活在这大的年纪，是我心里最苦的事，有时夜里仔细思虑，哎，也是没有法子。我只生了一个女儿，一个儿子，我的女儿啊，我怎样的爱她，她又怎样的爱我，就是儿子也不及她。”他说到他女儿，精神兴奋了，也不似适才的颓唐。他的女儿是一个很真朴而又勤恳的少妇。她非但能帮助她母亲，更能帮助她父亲，安慰他将碎的心。

“这孩子从生下以后，她母亲就不能尽做母亲的责任，不能好好的抚养她。有一夜，因为她睡得太熟了，小孩子压在她身底下，呼吸已经停止。啊，怎样办法？我的老母向小孩子的嘴里吹气，一口一口，她受着热气，再活了。从此她就随我睡，我做父亲而又兼做母亲。她这样处在我抚护的底下，能走了，会说了话。我的保护她一天一天更甚，我爱她一天一天更深了。我又教她读书识字，虽然她是个女孩子，但我总把她当男孩子看的。”他真由心里发出愉快，他真从心里把蕴藏的很自然地说出来了。有时他女儿走来问茶换水的时候，他总望着她微笑。但在这种微笑底下，似乎带着凄凉的样子。

他又说：“是的，女儿到底是女儿，未来就是离开我到她丈夫家里去的。我这样的爱护她，她这样的爱怜我。但是我们究竟不能长久在一处，究竟她要离开我，我总不能保持她陪我一生，我也不能误了她一生的幸福。我晓得她是终究要离开我的，但我不能不爱她，她是如何聪明而又真诚啊。”“去年就嫁去上海，不必说，她的丈夫翁姑，多使我很满意的爱她。今年开战的时候，她还住在上海。战争停止了，她才回来看看家里人。”他继续着说，说了很多使我们感动的话。他又告我们当战争开始的时候，他女儿怎样地思念家里人要回来，怎样她家里人不肯，她生病，后来他去看女儿的时候，她怎样的误认他做死人。他又告诉我们一切可怜可恋的情形，末后他又说：“女儿总是我的，哎，不过我只落得一半罢了。”

开门一看，静止的月光正拥抱着这三间小屋，笼罩着大地，远望田垄，竟似银线在乱草地上徘徊着。

“月中开战，又是怎样的趣味。”林说：“今天月光真好啊。”

我忆着罗所说的话，心头只萦回着“爱恨”，仰望着月光，感到有种如水的感觉。

在第二天早晨，我们替罗一家人照了一张照片，昨天已经替他老母照了一张，但因为光线的不好，所以今天再照一张。昨天当我们去照相的时候，看见他家，他家里的人，罗对于他老母的态度，林对我说：“看罗先生对他老母的态度，都出于自然，真诚，一点做作都没有，这是很难得了，我刚才看见他把干巾用自己口水润湿，拿来替老人家擦眼睛，像这种地方，完全是把老母亲当作小孩子一样的看待，是多么自然咧。”哎，像这种人都是中华民国最驯良的国民啊。

时候已经是九点半了，我们才寻了一个向导起程向方泰去。因为我们今天要由方泰到外冈，由外冈再赶到嘉定，所以不得不急促的上路。

是怎样一个沉闷的黄昏啊，天空低黯，层层重云布满着。眼帘前只纵横着灰黄的土阜、田垄。一条长细的道路，夹着枯萎的草根，蜿蜒曲折，随着河岸起伏，隐到直挺的树林和赭色的墙垣后面，从河上荡来的微风，含着水气。河里舟行黯哑的桨声，送谁耳鼓，涑涑敲着心弦，震荡不宁。

暮色更深了，大地上一切都加上了淡的薄膜，一切的景象都隐着三两丝炊烟，朦胧不定。这时候我们正在从外冈到嘉定的途中。我们急急地随着车夫前进，走经一座曾屯驻过兵的庙宇，庙位置得很高，在大道边，庙前低空地，有一个很大的堡垒，它静静的立在暮霭当中，对着面前不整齐的田野，也不知经过几次攻守，也不知受过若干轰击，现在还带着牺牲的创伤，伴着破烂的庙宇存在。我们走着走着，隔岸已是浓密的树林了，水面浮着许多水草，岸旁也有斜横竹排。嘉定的西城，离得很近了。这里战事的遗迹最多，战争也很是激烈。许多深长的战壕，高大的土阜和高升桥后被炮毁了的庙宇，战争虽停止了，依然留着在！

天晚的时候，我们到了嘉定西门外的市集，那里我别了车夫，又问了他晖吉酱园的所在，我们带了行囊去探问黄允之先生。不在，由园里掌柜金伯琴先生招待我们，我们又告诉他们这次来的目的和要见黄先生的原因。他叫了一个学生引我们去进嘉定城寻觅，但问过光明书社、嘉定银行、乡公所各地方都没有寻见，我们因为今天一天路跑来太多，预备早点休息，决定先住了，明天再说。我们就住乡公所对面赵家店里。

……

从黄渡到方泰十二里，我们因为早晨在黄渡出发太迟，而途中又迷了几次路，所以十一点的时候才到方泰镇。

早晨天气十分清明，只微微觉得热点。但当我们还没有到方泰镇的时候，天色已经变得阴沉。这次我们虽然预备了雨衣，但是一有雨后乡间道路泥泞，进行终有不便。幸而到我们已经看见方泰镇的时候，还没有雨，大概不致有雨，可以保持我们再没有局蹐泥淖的时候了。

镇外排列着矮树，衬着迷衡的互屋，一种乡镇的风味，使我们感觉得十分清新，但是内容又怎样呢？镇口一座大石牌楼，中间一条窄小的街道，这是镇里唯一的最大的街道了，两旁排列着矮小的房屋，那些粗陋憔悴的乡民，纷乱着在那里工作，碎砖的街道，满积着污秽，景象比安亭更为凄惨。街道的两旁，虽亦有几间比较大点的店铺，但都幽黯无生色。我们走进一家饭店，这里算是镇里聚餐最好的地方了，两间平屋，一间做食堂帐柜，一间做厨房，两边没有隔开，时时有油气烟味掠过公堂里来。我们进来的时候，进门的几张食桌已经坐满了，只在墙根一方桌坐下，随便地要了点菜饭。吃饭的时候，我注意到邻桌上的人，朴讷的面容，素实的服装，一种迟缓而又谨慎的举动，都来表现他们素来生活的安逸，这次受害苦痛的深厚。

饭后我们先问了乡人，寻着陈赓先生，他是黄渡罗直卿给我们介绍的一个老者，我们见了他，又问起陈客如先生，他说：“那是我们的同族。”他就派人去请。

陈先生和林翊功先生都来了，他们也是黄允之先生为我们介绍的。

在一间小客座的圆桌旁，我们散乱的坐着。陈是矮瘦的人，林的年纪虽比陈大，但精神十分充足，面色红润，显出他是很热诚而又勇于办事的人。陈是镇中董事，林是一个药店主兼医生，在开战的时候，救护兵民，也未曾离开镇，对于人民受害晓得十分详细。

关于镇上的情形，陈答我们的话记在下面：“方泰是一个住居一万多人的镇市，生产有棉、稻、豆。居民虽没有大富的，但平日生活都很平安充裕。这次战争，方泰镇所受的损害，说来也是很大的了。全镇的居民死伤近五六百人，房屋被毁的有七八十间。全镇学校也被毁去，乡公所连一切记载物，亦都焚去。”

“九月一日开火了，我们方泰也起头受劫了，当浙军战败退到镇上的时候，他们驻扎了两夜，还好，他们也没有抢劫。虽然有点偷取人家的东西，但是那也是不得已啊，总之，浙军好得多了。至于苏军，真比土匪更厉害点。三日，浙军走了，凶暴的苏军就来了。他们进镇，最先要紧的事，只是劫掠。全镇上少数有点钱的店铺居家，无一幸免，而且竟有一家受劫十几次的。”

“他们这样还不够，乡镇人家不论大小棺柩，亦多打开，就是埋葬的也必由土里掘出。新旧棺材，一起被他们打开了八万余具，我不知他们竟是这样狂乱。更可怪的，他们也有许多搜括的法子，用铁棒敲人家地上，如有空声，那就里面藏有东西了。如敲不出呢？就用水渡在地上，屋内地下大都是泥土，如埋藏有东西，泥土必松，水渗进去也快，他们可以掘出来了。更有乡里人埋在菜园底下的东西，上面虽种着菜掩没了，也多为搜去。真是‘盗亦有道’了。”

“这也和黄渡、安亭一样”，林说：“安亭镇人说他们非但要东西，就是很好的书画，他们也都卷去。”

“是啊，这样可说是清乡了。”

“那么乡镇损失多少呢？”

“很多！很多！全乡合计大约总有三百余万。”

我们这样问答着，小屋中坐立着许多人，他们都很快的夹杂着说，有时他们互相询问，又做出许多重而又愤恨的态度。但他们说来都是片断的，没有次序的，我们只为向着林翊功先生，听他有精神而有系统的说了。

“这样的灾难，比土匪做下了的更甚，就是从长毛来也没有过。这些事情竟是平日口口声声说保境安民的军队做出来的。以后小百姓再去望谁来做我们的保卫呢?”

“我们方泰镇在这几十天开仗的当中，真可以说是残碎不全的了。虽然事前大家听见风声，大家预先搬去，但是那些因为点田地，舍不得走，还有因为年纪老了穷了，走不动，硬着头皮在这里等死。哎，老的，穷的，不能走，也就不能活了。在开仗的时候，我忙着救护人，至于镇上焚掠同抢掠的详细情形，我没有注意到。实在也没有工夫注意。只有我亲身看见的，叫我心头苦恼最重的，我还可以记得告给二位。”

“在朱家宅住着一个朱福亭，打仗的时候一家人都没有走出，在屋里掘了一泥洞，以为躲在里头可以避得枪炮子弹，但是他们哪里晓得，枪炮子弹易躲，兵士们就不容易躲了啊，所以没有几天，来了几个兵，叫他们出来不出来，向着洞里放了好几枪，一家人死了六个，只余一个十一岁的女孩子，受伤没有死，后到无锡医治，被她的远房叔叔领回。可怜的女孩子，没有家了，没有家里人了。”

林翊功先生说到这里，似乎神经上触着什么似的，背倚在椅背上用力高声地说：“这还好，更有比这件事还厉害的呢!”

“邱家宅姓邱的女儿，只有十三岁，兵士来要侮辱她，不肯，从家里逃出来，被兵士追着。她跑着喊救命。但是那时候，有什么人敢出来救呢？她家虽然穷，但她也是受家里人爱护的小女儿啊！见着这狂鬼似的兵已经惊吓着了，何况他又要来侮辱她呢？所以她只有拼命逃或者可以寻一个可以避开的地方。她逃到了家后的竹园里，被兵士用手枪打死了。在兵士们打死一两个不识事的女孩子，有什么要紧。但是她父亲是怎么样的伤心，在第二天他父亲才敢到竹园去，把他死了的女儿背回来，没有棺柩，哭着用一只箱子，垫了几件衣服，把尸骸装在里面，偷葬在竹园里。”

当我把他所说记下来的时候，我感觉得心头沉沉压着悲伤，啊！这样也是一个人生的结束！她死，不死在新陈代谢的定例的死里，她死，不死在自己很愿意的死里，她死，死在“生”正在蕴郁的时候，她死，死在挣扎着生存的时候。本来人生已够苦痛了，而又这样的结束！不能想，不想了，想着又引起在安亭、黄渡得来的印象。只有遏着思潮再听林先生说。

“可怜张家十二岁的女儿也为兵士辱伤；龚姓的妻子，生产只有四天，也免不了这样苦痛，后来不能移动身体，只有手足在地上爬着。”

有人来请林先生去医病，他只得走了。我们又去向坐在旁边，有时掺着说两句的陈溶如。“还有吧？”他又似半对自己半问人的说：“想起了！十月廿四日，本镇顾家老太，年已五十多岁了，兵士们还放不过她，她极力向他们撑拒，就被他们扼死了。事后邻人们还看见她赤裸裸地死在床上，她到底有没有受辱，我们也不忍再说了。在室中物件不用说是同时被兵抢去的了，这都是第四混成团的八老爷们做的啊！张家村里的戴老头子，因为兵来借船不肯，也被打死了。其余如林家村的赵小严，北桥头的鲍寿泉，同我的家里陈其域的房子，打伤的打伤，打死的打死，烧毁的烧毁。赵小严同他的雇工两人被兵枪死之后，经过了五十多天，无人替他掩埋。鲍寿泉的伤则至今还没有十分好呢！”

在一点钟的时候，我们别了方泰，雇着向导，往外冈去。从方泰到外冈也有十二里，不过道路坦直，虽然天气爰加沉闷了，但我们走着还快，在两点半钟，到了外冈镇外。

这里不像安亭的整齐，黄渡的大，但也没有方泰那样纷乱污秽，街道上很清净，因为已经午后，不是市集的时候了。

因为我们恐时间不及到嘉定，所以对于镇中的情形没有观看，只由沈怡中先生，把经过的事情说给我们。

这处虽是一个小镇，在地势上并没有特殊的优势，然而因为是由方泰攻嘉定所必经的路，所以这素来朴讷的小镇，也很残酷地被毁了。但是给他遗留下的，并不是在将来史册，有种十分光荣记载，也并不是以后使人对它重视尊敬。留下的只是一些残缺不全的屋宇，困苦无告的人们，野外多有些大冢，人们心上添了点恐怖而已。

虽然全乡镇有一万多人，五百多户，七十余村，但是平日都酣沉在安逸状态里，各人除了谋一己衣食住而外，别样的事情，一点也没有研究的志愿。至于这次狂暴的焚掠，更是所意望不到的，他们拿了温和的性情，互相均持着在这一镇的势位。所以沈怡中说外冈很特别的，居民无极富极贫，那么这样团体上生活状态，总算十分稳当。但在这次劫后，恐怕贫富有天壤之分了，极富是满载而去的丘八，极贫是寸草不留的老百姓。

散碎小量的钱财，聚集起来也有六七十万，不能不算多了，所以兵士们尽有可以搜刮的余地，何况每季又有稻、棉、豆的公产。他们在这镇里来去更换驻扎了两个星期，外冈也可以说暂时肃清了。除了吃不下去的大树，喝不干的河水，打碎还有沙砾余存的瓦砖，掘不胜掘、劈不胜劈的棺材外，兵士们所能留给外冈人的，一件也没有。幸而他们还算慈悲，没有把大块的田地也像安亭抢劫来的东西一样，用大船带走。不然，明年外冈人非但没有秋熟的希望，抑且插锄无地。开战的时候，外冈人暂时避身的，只有稻秆未曾割尽的田里，结果承受了一身水湿症。但是这已十分万幸的了，没有丢去性命。呵！外冈人没有死的吗？这仅是指避在田里的人说。那些没有想到躲在田里好法子和死也舍不得薄产的人，也没有比别地方死得少，也没有死得比别地方正当、爽快、顺利、安心些。丘八们对于各地在战区范围以内的，都怕偏颇不平，他们决不致不公平地使外冈人少蒙点恩惠。

在东北乡和西南乡的妇女们，受兵士们侮辱的很多很多，这是两乡惟有的成绩。至于东南乡的妇女们呢？比较好点，有次兵士在那里遗失了两支枪，说是某个女人拿的，以后无论何时看见那里的妇女们，赶上就打，这比受他们侮辱好得多了。镇上有个卢家佣妇给他们五个人奸了。钱姓佣失踪。钱姓（不是一家）妻伤死。盛生郎、邱阿六、钱镜如给他们打死。东市陈家驻了第二十四团一部，开拔后又来数位老爷们绑了主人，勒索了几百块钱。望仙桥、钱门塘，许多耕田的村夫也尝了公然绑票的滋味。还有朱瑞夫年纪六十多岁了，还被丘八们当作老财神。这许多事都很平常，很细小，值不当做丘八做下的一件成绩看。还有更热闹，更曲折的呢！

钱友仲已经是死了许多时的陈死人了，居然也受丘八们惠顾，从棺材里——因为那时棺材没有葬，放在家里——把他请出来，又替他解剖下了手、足、头，足，喂了狗。后来老百姓把他残碎不全的骨头收殓起来，又劳丘八们放了一打火敬了他一个火葬的礼。

沈沂中的家里，在最初也没有受着怎样的惊扰，后来豫军司令驻扎在他家里，总可免得丘八的照应。但司令部开拔的时候，沈家的东西跟着开拔的也不少。

在镇的东南角，有位姓徐的，做了兵士抢劫的向导，后来抢劫的路没有了，兵士们说他欺诈，也敬他一颗枪子作为报酬。

朱家村姓徐的女儿，被人家看见在那里受兵士们侮弄，羞着投河了。西北乡陆姓孕妇也因为被奸投河死了。多不胜说，多不胜听，多不胜记载。的确丘八们是不偏不颇，没有使这个地方受惠独少。

我们记载上加多了，铅笔也缩短了，而我们心弦更压得紧张了。背了背囊又似百十斤重，踉跄地走出沈家大门，雇了一辆小车，请他送我们上嘉定去。

……

因为欲忘去——恐怕终究不能一刻忘去——这几天受的恐怖的印象，我们在出赵家店的时候，预备到吴家馆——嘉定城中一个酒馆——去痛饮一次。

在饮酒的时候，稍说了明天的行止，以后越谈材料越多，各方面都有。在酒店时的话现在也记忆不清了，也记不起怎样的谈着，怎样的由这一样谈到那一样。只记得吃了许多酒，许多菜。出了吴家馆的时候，我们都口涩眼滞，林的脚步也有点歪斜了。

日间很热闹的街市，已经十分幽静了，只除街头一两盏电灯，黄光摇曳不定，吹面寒风，酒后觉得身上起栗，仰看天空黑暗，无一点星光，似有雨意。

夜来神气时时不宁，几次短梦，几次又似睡似醒，朦胧间听有雨点敲瓦声，大约已经有雨了，仍睡去。起来时已是九点半钟，天虽未清明，但已不雨。洗漱后，又去晖吉酱园，仍未得见黄允之先生，只由金伯琴先生介绍李华生君，请他引我等往马陆。本来我们预定由嘉定到石冈，再由石冈到马陆，但金和李说："石冈并没有受重大灾害，现在亦无痕迹可寻。还是由嘉定西南沿被灾乡村去马陆，或者可以多点材料。"我只有听他们的劝告，在嘉定进了午餐——早膳亦在内，我们竟两顿做一餐了——后又起身往马陆去。

天色仍如昨天一样的阴沉，更有大风，我们身穿了呢服，加了大衣，在奔跑中，即有热汗，使我联想到那些屋被毁、衣被劫的人，在这飒飒的冷风中又是怎样?

满田红色棉秆，远看有如夏云。陌边小草已枯黄无生意。泥道上印有显明来往人的足迹，赤裸的老林，枝材迎着大风摇摆，村舍上茅草已飞飞欲去。我们心也在这大风中摇荡了。

李是个老者，但有牺牲为公的精神，他误认我们是来调查预备施顾的，所以再多走点路，回绕着田道，引我去看受害被焚的人家。乡村田多屋少，而每一村，也只有少数几家人家，从这村到那一村相隔许多田亩。所以我们必得看了几家，再在大风中低头跑许多路再看第二处。在途中，他又为我们说了许多话，方泰、马陆怎样才受害的，但其中大半多是替乡民告苦，来多布施点，我们不能不佩服他的热心，但于我们的目的和预计的行程有点不同。

迂回弯曲走着，看了李自己家里被打破的棺木，烧去的房子，我摄了几张照片。这次照片摄来很多了，安亭、黄渡都有。因为我不会摄照的原故，恐怕成绩很不好。这里的情形也略有点记录。

白荡乡毁桥最多，妇女受辱的也不少。张家牌楼、白荡村、六里坊、陆家宅，多有被烧的房屋。打死的只有六里坊摇船的朱瑞祥，因为兵士在河岸叫他停船，不肯，被枪打死。还有石冈门的石冈乡也烧了不少房子，又在河边打死一个名字叫吴德甫的。这里也有一个很可怜的人，因为在途中谈到打伤的人，李就引我们去看一个因受伤而失去生活一切自由的人。

穿过田陌，转过小溪板桥，在几株大树背后露出一块长方的土场，面积不甚大，相连盖着两进草屋。场上右角堆着圆顶稻秆堆，屋墙已经有几处补缀过了，屋内角上放了几件农具。屋内人们都在吃饭，当我们走进的时候，他们放下饭碗，立起来，面上露着几分诧异的神气。李为我们说了来意，他们中间有个年轻人，引我们到右边一间屋里，同时后进屋里也跑出几个妇人孩子。

一间真是再黑暗没有了的屋子，只从近土场的墙上开了一扇小窗，因为怕病人受风的缘故，仍紧紧地关着。我们闭目半晌，才看见屋的面积很小，而两头又纵横放了许多凳子、纺纱事、草堆。近门处沿墙铺了一张板床，这不幸的人屈起腿躺在青布被里。

“这两位先生从上海来的，现在特为来看看你的！”李说。

“谢谢两位先生！”有一种幽微无力的声音在床的那头说：“谢谢两位先生可以做做好事吧！哎，这个苦头也吃够了。不想我这样的年纪还吃这样的苦。”他声音不甚清的说。

“是啊，先生！”一个坐在床边似乎是他的妻子说：“他已经五十六岁了，现在不晓作了什么孽，吃这样的苦！”她是一个矮小黄面的妇人，正在喂他的饭，我们进去的时候，她停止了的。同时先引我们进去的青年，点了一支红蜡，有了这点光，屋里才照破了黑暗。

“先生！帮帮我们！送到上海去医吧！”那个女人说：“因为我们没有钱，没有医药费，也没有到外面看的盘缠，这里是没有医生的，现在只贴了膏药。”

我们问了李，又问了旁立的人，晓得他的名字是胡维德，这里地名是胡家村，九月十六苏军来他家，家里的人都避开了，抢去了很多的东西。他正从镇上回来，看见有兵，就躲在水桥头，被老爷们看见了，骂一声“混账王八蛋，你躲到哪里去？看你还会躲不会。”跟着枪响了，他右脚上的骨头就被打碎不能行动了。

“先生们到上海，可以替他想想法子。”李说。

我们也没确实的回答，只沉闷着坐在小屋里。

“大小便都出在床上，一点不能动，躺着的时候还要用一只好腿撑起被，不然要压着，很痛的啊！只有这样的睡着，翻身也不能够！”

“哎，年纪大了，也要吃苦！”

我们不忍看了，只记下事原，别了胡家出来，我们很感到惭愧，我们竟不能帮助他。

前进，我们曾没有停留在途中，风也吹得更厉害了，每当过桥的时候，李总说给我们：“过桥要把脚分开，不然风从旁边来，常常要倾身下水的。”

看见许多将填没了的战壕，李说沿着这壕可以直达马陆。远远看许多败屋，也有许将补缀好，也有仍立在大风的中间，但是那些房子不是空着没有门窗，便是用崭新的板片遮着。一切鸡鸭牛羊等等家禽畜，不必说都看不见，只有一些恶狗，时时抢了过来，于我们走路很是不便，他们丘八大约不吃狗肉，所以狗还有许多，但是他们若是只吃狗肉，不食别的，倒也好了。

……

午后两点钟，到了马陆镇，进镇在街头就遇见方泰陈溶如先生为我介绍的黄培之先生。他引我们在街头一家米店里，他供给我们材料后，又送我上往南翔的小汽船。在这里很感激他给我们的帮助。

马陆镇比方泰小，在战争的时候——八月廿七日，镇的市中，驻了浙军，到九月九日全镇的房屋多被兵占。九月十六日，又换了苏军，在九月廿五日，镇上才没有兵的痕迹。但在这三十天的驻兵期间中，已经给马陆人留下不少挥泪的资料了。

因为离战地比较近的原故，镇上常有流弹，妇女因此死的有六个人。

小小的一个马陆镇马陆乡，也可以搜刮到十几万，人民财产也不能算不富，向来是没有统计的，经丘八们一来也有统计的数目了。至于死了二三十个人，打伤了二十几个人，妇女们受侮辱了三四十个人，在丘八们看来，多算不得一回事。马陆当然不能例外，也没有特别受惠独多的地方，但是老百姓已经很够了。在马陆全乡镇二万人看来，二万个心，二万个身体，都已被残毁不全了，更何暇顾及田亩上有形的损失——棉稻未得全收获了损失？拿着温和的老百姓，去供奉丘八老爷们，当然有些不合格，所以应得死伤点，也有许多竟没有才干去供奉丘八们，竟知难而先避，马陆人也太没有做马陆人的勇气了。

劳丘八们抢劫时费心——如浇水，扦敲摭土等——还要白花些枪弹摆布老百姓，在他们看，老百姓也太不识趣了。但是家里也许有妻子老母，曾几时想到，自己家里被人家开了，自己家里人被人家奸了，又待怎样？得胜的丘八们，利欲充满了的头脑中，恐怕也想不到此了。但是我想，那些丘八们也未必不明白他们所干的事，也许有几位也曾狂性过，想着悔伤的。或者竟有处了这样的环境，除了忍着眼泪干没有别的法子罢了。

马陆死的人恐怕还不止以上所说的人数，死的究竟谁，恐怕死在乱时也无从稽查了，现在所晓得的也只有红十字会等收理的时候，发现下的他们狠狠的死，立在生命细流中极力挣扎地死。他们寂寂的死，因为没人送终，哭泣，但没有一块寿终的地方，左不过是些土地上，乱草丛里，河边树后罢了。这样能够死了给人知道原委的，已算是十分有幸的了，现在再记点关于这些有幸人们的事，不能算是完全，仔细，只好说统计表中一部分。钱王氏、沈老太，这两位是被兵打死的，凶器是大枪。九月二十，曹严氏、王伯琴和张日土，他们因为没有钱孝敬老爷们，结果是一枪一个死了。高家桥的赵鹤全、由乡里逃到镇里来的杨梅生的两个儿子也都死于非命。

北张家村——这里不是老百姓死的事情了，是丘八老爷死的事情，丘八不死于战线而死于北张家村，北张家村并不是拼命的地方，而丘八竟死了，这也是丘八的不幸。有两位老爷们到村里去寻一两个女性开心，被乡里人看见，大家群起而攻之，结果两位中间死了一个，走了一个。走了的一个，因为要为友报仇，晚上又约了许多同志跑到北张家村，放火烧屋，什物被毁一空，老百姓预先避开了。那些放火的兵，固然对得起死的同志了。但北张家村人，因为不肯牺牲一两个女性，却出了十六家一百多间房子的代价。

照这样讲来，实在的情形，不外“打”“杀”“烧”三个字，更加一个“奸”。

依然满载着懊恼悲伤而去，我们也真太傻了，无凭无故，自己要跑来寻一番苦恼吃。黄送我们上往南翔的小汽船，船还未来，他又告诉我们镇南乡间有一个地名南巷，那里受害最重。因为它处在两军之中，四面受攻，所以那里恐已如平地。

汽笛一声，别了马陆，别了热心的黄培之先生，现在往南翔去了，不晓得到南翔又有怎样的印象嵌在我们已经镂满了阵阵哀苦的心版上。

南翔的东街有一个慈善团体，名叫“存心会”，堂皇古式的大楼上围着方桌，坐着两位客人，他们衣服既然不整，脚上皮鞋灰尘积厚，样子很有点疲倦，但精神却十分兴奋。当久请不得见的主人出来，通款后就起首开谈，客人虽热烈焦急，主人却一步三摇，文绉绉地答应。

客：“我们是从上海来的，来此地调查灾情，打听着先生们是本地热心的人，所以前来请教。”

主甲：“两位前此调查是不是放赈？”

客：“不是，我们现在对于放赈还没有把握，只是先调查一下灾情，预备作各方面的参考。”

主甲：“我们这里是慈善机关，只是办急赈，不管调查的事情。”

客乙：“就是办急赈，难道是不调查，就可以办得来的么？”

主甲：“这个固然，不过你们若是来办赈济，我们可以提供相答的材料，若是只是调查，我们可不能帮忙。”

客乙：“我们现在固然只是调查，但是我们背后也有一个慈善团体在那里，将来调查的结果，也许有赈济的事情，也说不定呢！”

主人乙从房中取出一本日记簿供客甲看，客甲从头翻看下去，还没有翻完便把它放下了。只听见客乙低声问道：“怎么样？”客甲答：“不行，尽是替自己颂扬公德，没有什么用处。”

客乙：“你们这个地方，受打仗时没有走开的人有没有呢？能够介绍几个给我们不呢？”

主甲、乙同声：“我们都没有走开。”

客乙：“那么两位受于大兵种种残暴的行为，可以把知道的告诉几件给我们不？”

客甲听到这里，打开笔记簿，拿着铅笔，把两腕伸在桌上预备笔记。

主甲：“我们只是办慈善事业，谁还管他大兵怎么样？”

主乙：“再说我们就知道一点，也不能够告诉给两位，我们不能够作慈善事业以外的事。”

客甲听到这里，把笔放下，长叹一声。客乙很兴奋的问：“我们这一次出来，并不是闲着无事，来为消遣，都不外因为老百姓们这一次以大兵的苦太吃多了，心里不平，所以特为把自己的职业歇下来跑这么一趟，我们想着能够把老百姓所受的苦处，打听详细，把他发表出来，替老百姓们出一口怨气罢了。现在你们两位，若是觉得只是像这样孜孜急赈，你们的心就可以安下，那么我们也不敢多有打搅，但是若是两位于此外还想替你们乡人出一点气，那么我就希望两位尽其所知道，把大兵们狼藉的事情告诉我们。”

主乙：“那固然，我们固然……”

客乙：“那么就请说吧。”同时客乙自己把笔记簿拿了起来，预备着……

但是他们办慈善大家的头脑，毕竟只是专门在于办慈善一事，为自己挣面子，对于人民的苦痛一层，似不甚在意。是的，所以彼此问答了半天，而且在主人方面虽亦已了解了客人的来意，仍说不出一个所以然之处。

再过不十分钟的工夫，只听见客乙对客甲说道：“你的性情太急了。”又只听客甲答道：“就是不急，又难道不是没有结果么？我们今天与其白费了这大半天的工夫去找慈善大家，不如去找几个老百姓打听的好了。”客乙是林，客甲不用说就是我了。那位主人甲，你们知道是谁，你们听了不要害怕，就是南翔镇的慈善大家，存心会的大会长胡湛华大人。

……

是怎样一次旅行，以黯淡惨痛始，又以晦暝凄清终。当我们登上东行的火车的时候，以为我们可以换一换景象，释一释我们四天受着重压的心，但上车后一看，转觉得又出我们意外。

车里电灯损坏了，全车都没在黑暗里，只车窗外斜射进点淡薄月光，约略看得车厢里疏落的几个乘客，这也同四天前来时一样，虽有危坐在暗里的女学生，有庄重而温和的态度，虽然座后有几位倚偎着的少年女郎，低声软语，虽也有几位很安心地睡在长凳上。但我总觉得十分凄清，何尝有异于来时，——不，不，转比来时更觉沉寂，懊恼，烦闷。啊，啊，真是一个战栗的旅途！

战争已经停了，枪炮声已经息了，毁屋败壁的枪炮痕迹也有销去的了。但在困苦人们心上留下的创痕，将不能磨灭，永久不会消灭的了。

十三年十二月三十日

原载于《孤军》1925年第2卷临时增刊，第54—89页

1925 年

常州同乡会筹备救济兵灾

常州同乡会以齐卢战事迫近常州，地方糜烂堪虞，昨由该会理事长潘兢民召集紧急会议，讨论救济本乡兵灾办法。议决组织救护队从速出发常州救护难民，经费除提用本会存款外，并由职员屠和生首先慨允垫借五百元，周惠南垫借五百元，刘文藻垫借二百元。此外，公推张子范、曹锡卿两君分请同乡援助垫借。至如何组织救护队及提取存款办法，即推刘少镐、刘文藻两君于本日上午与庄得之会长接洽，请其主持会同办理，一面并函致武进县知事及县商会、四乡公市公所、红十字分会等各公团，请其协助办理云。

原载于《新闻报》1925 年 1 月 19 日

伍玑会长致庄德华函

盛庄太夫人懿鉴：

慨自时局多故，战祸频仍，满目疮痍，同深悯恻，玑服务红会，鉴兹惨状，对于疗养伤兵，救济难民等事，无不汲汲筹办，未敢一日稍懈也。第应办之事尚多，而原有之经费不继。前次江浙之战，灾区甚广，需费甚多。勉为支持，半由借垫。乃前此之借垫未偿，而今日之需用又急。当此地方元气未复，又加以此次兵灾方振恤之未遑，何能再事劝募。惟是吾常北门城外暨北乡三河口、焦店及戚墅堰、横林一带，均被溃兵抢劫，十室九空。江阴连日对垒，闻被炮火惨伤者，为数甚巨。且四处火光烛天，历三日夜之久。该处灾情尤为重大。

玑已派员前往详细调查，举凡一切善后与夫施放急振，在在需款。玑情余力薄，目睹心伤。刻已分电当道，呼吁尤虞，无大效果。兹晤徐君乙藜，业经详述近状。徐君来常，实地调查尤为详尽，特垦代为面陈。

夙仰太夫人关怀桑梓，乐善不倦。鉴兹灾黎遍野，待拯孔殷。敬乞大发慈悲，迅予提倡，慨捐巨款，以资补助。如蒙慨允，即乞电示。玑当躬亲其事，以期灾黎实惠均沾，不负我太夫人孜孜不倦之德意也。

临颖迫切，伏候福音。肃此敬颂。

善安。

伍玑谨启

民国十四年正月初九日（1925 年 2 月 1 日）

原载于《盛宣怀档案选编》第一册，第 317—320 页

庄德华复常州红十字分会伍玑会长函

琢初先生阁下：

徐乙藜先生交到大函，展颂之余，具见热心救济，造福乡邦，曷胜倾佩。此次兵事，诚如尊示，江阴受祸最烈，而敝处济美、源大两公典，损失尤钜。承属一节，论情论理，故不容辞。只以历年捐办各省水旱灾振，为数过多，而预算之收入，竟致无著，恐外间未悉情形，疑为诿饰，是以于前年冬间登报布告，藉明真相。迩来兵灾连绵，各处遭受损失，尤非意料所及。惟事在梓乡，不敢不尽力设法。业于常郡佛家捐助洋三千元，又在上海勉办一收容所，实已筋疲力竭。猥荷谆谆，愧无以仰答仁忱，尚希鉴谅是幸。专覆，敬颂善祉。

盛庄谨启

民国十四年正月廿五日（1925 年 2 月 17 日）

原载于《盛宣怀档案选编》第一册，第 317—320 页

常州快信

武邑红会接宜兴红会来电，谓边境上有浙军出没，奉军褚旅长已开达前线。

原载于《申报》1925 年 2 月 4 日

南京分会出发救济之经过

初二日，本队分为两部，一部留镇，一部前往常州。下午十时，抵常站时，正值伤兵纷至，当即帮同抬上火车，耽延二时之久，始克进城，住交通旅馆，即奉军前敌执法处所，人多拥挤。初三日，移住城内局前街福音医院，颇承该院主任王完白君加意招待，是时闻宜兴方面已有战事，虽未证实，然不得不先事筹备，拟在该院设临时治疗所，以便救护宜兴伤兵并即调留镇之一队到常。

原载于《新闻报》1925 年 2 月 7 日

红会近讯

常州红十字会分会于前次卢齐交战时，共设妇孺救济院七处，自齐氏败走，战事告终。各救济院即筹备结束。兹以撤回军队纷纷来常，而宜方又风声鹤唳，谣诼蜚起，决再展期延长，并拟组织救护队，以备不测，但现观各方情形，较前数日为和缓，倘能从此无事，诚为地方人民之万幸。

原载于《时报》1925 年 2 月 23 日

常州快信

本邑红会昨接宜兴红会来函，谓顷据探报，青石嘴前线浙军已退十五里。

原载于《申报》1925 年 2 月 26 日

宜长军队撤防

武进红十字分会昨接宜兴红会来函，略谓：据前线报称，浙军已撤退至距长兴城五里之五里桥等语。

原载于《申报》1925 年 3 月 1 日

常州卫生会职员会纪

常州卫生会于二十六日下午三时召集职员会，到十余人。首由副会长王完白报告上年经办事业及收支帐略。继商议结束未了事宜，后讨论进行各案：（一）议决定于六月二日下午三时假恺乐堂举行会员大会；（二）推定队长分任征求会员；（三）公推王完白编辑第二年报告；（四）提倡各市乡组织卫生分会；（五）自二十七日起收买苍蝇；（六）仍行张贴卫生挂图。六时许散会。

原载于《申报》1925 年 5 月 28 日

常州卫生会之常年大会

昨日（三十日）常州卫生会在三一社三层楼开第三次常年大会，到会员三百余人。会长姚知事为主席。开会后首由卫生警察唱国歌，次由姚会长述开会词，次由副会长王完白博士报告会务经过情形。事业分十六种：（一）收买苍蝇；（二）掩埋死畜；（三）捕杀疯狗；（四）灭除厕蛆；（五）定期讲演；（六）木牌广告；（七）分布年刊；（八）实行纠察；（九）取缔坑厕；（十）改良运粪；（十一）禁止冰水；（十二）检查食物；（十三）预防疫病；（十四）清洁河流；（十五）捞取蚊蛆；（十六）调查死亡。该会本请上海俞凤宾医生莅常讲演，嗣因俞君有事，特请唐松园君代表抵常，王君报告毕，即请唐君讲演除蚊方法，解说透澈，听得了然。

原载于《申报》1925 年 7 月 2 日

红会消息

红十字会昨日未接到各处分会报告之函电，派往苏州救护之沈锦涛、李耐霜等昨亦无报告到沪。但常州有红会中人来沪，谓陵口确于昨日下午三时半开火，胜负未分。

原载于《申报》1925 年 10 月 19 日

常州军事要讯

十九日晨六时许，联军总司令孙传芳率领第三军万余人由锡抵常。警备队团长、翁知事及地方士绅恽禹九等均上车谒见，孙未下车。在常站停留数小时，规画一切，至下午二时四十五分即开车上驶。所部第三军分水陆两路来常集中，车站待车进发。

红十字会于十八日下午开紧急会议，当推徐化吾君与武进医院接洽，倘有战事发生，仍照上次办法，以该院为伤兵疗病所，并与五中接洽，借该校房屋办妇孺救济院。

武进医院昨开紧急会议，当推代表三人与常州红十字分会长伍琢初接洽，并议决以常州中学为伤兵疗养所，武进医院为施行手术及照爱克司光处，已双方妥洽。

原载于《申报》1925 年 10 月 22 日

红会消息

常州分会来函："敬启者，本月十五日上午七时，有邢师所部军队来常，秩序尚佳。至十七日晨，忽闻有开赴宜兴之说，一时人心顿起恐慌，该军亦纷纷进城，索取锹锄土箕等物，备挖壕沟之用。谣传蜂起，恐怖愈甚。幸至下午三时，该军全部集合车站，均于五时一律向宁镇开拔，人心旋即镇定。至十八日上午八时，浙军前队即抵常城，军纪严肃，地方安堵如常。刻闻大队尚有陆续前来者，或转镇宁，知注驰闻。（下略）中国红十字会常州分会。”

原载于《申报》1925 年 10 月 25 日

武邑红十字分会拟开全体大会

武邑红十字分会会员已达四百余人，经议事员、理事员联席会议，定于十一月一日下午一时假第一公园开全体大会，报告历年会务情形，提议增加议事员名额，并选举职员，已请翁知事到会监视开票。

原载于《申报》1925 年 10 月 29 日

常州红十字会召集大会

武邑红十字分会十一月一日下午，在第一公园召集大会。到会员二百余人，翁知事到会监视改选。开会后，由伍会长报告开会宗旨，继由理事长报告会务经过事项。略谓去年江浙战事，本会一方救护，一方设法掩埋，计救护伤兵三四百人，掩埋亡兵二百余人，当时救护分为两处，除武进医院外，又在第一高小等处作为分院，始能容纳。惟枪伤者必用爱克司光线照治，幸武进医院有此器具，始能疗治。每伤兵一人，每日约须七八角费用，然较苏州等处所费尚少，以医生均尽义务之故。掩埋队则掩埋亡兵，备尝困难。至设妇孺救济院，用款尚少。次由资产监督谈恂之报告账略。次选举议事员，卢锦堂、李复稔、刘节生、赵颂平、史企望、刘程远、夏宗棠、朱秀齐、刘尧性、汪子传、许顺康、张佩绅、周志靖、龙瑞冀、吴翼平、王完白、郭晓溪等十七人当选。最后摄影而散。

原载于《申报》1925 年 11 月 3 日

常州红会改选会长

武邑红十字分会三日下午，召集议事员选举会长及各职员。到议事员十七人，前议长恽汉辅主席，首由议长宣布开会宗旨，次即选举议长，卢锦堂当选；选举正、副会长，伍琢初、赵颂平当选；选举理事，徐化吾当选理事长，刘尧性、王完白、李涤云、朱润培当选理事；改选资产委员，谈恂之当选。选毕，刘尧性、王完白以事务繁剧，自愿充任议事员，请辞退理事，议长付表决，经众通过，以次多数屠有梅、史企望递补，所遗议事员，以次多数张子云、陈颖荪递补。次讨论提议案：（一）议决公函款产处，选拨公处，以作会所。（二）议事员开会，如议员有六次缺席者，照章以候补当选者递补。（三）两次军事，文牍、书记、庶务等六人，均有劳绩，由本会赠给普通会员凭照，以资鼓励，一致通过。至七时许散会。

原载于《申报》《时报》1925 年 11 月 5 日

常州红十字会开会纪事

武邑红十字会二十日下午召集议事会，并欢迎新会长，其情形如下：（一）理事长徐化吾宣布欢迎新议长卢锦堂；（二）卢议长就职；（三）伍琢初会长具函再请辞职，议决一致挽留；（四）徐理事长报告第三届征信录已经编订就绪，由议长推举王完白、刘荀白、李复稔、郭晓溪、许顺康、周志靖六君，担任审查，定于二十三日下午二时开始审查；（五）提议进行事项，会所借用营田庙房屋，组织火场救护队，设立时疫医院及种痘局，待拟定办法，分别实行；（六）本会议事会，定于每月一日；（七）议事规则及议事会办事细则，公推徐化吾、恽汉辅担任起草，下届常会提交常会审定之。

原载于《申报》1925 年 11 月 22 日

常州两红会对于赈灾之进行

武邑红十字、红卍字两分会，连日对于筹赈徐淮海灾民均有会议。红十字会除派员赴灾区实地调查外，议决登报募捐，再发捐启一百份，分发各职员及会员劝募，每册以五十元为最少数，以一月为限。募捐启由理事会撰拟，另印捐款收据，每册五十号，与捐启同发，结束时由募捐者将存根与捐款并缴。

原载于《申报》1925 年 12 月 4 日

常州红十字（会）赴徐调查灾情

常州红十字（会）陆某来徐查灾况。孙传芳电徐兵灾会，谓已邀五省士绅组江北赈灾会，并由浙先助五万元。张仲仁函告由苏济生分会募款六千余元，不日来徐放赈。（以上十一日下午六钟）

原载于《申报》1925 年 12 月 12 日

红会消息

常州分会振灾之报告：常州分会会长伍德玑函报红十字会总办事处云："前奉尊函，并致各机关公函三件，护照一件，又取振衣五百套、凭照一件，蒙补助敝分会，以资救济，仰荷仁慈，曷胜敬佩。日来敝分会募捐之款，约可集有成数，复承防灾会冯梦老拨助，玑即于十一月初一日约同友人出发，先行到徐宿一带，择其灾情较重者，挨户详查给证，再行定期散放。惟固镇车站之薛家圩，为故兵掩埋最多之处。据调查员陆君报告，前次掩埋不深，日久风卷雨冲，竟至暴露，鸟啄犬噬，状至狼藉，当即雇夫掩盖七十五具，仍未培厚，殊难持久等语，因思转瞬冬尽春回，不免恶气宣泄，地当火车来去要道，一经疫气传染，为患何堪设想？玑拟亲往查看情形，设法培筑厚土，总期完固，以弭隐患，俟事毕回常，另再详陈”云云。

原载于《新闻报》1925 年 12 月 20 日

1926 年

常州红十字会放赈记

武邑红十字分会理事长徐化吾，偕同会员刘耐齐等，携带现款，赴南宿州散放急赈，至昨日（七日）回常。惟此次放赈，沿津浦路线，自固镇至夹沟止，计程一百余里。此地即为联奉两军剧战之场，死兵遍野，灾民惨苦，大有目不忍睹之概。放银办法，分灾户为“善与人同”四字，“善”字一元，“与”字两元，“人”字三元，“同”字四元。放衣办法，分为“上下全”三字，“上”字棉衣一件，“下”字棉裤一条，“全”字棉衣裤一套。共计放银七千元，棉衣裤一千件。又沿津浦路线，尸体未经深埋，而为野兽所食者，不可胜计。该会职员又重新覆以泥土，筑坟一百五十八个。本拟再赴远乡散发，嗣因绑匪甚多，携带现款，恐有被劫情事，故未敢前往。在沿火车线各地散放，约经十日始竣。

原载于《申报》1926 年 1 月 9 日

常州红分会种痘开幕

红分会设立施种牛痘局于营田庙，昨日（十四）下午二时开幕，其开会顺序如下：（一）伍会长报告缘由。（二）徐理事长报告筹备经过情形。（三）拟定施种简章。（四）县知事演说。（五）来宾演说。（六）摄影散会。

原载于《时报》1926 年 3 月 15 日

常州红十字会开会记

武邑红十字会二日召集议事员开会，议长卢锦堂主席。开会情形，（一）修正会章。议决先由议长审查后，印送各议员研究，如有意见，尽十六日以前交会，再行讨论。（二）前发皖北赈捐册，如有未交会者，限本月底截止，登报声明作废。至前发收据，尽本月底送会，换给正式收据，过期不再换给。议毕散会。

原载于《申报》1926年5月4日

常州卫生会职员会纪

常州卫生会于十一日下午三时开职员会，到金璞如、吴省方、孙枚丞、恽汉辅、王完白、林俊保等十余人。开会后，主席王完白报告开会宗旨，略谓：本会系姚前知事与鄙人所发起组织，迄今三载。虽不见有特殊成绩，而所办事业约有十六种，于地方公众卫生大有裨益。惟经费仅恃会员所募之会费，去年幸得姚知事之拨助，会务赖以支持。次会计张炳华报告帐略。全年收支相抵，稍有余款。次王完白提议续办问题，议决继续办理。即日征募会员，仍请王完白主持，并公推恽汉辅为总干事，协助一切。议毕，王完白坚请辞去副会长职。金以王君任职未满，且系大会公举，应于开经常大会时提出公决。迨散会已五时许。

原载于《申报》1926年5月13日

常州卫生会召集大会

武邑卫生会三十日在三一社召集全体大会，到官绅、商学、卫生、警察、教会西人，济济一堂，颇极一时之盛。开会首由王完白博士报告会务。次为从谦女校王氏姊妹之歌舞，次为美国女博士爱医生演说，次主席报告卫生队之成绩。后推举职员，结果正会长岑靖恂知事，副会长王完白，文牍林俊保、周志靖，会计吴省方、张炳华，庶务陈海臣、是光荣，书记卢月坡，最后推定干事部职员而散。

原载于《申报》1926年7月2日

常州卫生会职员会议

常州卫生会十日下午四时召集职员会议，到王完白、恽汉辅等二十余人。正会长岑知事因下乡勘荒，未到。由副会长王完白主席。开会后先由主席报告：一、本年征求会员成绩超过往年；二、今年扑毙疯狗四头，捞取死猫四十二只，死犬四十八只，死猪、死蛇各一，灭除蚊蝇，先由南一北二两区收买。议决事项：一、征求队捐册尚有未缴者，庶务员前往催取；二、年刊继续编印，公推王完白、刘芝常、恽汉辅、吴省方、林俊保、张炳华六人为编辑员；三、函请县署将卫生经费列入预算；四、有人假冒名义向粪船索费，请警所禁止；五、取缔露天荷兰水，应由纠察员认真检查；六、雇船捞取河中死畜秽物，会同市公所合办；七、灭除蚊蝇，托市区各公所收买苍蝇，每星期三天向会中取费，每铜元五十枚；八、宣传方法，请刘芝常拟定；九、宣传、执行、纠察三部，由正、副主任罗致人才，协助进行；十、本会会所仍设福音医院。迨散会已七时许。

原载于《申报》1926年7月11日

常州市公所防疫会议记

武进市总董钱以振，鉴于时疫发生，亟宜预防，特于五日邀集地方士绅、警察所长及各区巡官开防疫会议，当时到者冯晓青、伍琢初、金璞如、徐化吾等十余人。议决事项：（一）警察所原有房屋克日迁让与武进医院，俾可添设临时时疫病房，所有警所迁移费，由市公所、红十字会函请县署即日照案发给；（一）治疗病人由武进医院自行邀集各医院医生讨论办理；（一）由市公所、红十字会各筹洋若干元，购办十滴药水及痧药、卧龙丹散发，以市区各分驻所为发药处所；（一）各分驻所地段内所有医院由各分驻所逐日派警前往调查，有无时疫病人及治愈死亡数目，详细填具报告，按日到市公所备核报告，纸由警察所油印分发，各分驻所应用；（一）各分驻所巡官切实检查管辖境内之各饭菜馆，切开西瓜摊及垃圾窝；（一）各饭菜馆由警所简单条示，禁止售卖不洁饮食，违则准由吃客检证，报告警区处罚；（一）凡患时疫死亡之户，所有死者之衣物、粪污，均由警察督令该家属分别消毒。

原载于《申报》1926年8月7日

红会常州治疫队返沪

中国红十字会总办事处曾组织治疫队，由队长李耐霜率领往常州郑陆桥地方施行，现李君业已返沪，据云计诊处408人，昨已将详请报告总办事。

原载于《时报》1926年9月21日

常州卫生会职员会纪事

常州卫生会十月一日下午四时召集职员会，到刘殿卿、王完白及岑知事代表警察所长金朴如，副会长王完白主席。首由主席报告开会宗旨。略谓：本年成绩较往年为佳，会员之增多，疫势较各地为轻，外人经过本邑者称颂街道河流清洁，收买苍蝇至十六万以上。死狗、死猫十余只，卫生传单、图画三万余份，不可谓不积极进行矣。次陈海臣、吴省方两君报告接洽会员簿及帐略。次赠送优胜队长恽汉辅、周志靖两君奖品。次讨论议案：（一）编印年刊，议决催促编辑员积极筹备；（二）新征特别会员以上，徽章请各队长转发；（三）各处卫生挂图如有损坏，随时更换；（四）国庆灯会加入卫生灯彩；（五）明春重价收买老蝇；（六）掩埋死畜，须由警区巡官亲自验看方可计费；（七）冬令卫生，注意文字宣传；（八）推广乡区卫生，除派员赴各乡宣讲外，提倡设立分会；（九）鼓励警所，专司卫生之巡长酬给奖金；（十）取缔病丐，随时送交庇寒所收容。七时许散会。

原载于《申报》1926年10月3日

红十字会议事员开会

武邑红十字分会于昨日在县学旁史宅开会，到李复稔等十三人。正议长卢锦棠赴沪，副议长恽汉辅主席。议决事项：（一）改选任满议事员八人案，议决仍遵前例准于十一月一日改选，在营田庙本会举行；（一）筹备大会事宜案，议决准于十月三十日召集理事议事员联席会，筹备大会事宜，再行决定。议毕聚餐而散。

原载于《申报》1926年10月14日

常州红十字会开会记

武邑红十字分会一日下午召集会员开会，会长伍琢初主席。会议情形：（一）主席致开幕词。（二）议长卢锦堂报告议事员屠心矩等八人任期已满，应即改选。（三）理事长报告一年中会务之经过。（四）资产委员谈恂之报告一年间经济状况。（五）理事长报告汪春奎兄弟俩捐款四百元，专为施送灾地难民之用。（六）议事员刘荀八说明徐海募赈捐册，冯梦老处仅寄来两册，亟借用以前兵灾捐折，自五十八号起，七十三号止。（七）改选议事员。检票得六十四张，刘尧性、郭晓溪、吴儆张、屠葆孙、林锦泰、张君柔、周李萍、黄定翰八人当选，选毕散会。

原载于《申报》1926年11月3日

红十字会定期开会

红十字分会照章每年开全体大会一次，兹定于十一月一日午后一时，在局前街营田庙举行，并改选议事员八人。

原载于《时报》1926年11月3日

1927 年

红分会函请议事员就职

红十字会分会昨函致议事员许孚康、潘霞青两君云："启者，照分会会章，议事员缺席六次以上者，即由本分会宣告免除其议事之职。以候补议事员依次递补，其任期仍照本缺原有年限。本月议事员常会，由周志靖先生提议，并经议决议事员庄秉时、朱秀斋两先生缺席年余，应照章以上年次多数递补。查先生为上届候补当选议事员。应轮补庄秉时、朱秀斋缺。任期至十七年十一月一日止。合行函达，务希即日到会任职，无任企盼云"。

原载于《商报》1927 年 1 月 1 日

中国红十字会常州分会敬谢徐海水灾赈捐

卢锦堂捐洋五十元，汪春奎、春畲捐棉衣裤八百四十件，和慎盐公栈、永丰盛、钱祥丰、遴记、浦耆生、王松月、不书名，以上七户各捐洋二十元。琢记、□杏村，以上二户各捐洋三十元。史屺望、徐化吾、张佩绅、刘荀八，以上四户共捐洋九十元。刘□远募捐洋二十元。朱润培捐洋十六元。张子云募捐洋十二元。不书名捐洋十五元。郭次汾、上海银行、黄西洲、伍儒记、中国银行、乾丰洽、徐菊溪、张君柔、协丰、宝兴泰、倪元龙、大康钱、遴甫、陈莲友，以上十四户各捐洋十元。永孚、达昌、豫润源、通泰、泰成、仁丰、鼎成、汇丰、振康源、永丰、大通、同德、厚丰、汇源、恒天丰、五丰、润昌、裕农、恒大、衡元、丰泰永、和慎、余汇泰、华丰、吴元顺，以上二十五户各捐洋六元。王琴轩、棠记杨、严子嫩、陈秉成，以上四户各捐洋五元。谦泰昶、谦□裕、元丰泰、费定翰、天丰、不书名，以上六户各捐洋二元。天纶和、天益恒泰、庆正、德昌、庆昌、裕谦泰、祥生、泰昌、恒升泰、□和嘉纶，以上十户各捐洋一元。朱元培、□裕泰、天□泰、元丰泰、□泰昌、刘宝兰、衡庆正、天纶、和天丰、恒顺泰、裴蓉记、谦泰祥、恒和泰、庆昌裕、杨竹泉、德和恒、昌泰，以上十七户，费定翰经募，各捐洋一元。复沅恒捐小洋六角，一言堂捐小洋四角，谦和永捐小洋四角。

原载于《商报》1927 年 1 月 10 日

红会开职员会记闻

本邑红十字分会会长伍琢初君鉴于时局紧张，本邑地当要冲，救护等事应行筹备。日前上午召集各干事员、议事员开会，商定先行筹备救济事宜。办事处照上年办法，借省立五中。医务则请武进、福音、常州各医院担任。其余各项职务，由各会员担任办理云。

原载于《商报》1927 年 3 月 8 日

红会筹备救济之进行

本邑红分会以常州地当宜溧要冲，前方军事虽不甚吃紧，然后方不能不预筹安宁之策。日前，伍会长召集各职员开会，商议筹备救济事宜。各情已志本报。兹闻该会各事务仍分股办理，分调查、庶务、会计、救济、掩埋五股。调查股请郑君担任，庶务会计股由各职员共同筹办。救济事请武进、福音、常州等医院担任，掩埋队长请通俗教育馆主任刘芝常担任。一切事宜，已着手筹备，至必要时再组织收容所若干处收容难民云。

原载于《商报》1927 年 3 月 11 日

红分会明日召集会议

本邑红分会以军事形势颇紧急，后方安宁之策不得不预为筹划。定于明日召集各议事员在青果巷赵宅开议事会商议一切，昨日已通知各议事员准时到会预议云。

原载于《商报》1927 年 3 月 12 日

红会筹备救济之续讯

本邑红十字分会以时局紧张，先曾由职员会略事计划，继于星期日开议事会，共同讨论进行方法。当决先组织妇孺救济院十处。除呈报总会外，并函请官厅保护。至疗治伤兵事宜，以经费大，责任重，各医院均不愿独当其冲。大约磋商结果，或在武进医院东偏之旧门诊处，用红会名义办一伤兵治疗所，请各医院医生轮尽义务，救护伤兵。一面并拟向上海总会要求派遣医队来常，能否达到目的，尚不可知云。

又函城一图区董汪世铨与四乡公所县议会各领袖，会商设立妇孺救济所，择定地在县议会、农会、四乡公所等处，各情已志本报。兹闻前项收容所刻由各领袖与红十字会商定归该会办理，改为第九救济所，地点定在老城隍庙内，公推汪世铨君为主任，筹备一切。所需经费，由各公团分筹，汪君已与红会接洽，业经着手筹备一切云。

原载于《商报》1927年3月13日

红十字会开会情形

本邑红十字分会初十日上午在青果巷八桂堂赵颂平家开议事会。开会详情如下：

报告事项：一、函请临近各县红分会，互相报告近况。一、函报总办事处，报告本届筹备状况，并请协助医药。一、函请各军事长官给示保护。一、函请运输周司令遇必要时，准予火车免费运送难民。

提议事项：一、救济院十处：一恺乐堂；二东吴五校；三东吴十二校；四崇真女校；五育德女学；六五中；七大纶纱厂；八源大成槽坊；九老城隍庙；十从谦堂。一、议决救济院。均由各主任自行担任，经费不得零星募捐。一、疗治伤兵。公推赵颂平与武进医院接洽后，再行定夺。

原载于《商报》1927年3月15日；《时报》3月18日

红会收容所疗治伤兵

第五、第七、第十各师，均由宜开回常州。宜兴方面第二军伤兵四十人，昨由宜兴运至常州。因原设兵站医院奉令撤销，一时已筹划不及，重伤兵士无处住宿，与红十字会分会商妥，重伤者送往该会伤兵收容所疗治，轻者由该军军医处医治。昨到伤兵四十人系重伤，均送红会设立伤兵收容所医治。送所后因上海总会派来医生未到常，由武进医院派医生前往诊治云。

又函：本邑红十字分会以前方军事吃紧，不得不先行筹备疗治所救济院。筹备设立情形，已志本报。兹闻宜兴军队昨日均调回常州，形势更形严重。该会疗治所救济院已于昨日成立，总办事处（营田庙）召集各职员到会办事，并于西横街常州中学设立伤兵收容所，武进医院为伤兵疗治所。上海总会派来医生一人、看护生二人，电告于昨日来常。凡有重伤兵士，送往武进医院疗治，轻者在伤兵收容所医治。收容所应用各件及被褥等件，均已赶办齐全云。

原载于《商报》1927年3月18日

十三混成旅设立医院

十三混成旅军队大部驻在城西，兹悉该旅因便利医治伤兵起见，特在米市河永泰昌缸行设立医院，由该队之红十字会主持云。

原载于《商报》1927年3月19日

红会疗治伤兵昨讯

本邑红十字会分会在常州中学设立伤兵收容所疗治伤兵一节，已志昨报。兹闻该会以疗治所已经成立，特电告总会，请派专门医生来常诊治。总会接电后已代聘医生张某及助手三人，填发执照，于前日（案：

即17日）下午携带药品用具乘车来常，于六时许抵常。常州分会特派职员刘芝常、沈彭年两君，赴车站欢迎。下车后即赴常中疗治所。前日第二方面军队送来伤兵，昨日即由张医生诊治，所有缺少药品，均在常各药房取配。红会总办事处聘请各职员，均于昨日到会办公云。

原载于《商报》1927年3月19日

常州卫生会纪要（节选）

去夏沿沪宁、沪杭二路，各埠时疫盛行，死亡之众，为多年所未有。本邑虽亦不免波及，然据调查，本邑疫势，远不及他埠之盛。某西商时适旅行各埠，至常州后，语云人："所至之地，见染疫而死者，触目皆是，景象甚惨。乃一达常州，情形绝不相同，初颇惊异。继察全市街巷无堆积之垃圾，河道无浮漂之秽物，知此间颇能注重公众卫生，无怪有些成效云。"（王完白）

原载于《中华医学杂志》1927年第13卷第4期

泰兴同乡会筹设难民收容所

（1927年）四月二十日，江北人民避难来常，苦无栖身之地。兹经泰兴同乡会同常州红十字会发起募捐，收容难民，并往靖江一带施赈。

原载于《武进年鉴》之《武进大事记》1928年

常州各团体电留邱团长

武邑县公署公安局、农商协会，因驻常邱新山团长有奉令他调消息，特致函十四军赖军长一致挽留。同时红十字、红卍字两会，武进、常州两医院、贫儿院等公私各团体亦发出快邮代电，请求准令邱团长暂缓离常。

原载于《申报》1927年4月26日

红会共设救济院十九处

本邑红十字会常州分会近因苏方面军事日紧，现在城厢内外设立妇孺救济院已达十九处。兹将设立地点及武进县公署布告、妇孺救济院简约一并录下：

武进县公署告示云：为给布保护事。案准中国红十字会常州分会函称："敝会本博爱恤兵之旨，对于救灾赈难事宜，勉力从事，历有年所。兹值前方军事日见紧张，常州处沪宁路线之中，滨临太湖，接壤宜兴，不可不预为筹备。凡伤兵疗治、妇孺救济，均宜分设院所以尽职责而资救济。除函报驻沪本会总办事处外，所有设立处所另单开陈，恳请察核。分别出示布告，饬知警所，并转呈各军事长官一体出示保护"等因到县，准此。除转呈张、孙总司令转令驻常各军长官一体给示，并先由县饬知警所随时保护外，合行示仰军警居民人等一体知照。须知中国红十字会常州分会设立伤兵疗治所二处及妇孺救济院十九处，纯为救灾恤难，为世界上公认慈善事业，自应一体切实保护，以维善举，毋得违误，各宜懔遵。此布。

妇孺救济院简约：

一、本院以救济妇孺为限。一、被难妇孺到院，应至办事处登记其姓名、住址及家属留简备查。一、入院者不得携带贵重物件及危险物品。一、成年男子一概不收容。一、妇孺到院后，应听本院主任知照规则遵守。一、到院后不得随时出入。一、戚友探问，应得主任许可。一、住院妇孺如有疾病，由会分送医院或请医生到院诊视。一、到院一经指定住处，不得随时变更。一、妇孺出院时，须报告主任。一、其他临时公约主任规定后，随时通告。

计开第一伤兵疗治所：武进医院。第二伤兵疗治所：常州中学校。

妇孺救济院：第一院：五中学校；第二院：老城隍庙；第三院：恺乐堂；第四院：东吴十二校；第五院，育德女校；第六院，崇真女学校；第七院，东吴五学校；第八院，南门外大纶纱厂；第九院，西门外源大成糟坊；第十院，城东贫儿院；第十一院，小南门外公信布厂；第十二院，新马路从谦学校；第十三院，湖塘桥；第十四院，卜弋桥何宗祠；第十五院，卜弋桥姜宗祠；第十六院，戚墅堰；第十七院，城北敬节堂；第十八院，公立第一小学校；第十九院，典业公会。

城一图区董汪世铨与公团会商设立妇孺救济院，并与红十字分会商妥各情，已志本报。兹闻该处救济院已由汪君筹备妥洽，昨日成立，当名曰红分会第二十妇孺救济院云。

原载于《武进商报》1927 年 5 月 3 日

疗治伤兵办理结束

本邑红十字分会办理伤兵疗养所先后各军队送到伤兵数百人，治愈后，遣送各军归队者已有百余人。留有百余人仍在该会疗养所调治，有数十人业已治愈，可以出所。该会请县署设法遣送归队，未愈者改送上海总会医治，以便结束。巢县长允设法遣送云。

原载于《武进商报》1927 年 5 月 14 日

常州红十字会召集会议

武邑红十字分会十日假县学旁史氏意园开会，到会伍会长、徐理事长及各理事员、议事员等三十余人。议决事项：（一）募集会员，展缓一星期；（二）卢议长因病辞职，一致挽留，一切职务由副议长恽汉辅代理；（三）择定崇法寺，代注射防疫针，请屠友梅为主任，定夏历六月十五日开幕；（四）接收营田庙，迁入办公。议毕聚餐而散。

原载于《申报》1927 年 7 月 12 日

红分会注意防疫

注射防疫苗浆，每人取费两角

中国红十字会常州分会昨日发出注射防疫苗浆通告云：夏秋之间，常发时疫，其病上吐下泻，吊脚瘪螺，古名霍乱，西名虎烈拉，即俗名时疫是也。人染时疫，朝发夕死，为传染病中最恶之症。本分会为求社会安宁起见，特自沪定购预防时疫苗浆，每人注射两次，即可无传染之虑，卫生诸君，幸注意焉。

附录简章：一、宗旨：预防时疫。一、方法：每人注射两次，第一次注射后过一星期再注射一次。一、纳费：贫乏者不取分文，如愿纳费者，每人收药资小洋两角。一、时期：阳历七月十三日起，至八月十一日止（阴历六月十五日起，至七月十四日止），每日上午九时至十二时，星期日停止。一、地址：借城市适中之双桂坊崇法寺内。

原载于《武进商报》1927 年 7 月 4 日

注射防疫针所开幕

本邑红十字分会为求社会安宁，防患未然起见，特向上海定购时疫苗浆，设局注射防疫针，请屠友梅医士担任。注射局设于双桂坊崇法寺东厅。每日上午九时至十二时，以一月为限。定于今日上午行开幕礼，请各团体到崇法寺参预典礼，略备茶点，款待来宾云。

原载于《武进商报》1927 年 7 月 13 日

防疫针昨开幕

本邑红十字分会为求社会安宁，防患未然起见，就双桂坊崇法寺内设注射防疫局。特请屠友梅每日上午到局注射。昨日上午行开幕仪式，到会者顾县长，士绅冯晓青、赵颂平、伍会长、徐理事，各会员等三十余人。先由徐理事报告筹备经过情形。顾县长演说，茶点而散。各会员及来宾依次挂号注射者共有三十余号。每号费小洋两角，给以号证一张，作为第二次注射凭证。以后每日上午九时起至十二时止，局设崇法寺西厅云。

又函：吾邑红十字会以天时炎热，疫疠堪虞，亟应筹设临时医院，注射防疫苗浆，业经上次常会议决照办，以防时疫，并请理事屠友梅君主任其事，以全城适中之崇法寺为院址。定于夏历本月十五日为成立之期，备具茶点，柬请官厅士绅及本会全体职员，莅会参观等情，业载前报。昨日上午该院正式成立，到会者有县长顾树森君，公安局代表蔡君浩泉，正会长伍琢初君，副会长赵颂平君，理事长徐化吾君，副议长恽汉辅君，议事员郭晓溪、汪世铨、张佩绅、吴儆张、汪子传、胡勤生等，理事员史屺望、李涤云等，医院主任屠友梅君，士绅冯晓青、郁景溪等。一时济济一堂，先由伍会长宣布成立医院原由。继由屠友梅对于请求注射者施以防疫针剂，约有四十余人。散会时已过午。现在每日在院主持者，仅有屠君，皆因各医院诊务冗忙，不得不暂由屠君一人担任。以后若注射者增加一人，难于应付时，拟请入会之各医士，协助办理，以期迅捷，而免贻误云。

原载于《武进商报》1927 年 7 月 14 日

红会医队来常

上海红十字总会派第三医务队来常一节，已志昨报。兹闻本邑分会，以常地甚安，无医务队来常必要。并有要务与总会洽商，理事长徐化吾于昨日乘早车赴沪，与总会接洽一切云。

原载于《武进商报》1927 年 8 月 23 日

红总会第二救护队出发常州

本埠红十字会总办事处前议出发四救护队，除第一队早已驻在下关外，第二队昨日（27 日）下午开赴前方，队长李少岳、医员黄明玉、会计谈恂之、庶务庄播之、看护长吴菊坡、护士王粤祥、周觉先、庄绍英等，率领队役工二十余人，一切药品器具随行，又第三队暂驻后方闸北同济路新成立红十字会伤病医院，第四队即日出发。

原载于《新闻报》1927 年 8 月 28 日

红十字分会大会纪

常州红十字分会，每年十一月一日例开会员大会一次。昨日假第一公园开会，由徐化吾理事长报告一年来之会务，资产委员谈恂之报告收支账略。即请议事员王完白登台演讲，王氏提出两项主张。一、希望本会筹设红会医院，藉便贫病。二、对于行务□话之沪宁长途电话，中途只设镇江、苏州、无锡、南翔等分站，吾常独付缺如，殊为失望。兹乘邑中各界领袖在座，特提出由红会会同商会等公团，速电政府增设常州一站，以利交通。讲毕，会众深表同意，一致赞成。即推伍会长负责办理，以后改选议事员八人。检票结果，许孚康等八人当选为议事员。

原载于《新闻报》1927 年 11 月 3 日

红十字分会迁移

本邑红十字分会原设于局前街营田庙内，兹闻该会以营田庙为米业集议场所，办事殊感不便。故现已迁至东横街平民工场内矣。

原载于《武进商报》1927 年 11 月 15 日

1928 年

常州公安局召集卫生会议

武邑公安局于九日下午召集各机关会议组织卫生委员会，列席者局长方为舟、各机关代表孙有光、唐琢如等十余人，方局长主席。讨论委员会办法，以组织及经费为先决问题。议决组织办法由各机关推派代表一人为委员，由委员公推常务委员十一人，再互选主席委员三人，执行会务。经费分原有卫生经费及捐款、会费、补助费四种，当时公推顾峤若、唐琢如、王完白起草章程，俟下次开会通过推选委员即可成立。

原载于《申报》1928 年 1 月 11 日

常州红十字分会、武进市政局布种牛痘简章

一、宗旨：预防天花以增进人民健康为宗旨。二、纳费：每号止收号金铜元三枚，挨号轮种。三、时间：阴历闰二月初一日起，四月三十日止，每日上午九时起，十二时止，过期不候，星期停种。四、地点：双桂坊市政局内。

原载于《武进商报》1928 年 3 月 12 日

中国红十字会常州分会启事

顷接上海临时义赈会黄以霖诸先生来函：山东连年灾荒，复值大兵之后，其灾情之重，为从来所未有。爰纠集同志，发起义赈会，遴聘公正人士之热心慈善而素有赈务经验者分赴灾区，切实查放。惟绵力有限，端赖众擎。敢乞广为劝募，多多益善。本会属慈善团体，救灾恤邻，责无旁贷，好施乐善，人有同心。伏望慨解仁囊，量力输捐。百万灾黎，实拜其赐。收款处西直街上海银行。

原载于《武进商报》1928 年 6 月 7 日

红会、市政局施行防疫

本邑红十字分会每年于夏季施种牛痘，夏季施行防疫针，举行已有三年。本年施种牛痘，与市政局合并办理。时届夏令，天气渐热，该会仍照上年办法施行防疫针，敦请屠友梅医士主持办理。本年与市政局合办，经费各半分担，地点在市政局，每号仍取号金二角，遇贫寒者送针。定于初一日开始施行，所有药剂，已向上海购备云。

原载于《武进商报》1928 年 7 月 1 日

中国红十字会常州分会启事

涵远堂汪捐洋五十元，承启堂汪捐洋十元，源记捐洋十元，汇丰庄捐洋十元，怡德堂捐洋二十元，同德庄捐洋十元，怡远堂胡捐洋十元，胡仁泰捐洋十元，不书名胡捐洋十元，永昌布行捐洋十元，德昌厚捐洋五元，大风仁捐洋十元，振康源捐洋十元，仁风庄捐洋十元，勤业堂捐洋十元，永孚银号捐洋十元，瑞丰润庄捐洋十元，润源号捐洋十元，怡丰庄捐洋十元，五丰庄捐洋十元，天和永捐洋十元，阜丰庄捐洋十元，和慎银行捐洋十元，树德堂卢捐洋二十元，润昌庄捐洋十元，厚丰庄捐洋十元，武进盐共栈捐洋二十元，恒丰面粉厂捐洋拾元整，除本分会代填临时收据，分致汇解上海临时义赈会外，特此先行登报鸣谢。会长伍玑敬启。

原载于《武进商报》1928 年 7 月 8 日

中国红十字会常州分会启事

范协盛捐洋五元，丹记捐洋五十元，尚恕堂陶捐洋十元，除本分会代填临时收据，分致汇解上海临时义赈会外，特此先行登报鸣谢。会长伍玑敬启。

原载于《武进商报》1928 年 7 月 17 日

溧阳县指委会拘捕蒋啸潮

本城蒋广源油号店主蒋啸潮，行商兼医，现为溧阳红十字会副会长并县商会执行委员。此次剿匪伤兵，大半由蒋治愈。昨县指委会忽有职员数人，唤同岗警至蒋宅搜查，未有所获。遽将蒋拘至党部，讯问后暂寄公安局。地方上因党部自由拘捕良民，颇为不满，纷呈县府请主持公道，不知如何结果。

原载于《申报》1928 年 9 月 22 日

红十字分会经费

每年补助费二百元，已编入十七年预算

县政府函中国红十字会常州分会云：迳复者，接准来牍，以会费久罄，捐款难募，请予酌拨补助等由，准此。查贵会系属办理慈善事业，自应尽力援助。俾得维持永久。已将每年补助费银二百元，编入十七年度地方预算，并归公款公产处慈善费项下支付。除再转函财政局查照外，相应函复查照为荷云云。

原载于《武进商报》1928 年 11 月 10 日

1929 年

伍琢初遗命独资建桥

武邑前红十字分会会长伍琢初，字卓周，于上月逝世。生平对于慈善公益事业，无不乐为。弥留时曾遗命拨遗产一部分，作地方公益之用。最近其子守箴等具函市政局，将遗产拨出五千元作为独建新坊桥之用。地方人士感戴之余，即将桥名改为卓周，并由建设局呈请建设厅奖励，以昭激劝。

原载于《申报》1929 年 1 月 24 日

伍玑传（节录）

……（伍玑）回里养疴，历任邑中公善、育婴、寿安诸善举。岁荒赈恤，多所惠济。又创设贫儿院，收容无告儿童数百人，苦心规画，以教以善，十年劳瘁，成就青年不可胜数。院侧筑桥、浚井，当地人士因名桥曰“琢初桥”，井曰“琢泉”，志不忘也。兼任常州红十字分会会长

五年，时值战事迭起，玑措理周妥，备历艰瘁，人多德之。年六十五卒。（张维骧）

原载《清代毗陵名人小传》

红会常州救疫队成绩报告

常州一埠，人口稠密。今岁夏令，时疫流行，上海红十字会前曾派救疫队总队长王培元博士率领医士李耐霜、徐祖荫等，随带治疫药品器械前往该埠救疫，为期已有月余。本埠天津路红十字会时疫医院昨接该埠救疫队报告云：自开幕日起，至本月十日止，共诊门诊一千零三十二人，病重住院留治者一百十六人。患真性虎列拉而行盐水注射者五十八人，今岁常州时疫之流行，可见一斑矣。

原载于《申报》《新闻报》《时报》1929 年 9 月 14 日

常州红十字分会改选职员

武进红十字分会于一日下午二时，举行改选议事员，县府及党部均派代表监视。首由主席报告会务状况，次资产委员谈恂之报告账略，共余存二千一百余元，作为基金。次散票互选议事员，结果林锦泰等八人当选，当有候补八人，系屠公履等当选。

原载于《申报》1929 年 11 月 3 日

中国红十字会筹赈处敬谢常州书画家

筹赈会洋五百七十三元

陕甘七省区款绌灾深，竭热心慈善家布施劝募之功，尚感杯水车薪之诮，不料湘皖江浙相继告灾，急如星火，昨承常州书画筹赈会同人结合当地书法家，为有钱出钱、无钱出力之善举，一则对客挥毫，一则争购名笔，集成善款五百七十三元，法良意美，谨谢盛情。兹将受授两方大善士冰衔列后（略）。委员长李国杰、主任江绍墀叩。

原载于《申报》1929年12月19日

1930年

保护各地红十字会分会

准中国红十字会来函，为《请饬属保护各地红十字会分会》由。本府经于三月六日训令（第1036号）民政厅遵照如左：

为令遵事：案准中国红十字会函开："按据江苏各红十字分会代表白蒲分会会长沈来森、溧阳分会会员程延康等函称：'窃世界各国常以红十字会员之多寡，以验其国民道德之盛衰，来森等顺应世界潮流，遵章组织分会，成立多年，对于兵役水旱之救济，疾苦医药之布施，悉依《中国红十字会章程》及中国在日来弗保和会签字之《红十字条约》，执行一切职务。但一般民众未知慈善事业在国际上之关系，甚或认国际慈善法团作普通集会结社之看待，往往引起无谓纠纷，致慈善事业不能尽量发展，为国际颜面计，应请转陈各省政府及分会所在地官厅立案，并通令全国各军民长官一体出示保护，庶能收指臂联络之助'等情。查敝会全国分设红十字会计五百余处，当成立时，曾函请贵政府转饬所属一体保护，惟为日稍久已不免有淡然相忘之势，中国红十字会为国际慈善法团与五十三国联盟中外观瞻所系，若不予以显明之保护，非但会务不能发达，抑恐为联盟所齿冷。除函复外，相应函达，即希贵政府察核，迅即各地军民长官及分会所在地各县政府一体出示，予以绝对的保护，庶各分会纠纷少而善念生，不惟国际增光，分会前途方有复兴之会，无任期盼。兹抄附各分会名单一纸，即希察照为荷。"等由，除函复外，合行检发原表，令仰该厅通饬保护，此令。

原载于《江苏省政府公报》1930年第387期，第9页

1931年

红会所接之乞赈电

中国红十字会昨日接到乞赈文电，汇志如下：（一）溧阳红十字分会："溧地水灾，与逊清道光二十九年相仿，际此师旅饥馑交加之候，衣食住俱无，来日方长，何以为生？属会暑期医院，照章于前月二十四日开幕，向期三个月为限，兹值水灾，民生更苦，医院须继续展期，尤为紧要。务祈总会竭力援救，为地方多做一份慈善，盼望地方减轻一份灾难，不胜迫切待命之至。"

原载于《申报》1931年8月31日

1932年

常州红分会放赈

本邑第二区旧大□、丰北两乡，地势低洼，去年受水灾淹没，籽粒无收，今春又遇虫荒，两乡农民，嗷嗷待哺。本邑红十字分会特捐米二百六十余担，发交两乡急赈会，定十四日散发，灾民大口一斗，小口五升。

原载于《时报》1932年9月13日

1933年

何鉴清今日大殓

海格路中国红十字会总医院药房主任常州人何鉴清，家寓公共租界赫德路正明里四十六号，于三日中午12点10分时，由医院回家。出院门，行经医院附近地丰路口279号沈仁记木作场门口，突遇暴徒四人，由小弄中冲出，对其开手枪射击，射中6弹，受伤倒地。凶手即仍窜入小弄，向南逃逸。当经红会医院中得悉，立派员役赶往，将何抬回医院救治。终因伤重，于晚上七点半时气绝身死。

原载于《申报》1933年5月5日

【编者按：何鉴清，常州人，卒年四十六岁，曾留学美国。归国后先后在长沙襄阳医院和北平医院任职。1927年到上海红十字医院任药剂师。根据后来的研究，何鉴清因拒绝流氓胁迫他修改检出吗啡的检验报告而惨遭暗杀。】

1934年

常州城市卫生事业之回忆

欲觇一国政治之优劣，人民之强弱，可由其境内市政之良窳卜之；而市政之主要部分，乃谋地方之清洁，居民之健康，即所谓公众卫生也。今国人稍有知识者，对于卫生非不知讲求，惜乎都只重个人卫生，或进一步而稍讲家庭卫生而已，鲜有以公众卫生引为己责者。其实吾人在卫生上殊难独善其身，无论个人或家庭力行卫生如何周密，往往仍可因邻居或环境之污染，以致传染疾病而遭遇不测者，故吾人果能竭力提倡城市卫生，求公众之幸福，利人亦所以利己也。

方今政府重视民命，引用专门人才，主持卫生行政，实为吾人生命保障之一线曙光。然官署之责重在计划与指导，能直接实施而深入民间者，还在受有科学训练之医界同仁，起而合作；盖其他公益事业，凡抱有热心之士，皆可出而提倡，惟公众卫生则有关学理，非尽人可能。鄙人前在常州首创医院，主持院务历二十年，对城市卫生，深觉负有天然之使命，责无旁贷，曾发起组织“常州卫生会”，连办数年，成绩尚佳。当时印行卫生年刊，各地同志，远道函索。查其发信地点，竟达二十一省区之广。后闻在内地各县作同样之组织者，亦复不少，兹将当时办理之经过情形，就记忆所及，略述一二，聊备参考。

欲办城市卫生，固非少数人所能为力，最好联络当地官绅与公私团体，通力合作，庶几众擎易举，不致掣肘，常州卫生会即依此原则而产生者。由县长与余首先为发起人，请公安、教育、商会、农会各界及慈善机关，各推代表为筹备委员，共商进行，总期各方皆有参与之机会，甘苦共尝，同深爱护。

各种组织，必具二种要素，即人才与经济是也。欲罗致人才，筹集经费，莫妙于征求会员；故常州卫生会每年必先征求会员，公推各界领袖人物为征求队队长，分期报告成绩，以资鼓励。会员按捐款之巨细，酌定名誉，维持，赞助，特别，普通，学生等名称；分赠以金银磁铜等美丽徽章，使各等社会人物，皆可量力参加。征求结束时，以卫生书画等品酬赠各队长，成绩优越者，更给以名誉之褒奖。然后召集会员大会，选举职员，共理会务，于是人才经济两问题同时解决矣。

至于城市卫生之事业，范围甚广，当视各地情形，因时制宜，规划办法，然后择其缓急，分别执行。兹将常州卫生会历年事业，摘录于左。

（一）收毁蝇蛆　春暖初见老蝇时，出资收买拍死之苍蝇，集有成数，当众焚毁而掩埋之；以后蝇多，逐渐减价，至秋凉为止。大概每年可收毁苍蝇二百几十万头。夏季则加雇夫役，携带无害于植物之灭蛆药水，即青化钾二钱，化为一升，往洒于坑厕，以杀蝇蛆，城中顿觉飞蝇绝迹，市民称快。

（二）灭除蚊虫　会中雇夫役，洒臭药水于阴沟潮湿之处，并至储水之池，捞取孑孓，又劝告居户，倾弃污秽积水，以除蚊种。

（三）掩埋死畜　凡见巷角河边，有猫犬死畜，即收拾掩埋，由会中视动物之大小，给以奖洋一二角，一年间所埋约在二百头左右。

（四）击毙疯犬　如有疯犬发见，经人击毙者，奖洋一元，每年约四五头。

（五）取缔坑厕　由公安局布告，凡街头巷尾之尿缸，一律撤除，另由市政局择要建筑新式坑厕。

（六）改良运粪　粪桶必须加盖，违者由警拘区，责令购盖，挑粪以早晨为限，粪船则必泊于指定之僻静地点，不得随地装卸。

（七）挑除垃圾　各街巷之垃圾窝，须随时出清，不得积蓄，第一年由会雇清道夫，挑除全城积秽，以后市政局自动整顿，一改旧观。

（八）清洁河流　城区河道，不准抛弃瓜皮菜叶等物，一面雇役往城河捞取污秽零物，运弃城外。

（九）禁止冰水　每逢夏季，零售不洁之冰荷兰水等饮料者，触目皆是，实为传染疫疠之祸水，故一律加以禁止。

（十）检查食物　市中摊售之瓜藕糕饼等物，必嘱加盖纱罩，以免蝇类接触，见菜场鸡鸭鱼肉之色味腐败者，送区检查，酌量惩罚。

（十一）死率检查　由公安局造表遍送各区，遇有居民急症死亡，随时填报，俾知境内有无传染病发生，从事预防。

（十二）义务纠察　各项事业，或由会雇役专办，或由公安局市政局协助办理，仍恐有执行不力之弊，特推举地方公正之士，为义务纠察员，如有所见，随时报会，加以纠正。

（十三）宣传演讲　订邀各校教员定期至繁盛地点，举行通俗演讲，输灌卫生常识于平民，另请著名医师开会主讲，对中上流人士阐发卫生精义。

（十四）图画广告　除印刷应时之图画广告至城乡各地张贴外，特购卫生教育会出版之五彩大挂图，装以木框，遍悬通衢，颇为触目惊心。

（十五）陈列展览　在适当场所开卫生展览会，搜罗关于卫生之各项图画文字，标本仪器，陈列室中，任人往观。

（十六）提灯游行　将蚊蝇蚤虱等传染疾病之虫类，放大形像，制为纸灯，配以简单明了之标语警句，请各校学生列队游行，旗灯掩映，军乐洋洋，最能引起城乡人民之注意。

以上一至十二为执行事业，十三至十六为宣传运动，尤以宣传为当务之急，期使人人咸晓公众卫生关系我人之生命甚为重大，果能家家户户共图清洁，合之即成全城之清洁也。（王完白）

原载于《卫生月刊》1934 年第 1 卷第 6 册

1936 年

常州医师公会组织救护队

武邑医师公会于二十九日举行干事会议，主席蒋树忠。讨论事项：（一）援绥捐款如何筹集案。决议除由会中筹款二十元外，由各会员自动捐助。（二）组织救护队如何进行案。决议向县党部、红十字会、红万字会协商办理，并推陈舜名、徐元谟、蒋树忠三人分别接洽。

原载于《申报》1936年12月1日

1937年

武进医院改编为医疗队

1937年11月，南京政府急电武进医院，命令武进医院携带重要药品和医疗器械等，随汽车撤往南京。医院撤出人员，属中国红十字总会救护委员会医疗队和医务队建制。医生、男护士、化验员、药剂员等编为第十六医疗队，其余的和护校生编为第十七、十八、十九医务队。十六队队长徐崇思，十七队队长章裴成，十八队队长段蓉珍，十九队队长徐文涛。十七队和十八队分别在南昌、贵阳工作，十六队与十九队在一起。十九队主要在收容站和列车上换药，十六队流动性较大，主要在前线的兵站医院抢救国民党军队和老百姓的伤员。王利亚、王赛娟、胡佩珊三位护士因公牺牲。医疗队、医务队的救护工作持续了半年多时间，后因国民党军队溃败，自行解散。少数人回常州仍到武进医院工作，大多数自谋生路。

原载于《常州市第一人民医院院志》

1938年

美教士返常州进行恢复医院

受战事影响，损失甚巨，拟请美红会拨款补助苏州、无锡、常州、镇江、南京一带沦陷区域。美籍教士经美国当局向日方交涉后，准许重返原地传教。美籍教士自上月中旬起，相率离沪返各该地工作。常州博习医院主任米医生、教士培克门、钟爱珍等自离沪重返常州后，即赴其医院察勘，院内房屋受损甚多，顷已雇工修理，并于昨日来沪，采办医药器械等各项急需用品。该院此次受战事影响，损失甚巨，拟向美国红十字会请求拨款补助，俾得及早恢复院务云。

原载于《新闻报》1938 年 7 月 14 日

眼泪鼻涕吊忠魂，苏烈士追悼会归来

孙筹成

中国红十字会总会、上海市医师公会、南洋医科大学同学会等三团体，因罗店绷带所所长苏克己医师（讳理安，江苏武进人）于去年八月二十三日，日军在小川沙石洞口登陆后，罗店沦陷，渠陷于重围，不及引避，致罹于难。迄今年余，遗体尚未寻获。故于本月廿五日，特开追悼会，以表哀思。予代表新药公会前往参加，瞻仰遗像。忆及去年二月三日，渠与朱宝琴女士（江苏常熟人，与苏君同供职于红十字会罗店医院）在上海市政府参加集团结婚时，予曾与其同车前往之情形，不胜悲痛。壁上遍挂挽联，青年会所赠曰：“飞机大炮何足凌人？我有热血，我有技能，救死扶伤真壮士；泰山鸿毛同于一死，名满红会，名满医界，成仁取义大英雄。”旧友卫锐锋亦有一联曰：“医生有割股心，牺牲一身本素愿；志士乃成仁去，侠肠千古足长留。”蒋君毅谓：“今日是追悼日，各公团追悼徐新六，八银行追悼胡笔江均今日举行，汪企张谓他们两个会有钱，故富丽堂皇，此间无钱最苦，布置上不及他们。”予曰：“徐、胡二君是金融界巨子，当然有钱。苏医师职务与药接近，药性苦，无怪要苦。”鄙意苏医师本在后方服务，自愿至前方工作，危急时，因欲保全已伤之飞机师，情愿自己牺牲，此种精神较之徐、胡二君因乘安全之飞机而被攻击者更伟大。好在渠姓苏名克己，本有“苏”民困与“克己”复礼为仁之意，此次杀身成仁，可谓名副其实，死得其所，含笑九泉。最可悲者朱女士，与其结褵仅六个月又二十天，即人天永隔，所生之遗腹女仅十个月，母女二人孤苦伶仃，何以度日？去岁渠新婚时，允替其在本报写结婚记稿而未果，现奉两语曰：“不写新婚写殉难，苏君克己自成仁。”

原载于《上海报》1938 年 9 月 28 日

悼苏克己烈士

姚明然

武进苏克己医师，号理安，幼失怙恃，刻苦自励。曾服务于武进福音医院，以求深造。旋考入南洋医科大学，以精擅外科获盛誉，师生莫不交羡之。后为军医，出入闽粤间。一·二八沪战起后，烈士奉红十字总会命，服务于大场。客岁八·一三事变，兵兴沪滨，东亚大埠又遭兵燹。烈士奉命至大场、罗店等处服务，冒枪林弹雨之险，救死扶伤，备极辛苦。不幸于日军小川沙石洞登陆之际，烈士不及脱险，竟死于兵荒马乱之中，至今忠骨犹未获得，呜呼烈矣。今岁仲秋，中国红十字会、上海医师公会、南洋医科大学同学会，以烈士为国殉职，迄将一载，乃发起追悼会，以资纪念，慰藉忠魂，于九月二十五日假虞洽卿路一品香礼堂举行。是日，除供奉苏医师遗像外，尚有三遗像，一为男救护员刘中武，两为女救护员陈秀英、谢惠贤，盖三烈士与苏氏同时殉难者也。满堂挽联中，以中华基督教公会一联最长，联云："飞机大炮何足凌人？我有热血，我有技能，救死扶伤真壮士；泰山鸿毛同于一死，名满红会，名满医界，成仁取义大英雄。"语气雄壮，恰合烈士身份也。

原载于《新闻报》1938 年 9 月 30 日

1946 年

红十字总会首次理事会

【中央社上海十九日电】中国红十字总会十九日晨九时假新运俱乐部召开第一次理事会，出席蒋梦麟、杜月笙、王云五等十五人，蒋梦麟主席致开会词，希望今后注意平时工作之发展，着重社会福利，为平民服务。

原载于《武进新闻》1946 年 5 月 20 日

本邑红十字分会下月初先行成立

查秉初等负责筹备一切

邑绅蒋尉仙、程俊观、刘靖基等，为发扬红十字会博爱人群、服务社会之精神，倡组红十字会武进县分会，由查秉初、李复稔等积极筹备。曾由李行甫、胡桐、吴逸樵君等赴总会晤副秘书长汤蠡舟、第一处长江晦鸣、科长王从炎，承谈红十字会是世界中立的团体，它在战时配合国家的政策，发扬了中立性的精神，坚强的维护人道主义。抗战八年来，中国红十字会的救护工作已从慈善家的功利心进而为保障人类文明的责任心，战时的中心工作是偏重救护，复员后必须突破救护的藩篱而进行广泛的社会服务，至于分会的组织是要卸除陈旧的慈善外衣，而换一个从事现代社会活动的新装云。

兹悉本邑分会已奉总分字第四五二号指令，准予先行成立，会员证章俟复员船只到京再行补发。并闻本邑分会拟于下月初旬先行成立，一俟早科坊二十五号会址迁入后再行召开成立大会，展开工作。在筹备期间，先由筹备员查秉初等前往早科坊二十五号先行布置云。

原载于《武进新闻》1946 年 5 月 29 日

红十字常分会派员赴沪领取防疫苗

决定拨一部分分发四乡注射

中国红十字会本邑分会鉴于日来本邑虎疫猖獗，特函请总会转向上海市卫生处请拨大批防疫药苗来常分配注射，闻已承总会允予配发，分会方面并已推派吴逸樵赴申领取矣。

（又讯）防疫委会昨特函中国红十字会常分会请向申总会交涉配发大批疫苗，以供本邑推展防疫工作之用。据红会方面负责人称，总会允于配发本邑之疫苗为数当在百打以上，除一部交由防疫委会分发注射外，四乡亦分发注射，并拟向监犯实施注射，藉免疫疠蔓延云。

原载于《武进新闻》1946 年 7 月 9 日

本县防疫委会决定组织巡回注射队

邑红分会已领到疫苗一万西西

中国红十字会常州分会鉴于本邑虎疫猖獗，特于前日选派人员赴申请总会向上海市卫生局交涉配发防疫苗等情，已志本报。兹悉常分会日昨已奉拨到疫苗一万西西，惟此项疫苗，系一百西西与二百西西之散装者，注射完毕后，仍可以空瓶向沪重行申请续拨，闻红分会已与县防疫委会盛景馥君商洽分配注射办法。

（又讯）县防疫委会主任盛景馥以红分会昨奉拨到霍乱防疫药苗一万西西，对是项疫苗之分配注射，拟先从城区着手，下一批继续领到后，再行分配至四乡。至本邑城区注射方式，据盛主委语称，为迅速分发注射起见，拟即组织巡回注射队，从四城门强迫注射入手，并定今日与医师公会、新医学会、各医院洽商办理云。

原载于《武进新闻》1946 年 7 月 14 日

防疫会昨开会决定普遍展开防疫工作

委托公医院及各医师免费注射

县防疫委会昨开座谈会，商讨中国红十字会常分会拨发本县霍乱疫苗一万西西之分配注射事宜，出席医师公会、新医学会、武进医院、公立医院各代表，主席盛书记长。座谈开始，主席报告拟筹组巡回防疫注射队，分赴四城门注射，以切实收得防疫效果等语。当由各出席人员交换意见，佥以医师诊务忙碌，各医院护士亦无暇外出，并表示防疫委会如需组织注射队，则必需筹一相当款项。盛书记长当以防疫委会为地方慈善事业，动辄筹款，无异加重人民负担，当即决定暂缓组织注射队，将疫苗分发医师公会、新医学会各二千五百西西，公医院一千五百西西，即日开始义务免费为民众注射，并望全邑民众迳向公医院及各医师诊所请求注射，至尚余之三千五百西西，则分发各区公所，聘请当地医师免费注射云。

原载于《武进新闻》1946 年 7 月 16 日

红十字会开办诊疗所

前横施诊所成立开诊

中国红十字会本邑分会成立伊始，向未开始征募运动，关于开办诊疗所等，需款甚巨，闻由该会名誉会长蒋蔚仙、会长程俊观、理事刘靖基等在沪先行筹集基金六百万元汇常外，余由该会副会长查秉初、李行甫，常务理事薛迪功、胡桐等筹措云。

又该会前据前横镇地方人士尚志铨等要求在该镇筹设红十字会夏令施诊所，该会鉴于虎疫猖獗，乡间医药缺乏，尤以农村经济枯竭，贫病无力就医，业经呈奉总会核准，并拨发药品。该所于前日成立，正式开诊。

原载于《武进新闻》1946 年 7 月 20 日

红十字会展开乡区诊疗工作

本邑红十字分会近已由南京总会从芜湖拨到大批药品，本拟在城区设所诊疗，奈因城区房屋难觅，故决先行广设乡镇施诊所。除已成立前横镇施诊所外，本邑乡镇之有施诊所设备者，如浦前镇施诊所、第九区公所施诊所、第三区施诊所等，即速派员到城区该分会接洽领取药品，俾可救济望治之乡民，并将前向该分会领回之防疫苗空瓶带城缴还，以便该分会可持瓶再行赴申向上海市卫生局请领防疫苗，携回分发各镇施打云。

原载于《武进新闻》1946 年 8 月 6 日

武进分会诊疗所开诊通告

一、地点：暂借新西门外唐孝子图书馆内。二、时间：自八月十八日起，每日上午八时至十一时，下午二时至五时。三、科别：内科、外科、产妇科、儿科、检验（产科需先行挂号检查）。四、药费一律免收。五、号金：上午初诊二百元，复诊一百元。下午初诊五百元，复诊三百元。六、凡本会会员可凭会员证优先挂号，提前诊视。七、除产科外概不出诊。八、星期日停诊。

原载于《中山日报》1946年8月某日

武进县分会通告

查本会诊疗所原设西门外唐孝子图书馆，兹以该处房屋不敷应用，于本月八日迁至城内西横街十八号应诊。再本会提倡民众教育及联络会员间之情感起见，在早科坊二十五号本会办公处附设书报阅览室，定本月九日开幕，合并通告。

原载于《武进新闻》1946年9月9日

本县红十字分会昨招待各报记者

一本服务社会、博爱人群为主旨
发扬人人爱我、我爱人人的精神

本县红十字分会昨日下午三时在公园水西馆招待各报记者，出席者该会会长程俊观，副会长查秉初、李行甫，理事胡桐、吴逸樵。来宾吴老一、居易及各报记者二十余人。主席程俊观报告，略谓：本会遵奉总会颁发之《中华民国红十字会复员期间组织办法》，在本年四月开始筹备，迄今五月，一切稍有头绪，如会所之确定、诊疗所之设立等等先后完成。照总会指示，各县分会应先举行征募运动，建立健全之经济基础后，逐渐开展业务，但本会为适应地方环境计，在未行征募前，先行展开业务，使红十字会之博爱精神显现在每个人的脑子里，使每个人都能明了“人人爱我，我爱人人”的伟大精神，不过这种工作，单凭本会的力量来做，犹嫌迟缓，还望各位新闻界同志，能尽量宣传，予本会以最大的协助，以冀达成上项目的。继由副会长李行甫报告该会工作概况，诊疗所开始迄今计诊病人数九百九十四人，发给湖塘桥、奔牛、厚余、寨桥等夏令施诊所、各中小学生及各报社之药品、奎宁九千四百粒、消炎片一千七百粒、碘酒纱布DDT等，最后报告该会最近向善救总署苏宁分署接洽设立营养站，以便给发营养不良之会员。次由查副会长报告征募运动与发展业务之关系。后由吴逸樵理事讲红十字会之简史及组织，红十字会之意义，略谓：当一八五九年瑞士人杜特南目击意奥战争的战场上，呻吟哀号的惨状，他便动员当地民众共起救护，把伤者安抚，死者埋葬。渐渐周游各国，他的救死扶伤的主张，后来得着各国政府的赞同，成立了国际红十字会的组织。至于红十字会是什么组织，是一个国际性的、半官性的、人民志愿服务团体，因为中国人民的毛病，“贫”“病”“愚”“私”，红十字会应该想法“贫”如何救济，“病”如何医护，“愚”如何启发，“私”如何感化，这便是所谓“服务社会，博爱人群”，这也就是本会的主旨、服务的目标。最后由各报记者及来宾发表意见，并详细研讨今后各种业务之如何开展，情况十分热烈。至五时始尽兴散会云。

原载于《武进新闻》1946年9月19日

红十字分会下月举行扩大征募运动

李司令长官为征募队总队长

本县红十字会昨日上午九时在县商会会议所召开第一届理事会，出席者马元放、刘国钧、顾峤若（李行甫代）、蒋文渊、周季平、李复稔、薛迪功（郭耀宗代）、程俊观、查秉初、李行甫、胡桐、吴逸樵。主席程俊观，记录陈绍文。行礼如仪。

（甲）主席报告本会组织的意义及扩大征募运动与会员福利的关系。吴理事逸樵报告谓：筹组本会的动机为要用红十字会的力量，替地方做一点有益于大众的事业。

（乙）讨论：（一）奉总会令，以本年十月一日至十日为第五届红十字周，各地分会应同时举行以扩大征募运动，请公决案。（议决）定十月一日至卅一日举行扩大征募运动。

（二）举行扩大征募运动应组织征募队并聘请地方最高长官为征募总队队长、副队长请公决案。（议决）一致通过，敦请第一绥靖区李司令官默庵为总队长，孙县长丹忱、盛书记长景馥、尹团长祖烈为副总队长。

（三）本会为谋会务之发展，拟聘请社会名流专家若干人，为本会会务顾问，请公决议。（议决）交常务理事会会商聘请之。

（四）查本会组织规程第十条，分会得视所办事业之性质，设立各种委员会，办理各部分之业务，本会应视实际需要设立若干委员会以谋发展，请公决案。（议决）先设立 1. 财务委员会；2. 救济委员会；3. 会员健康顾问委员会；4. 会员法律顾问委员会。

（五）本会所设各种委员会，应决定委员人数，推定委员以专责，请公决案。（议决）交常务理事会会商聘请之。

（六）理事会召开日期应否规定，请公决案。（议决）每三个月举行一次，必须要时，由会长随时召集之。

（七）征募办法请商讨案。（议决）修正通过。

临时动议：本会所需医药材料多数由总会供应，使本会医疗工作得以顺利推进，拟以全体理事名义向总会申谢协助之忱案。（议决）通过代电申谢。

至十二时会议完毕，散会，并摄影以留纪念云。

原载于《武进新闻》1946 年 9 月 20 日

红十字会房屋不得强迫占用

县政府昨准中华民国红十字会武进分会会长程俊观函："早科坊 25 号该会房屋及西横街 18 号诊疗所与天王堂弄 25 号医师职员宿舍三起房屋，时有不法之徒，假借名义，强迫占用，妨碍工作，请予制止等由，准此。"查以上房屋，均由该会租赁使用，藉以开展业务，便利人民，自应予以保障，昨特准予布告阖邑民众周知，希各仰体斯旨，对于该会使用房屋，非依法不得强行占据，致于未便云云。

又讯：该会定于十月一日起展开征募运动，普遍征募会员，筹集基金，曾提经该会理监事会议通过，敦请孙县长担任征募队副总队长以资领导等消息。曾载邑报，兹悉孙县长准函，以事关善举，自当尽力帮助，惟以职务繁重，对于副总队长一职，势难兼顾，昨特函覆该会另行物色人选，以资进行云云。

原载于《武进新闻》1946 年 9 月 26 日

本邑红十字分会昨开第一次常会

中华民国红十字会武进县分会第一次常务理事会，于昨午三时在该会办公室召开，出席者有薛迪功、查秉初、胡桐、李行甫，列席吴逸樵。由查秉初主席，杨迪群记录报告事项（略）。

讨论事项：

一、第一届理事会交议聘请会员健康顾问委员会、会员法律顾问委员会、救济委员会委员及主任委员案决议：

（一）聘请陈舜名、谢知闲、丁克曾、李士模、谈鹏年、杨堃、贝德、段荫琦、宗浩、于开明、潘祖荫医师等为委员，并请陈舜名医师为主任委员；（二）聘请顾镜明、庄曾笏、汪绍先、章衡、陈绍希、陈择、章涛大律师等为委员，并请顾镜明大律师为主任委员；（三）聘请周季平、蒋伯明、蒋文渊、沈祖培、吴莩伟、张焕文、吴逸樵先生等为委员，并请周季平先生为主任委员。

二、本会财务委员会、委员及主任委员应推定案。决议推薛迪功、刘国钧、刘靖基、程俊观、查秉初、李行甫理事等为委员，并推胡理事桐为主任委员。

三、第五届红十字周应如何扩大宣传案。决议函请中山日报社、武进新闻晨报社、快报社辟栏刊载宣传文字。

四、举行第五届红十字周扩大宣传，期间拟请中小学于十月份举行第一次纪念周时讲述红十字会意义。决议由本会供给红十字会宣传材料，函请各校讲述。

五、聘请各界名流为本会顾问案。决议聘请是旭人、盛景馥、尹祖烈、郭耀宗、金国屏、王超一、李渺世、过志勇等二十余人为顾问。聘请征募队队长案。决议，除全体理事顾问及各委员均聘为征募队队长外，并聘请各机关首长、各区镇保甲长、各界领袖、各业先进、各校校长，以地方热心人士担任，共策进行云云。

原载于《武进新闻》1946 年 9 月 29 日

武进县分会举行第五届红十字周扩大征募宣言

中华民国红十字会诞生于1904年，经瑞士国际红十字委员会立案缔约，并加盟红十字会国际联合会为会员，在抗战期间，隶属于军事委员会。复员后，改隶行政院，为一国际性与半官性之民众组织，已有四十二年之历史。秉“服务社会”“博爱人群”之旨，抗战八年中，既已贡献其伟大力量，救护前后方军民，达一千七百余万人。工作之表现，彰彰在人耳目。复员以还，益加奋进，扩大业务范围，展开广泛之社会服务，以唤起民众，团结互助，减免灾害，造福人群为己任。藉新生之力，迈步猛进。起人于“疾病”“冻馁”“愚昧”“困恼”之中，凡与人之生活攸关者，将尽红十字会之力，导人于至善至美之境。因此，总会计划于年内组织模范分会四十处，以求实现其崇高无比之理想。

本分会于复员后，奉令组织，备承各界领袖、各业先进之热烈赞助，成立以来，深感今日红十字会所负使命之重大，特致力于会员及一般民众福利事业之创办，曾就力之所及，先后举办城区诊疗所一处，乡区夏令施诊所五处，民众书报阅览室一处，以及协助地方防疫注射等工作，最近且将设立营养站二处，举办急病医药贷金等，凡此莫不为会员及一般民众谋幸福而努力，兹更组织财务委员会、经济委员会、会员健康顾问委员会、会员法律顾问委员会等，进一步为会员广泛服务。然红十字会“服务”与“博爱”之范围，宁有止境？仅就上述诸种工作，本会犹认为不足以表现红十字会积极之精神，亦不足以副社会人士之殷切期望，故对于“儿童”“青年”“妇女”“平民”等之种种福利事业，均有积极计划、次第举办之必要。

惟是一切计划之实施，端赖于人力物力之充实。而人力物力之充实，则有赖于征募之成就。而征募之成就，更有赖于各界贤明人士之热情与爱助。兹者十月一日至十日，欣逢第五届红十字周，总分会于全国各地同时热烈举行扩大宣传，扩大征募。本会于九月十九日，经第一届理事会决议，定于十月一日起至三十一日止，展开征募运动，组织征募队。敦聘蒋梦麟、杜月笙、刘鸿生先生等为名誉正副总队长，李默庵、孙丹忱、盛景馥、尹祖烈先生等为正副总队长，普遍征求会员，筹募基金，集合大众之力量，缔造大众幸福。

本会努力之目标乃为人群谋幸福而奋斗。深望阖邑同胞，因本届之征募运动而予红十字会以深刻之认识，为发扬人类互爱之精神，立即参加中国红十字会为会员，踊跃捐输，并为红十字会宣扬与介绍亲友入会，在诸君则既可藉团体合作之力量达成个人救世之宏愿，而本会则对于福利人群之一切计划，亦将赖以一一实施，完成建设新武进计划中辉煌灿烂事业之一。岂特本会之幸，实为吾武进阖邑同胞之福也。谨此宣言。

原载于《武进新闻》1946 年 10 月 1 日

吴逸樵今日广播红十字周意义

中国红十字会县分会举行第五届红十字周，由该会吴总干事在武进县党部广播电台广播红十字周之意义，请斌和票社全体社员播送平剧，节目非常精彩。时间今日下午四时至六时。

原载于《武进新闻》1946 年 10 月 1 日

邑红会今日起扩大征募会员

十一日首次揭晓征募成绩

邑红十字会举行第五届红十字周扩大征募运动，十月一日至五日为宣传日，六日起即扩大征募会员。定于十一日作第一次揭晓征募成绩。闻自动前往该会志愿入会者甚为踊跃，所聘各征募队队长颇具热心。继续向该会索取捐款清单及入会志愿书者，亦大有人在，将来征募成绩定卜乐观。

原载于《中山日报》《武进新闻》1946 年 10 月 6 日

邑红十字分会会员入会办法

本邑红十字分会，自开始扩大征募以来，虽仅数日，参加入会者，踊跃非常。红十字会会员，计分青年、普通、特别、名誉、团体五种，凡由各征募队长介绍入会之会员，除普通及青年会员证由各征募队长随时填发外，所有名誉、特别等会员证书，均需转呈总会核发。兹悉邑分会为便利名誉、特别等会员入会起见，已奉准总会领到名誉及特别会员证书，今后凡加入为名誉或特别等会员者，可向各征募队长或迳向该分会填发会员证书，至会员证章（普通与青年会员无证章），则仍须于入会后由该分会呈报总会颁发，以资佩用。再各征募队长如须添加志愿书者，可函该会，即可照送云。

原载于《中山日报》《武进新闻》1946年10月8日

红十字会诊疗所星期照常应诊

产科开始服务

红十字邑分会自扩大征求会员以来，参加入会者日见众多，因此诊疗所业务亦更形忙碌，该会为便利会员诊病起见，除免费诊病外，并自十月份起，虽星期日上午亦照常应诊。现产科已开始接产，医师等统由总会选聘，学识经验均极丰富。该会一本为会员服务之宗旨，对于接产之一切医药等费，仅取五千元，洵为产妇之福音。闻会员健康检查及医药咨询等一切工作将于近期开展，待条件允许即行办理。

原载于《中山日报》1946年10月10日

邑红十字会将配发奶粉

县红十字会鉴于一般民众，尤其是儿童营养之缺乏，影响民族健康甚巨。为增进幼弱者之健康起见，前与善救苏宁分署接洽，设立营养站二处，经数度接洽，兹悉该署首批配发奶粉若干桶及汤粉数箱，均为儿童之特别营养。县红会昨已派员赴镇江提运，并再洽领鱼肝油等，闻一俟运常后，将由会员之家属优先登记，以便检查核发云。

原载于《武进新闻》1946年10月12日

中华民国红十字会总会
第一救护队抗战殉难烈士纪念碑碑文

日寇嚣张，卢桥难作，“八一三”沪战继起。军民一致，敌忾日仇，全面抗战军兴。烽烟弥漫万里，八年浴血，丑类卒告降伏。而本会于抗战之役，始终活跃枪林弹雨之中，贡献最丰，牺牲亦重，尤以本会第一救护队苏副队长克己，队员谢惠贤、刘中武、陈秀芳，临难不苟，慷慨殉职，情形最为惨烈。既充分发挥本会服务国家社会之精神，更足为抗战史中可歌可泣者。苏克己医师，江苏武进人，南洋医大毕业，任本会罗店医院院长。“八一三”沪战爆发，为本会第一救护队副队长。八月二十三日，罗店队部遭敌空袭，屋宇尽毁，全队方议西撤，适我空军斗士苑君对敌空战，机毁人伤，降于近郊。苏副队长闻讯，急率队员驰往救归。讵手术未终，寇兵遽至，苑君蒙苏君等掩护，匿猪圈中得不死，而苏君及队员等，因是被俘矣。据目击者言，苏氏被俘后，大节不屈，意气凛然，曾以药囊击群寇。敌大忿，立枪杀之，并支解其体为六段，血肉狼藉，惨不忍睹。队员谢惠贤、刘中武亦以不屈遭枪杀，陈秀芳伤腹部，旋亦死。时中华民国二十六年八月二十三日也。

蒋主席夫人宋美龄女士曾于中央广播电台以《日军残杀红十字会苏克己医师》为题作英语播讲，昭告世界。其死难之悲壮，敌寇之残酷，引起国际之感奋，自不待言。以上壮烈事迹，已由本会报请国史馆、国际红十字会分别载入史籍。爰特镌刻留念，以彰忠贞云尔。

诔曰：

炎炎华夏，浩浩烟尘。八年抗战，泣鬼惊神。
壮哉诸子，罔顾艰辛。枪林弹雨，重义轻身。
恤伤遇难，慷慨成仁。沸腾热血，惨烈绝伦。
以寒敌胆，以式国人。河山不改，姓字常新。

会长　蒋梦麟　杜月笙　刘鸿生

郭兰馨　书

【编者按：碑文作于1946年，纪念碑在上海罗店中学内。】

红十字会建塔纪念殉难队员

八一三抗战时，中国红十字会第一救护队副队长苏克己医师，队员刘中武，女护士谢惠宝、陈秀芳小姐，同时被敌惨杀。胜利后，红十字会特在罗店壮烈牺牲原址建立纪念塔，今日下午三时行揭幕礼。参加者可于下午一时前，至新闸路红十字会办事处集合。

原载于《申报》1946年10月12日

红十字会殉难烈士纪念碑昨隆重揭幕

中国红十字会第一救护队副队长苏克己，队员谢惠贤、刘中武、陈秀芳，于廿六年八一三淞沪之役，杀身成仁，该会为永志纪念起见，特于殉难原址，树碑纪念，业于昨日下午五时正式举行揭碑典礼。参加者计有市卫生局代表谢应瑞，医师公会代表陈荣璋及南洋医大毕业同学会代表俞卓初、何天禄等。宝山公园暨罗店工商学各团体，昨日下午三时，特在区公所举行追悼会，四壁悬挂挽联，琳琅满目。空军司令部为敬仰苏烈士舍生救护空军战伤人员，昨特派伞兵一班，到场致敬。并由军警学生及各团体，鼓乐前导，列队赴纪念碑，由主席团将覆于碑顶之红十字旗揭开，仪式庄严肃穆，礼毕已暮色苍茫。

原载于《申报》1946年10月13日

联合国善救总署罗声博士访问红会

协助建设红十字医院

本邑红十字会在西门外建筑房屋六间，即将竣工，该会拟在屋后空基再建两层楼房十二间设立医院。昨天联合国善救总署罗声博士（美籍）莅红会访问，由该会蒋理事文渊、吴总干事逸樵陪同至诊疗所及西门外视察建筑情形。当由罗博士摄取影片，携回总署报告。午间由该会李副会长行甫设馔欢宴，并邀陈理事舜名等作陪，详商设立医院计划，请求拨助。允于返署后竭力协助进行，俾使红十字医院早日成立。

原载于《武进新闻》1946年10月17日

红会救济委员会议决定设立营养站四处

供应对象为儿童与孕妇

本邑红十字会副会长李行甫、总干事吴逸樵、理事蒋文渊，日前赴镇向苏宁分署接洽营养站事宜，已志本报。兹悉李行甫等已公毕返常，接洽十分圆满。并于昨日上午十时，在该会召开救济委员会，讨论与善后救济总署苏宁分署合办设立营养站详细办法，出席委员周佳怀、蒋裕森、蒋文渊、张焕文、蒋伯明、沈祖培、吴逸樵、李行甫等，主任委员周季平因病请蒋委员文渊代理。主席报告赴镇向苏宁分署接洽经过。一、每日供应五百人至一千人；二、至少供应六个月；三、供应对象以十二岁以下之儿童为主，孕妇亦可享受。吴总干事报告谓：医防工作重于医疗工作，因为在未发生疾病前注意营养卫生，可使儿童能有坚强之体格，以抵抗外来疾病之侵入。讨论事项：一、为普遍救济营养起见，营养站设立地点应如何分配案。议决：先设营养站四处，一贫儿院、二诊疗所、三恺乐堂、四西门外本会新建房屋内。其他视登记人数，再行决定；二、营养对象应否决定案。议决：一十二岁以下儿童，二孕妇；三、每日供应人数应否规定案。议决：每日暂定五百人，各站视登记人数再行分配；四、营养站饮具是否由本会供给案。议决：为便利计，暂由各人自己携带（碗或杯子）；五、登记日期应否规定案。议决：即日开始，十月底截止。

原载于《武进新闻》1946年10月27日

红会聘定医生组织健康顾问会

前日举行首次委员会议

邑红十字会为增进会员健康起见，特聘本邑各西医组织会员健康顾问委员会专为会员服务。于廿七日下午五时，在该会召集各委员举行第一次会议，出席委员杨堃、贝德（杨堃代）、李士模、丁克曾、陈舜名、谢知闲，该会李副会长行甫、吴总干事逸樵等，由陈主任委员舜名主席。讨论事项：一、会员健康检查应如何着手办理案。议决：由分会先行登记，再行规定日期，分批举行检查；二、会员种痘应如何办理案。议决：由分会诊疗所负责办理；三、如何办理会员医治疾病案。议决：由会员向分会申请后，介绍各委员负责诊治，得予优待；四、急病贷金如何着手办理案。议决：由分会拟订办法后，向武进医院及公医院接洽，再行公布。

原载于《武进新闻》1946年10月29日

邑红十字分会展开乡区征求会员运动

城区入会者颇为踊跃

邑红十字会扩大征求会员以来，参加入会者颇为踊跃，自上月六日开始至本月五日止，自动前往该会入会者，计有团体会员12个、名誉会员105人、特别会员517人、普通会员1503人、青年会员3087人，前经聘请热心社会事业人士担任征募队队长，分头征募，不遗余力，络续报到会员人数已有三千人。为求统计城区征募实际情形，除向各队长征集成绩外，并闻自本月六日起，展开乡区征求会员运动，以期普遍。闻该会业已派员赴京请领会员证章，闻凡已加入该会之名誉会员及特别会员者，约于十日左右证章可以发出云。

原载于《中山日报》《武进新闻》1946年11月6日

新血输的成长

武进分会吴总干事晤谈记

秋阳炫耀在窗外，办公室内的空气，从静寂中泛起了欢悦的声浪，我们搁下案头成堆的公文，以一种极亲热的情绪，静听吴逸樵君叙述武进分会成长的情形。因为从这里我们可以寻取工作计划的底案，而武进分会在我们的意象中又是一个极其新生的分子。

复员以后，本会的工作计划，是从外形的刷新推进到内质的健全与充实。到今天，时间快一年，在已复原和成立的一百零九个分会中，外形刷新的分会已占有三分之一，而内部工作能够称充实的为数寥寥。武进分会的成长，是足堪惊人的，在一无先天基础的情况下，以半年的时间奠起金字塔似的初基，放射出事业的光辉，能说她的成绩不算优异吧？

“人存政举”，不可否认的，武进分会理事们对于社会事业有着深厚的信心和热诚，是推进工作有力的因子。吴君是以理事的身份兼任总干事，因为他过去曾在本会救护总队部服务过一些时期，所以他对红十字会事业特具热忱。他说：“红十字会的事业范围，好比一块没有边缘没有篱范的园地，任你栽下多少工作，它是不会有足够的一天，因为社会是在不停的进化，而人类生活上的需要也是随着无止足的，红十字是在有一分力量即办一分事业的原则下，应着人类的需要不断的前进。”

本来金钱是一切事业之母。在总会的计划，是希望各分会先建立经济基础，逐渐开展业务，但在一般人对红十字会的性质与任务未明瞭以前，必须先播种一些“爱人”的种子，以具体工作表现服务的真诚，使人人信仰红十字会的“博爱”精神，愿为红十字会贡献出人力和物力。

“武进分会为了红十字会的工作是自始至终都以爱人助人为目的，在人家未享受到本会的泽慧以前，是不便要求人们捐输，所以一开始就设立一所诊疗所，为平民服务。”吴总干事说：“这所诊所至九月中旬为止已诊治病人九百九十四人，发出奎宁九千四百粒，消炎片一千七百粒，此外并制备碘酒、纱布、DDT杀虫剂分送各社团机关及一般人民使用，接着又举办营养站，由于本会分配合理，工作甚有成效。这些工作推行至今，已深入人心，这在最近征募会员得着热烈响应的情形上，已得着充分的反映。”

接着吴总干事说到征募运动情形：“武进分会奉到总会电令以本年十月一日至十日为第五届红十字周，全国分会一致举行，并扩大征募运动。乃遵章举行，经理事会议决组织征募总队，自十月一日起开始征募，预定征求会员三万人，募收会费一亿元，看征募以来的情形，这个目标并非只是理想，确可以达成希望，因为不但各界有力人士热心倡导，各征募队长亦极努力。在这里我告诉各位两个趣事：

有一次一位征募队长去邻近的人家征募，被征募的人已拿出一千元预备一个普通会员，适巧来了另一位征募队长，先来的队长说，‘这里是我的征募范围，他已在我这里入了一个普通会员。’后来的队长说，‘他是我的亲戚，我要他加入一个特别会员。’结果这户人家很高兴的加入了两个会员。

又有一次，一位队长为了加强征募的力量，他不惜唇焦舌敝的到处向人宣扬加入红十字会的益处。当他说了一大篇而要一位朋友入会的时候，这位朋友说，‘对不起，谢谢你的好言，只可惜我也是一位队长。’那位大肆宣传的队长说，‘你既也是队长，为何默默无言，不管三七二十一，队长更要入会，你非要在我这里入一个会员不可。’这位朋友回答说。‘我之默默无言，是看你宣传得如何，对红十字会的征募意义是否有真的认识，入你一个会员不要紧，这是交换条件，你也要入我一个会员的。’结果彼此都笑笑的默认了。由于这两幕滑稽的演出，我们得到了一个信念，就是各位队长的征募和入会的会员都是心欢意悦的愿意协助红十字会的事业开展。”

吴君说到这里，他的有红光的脸上，更充满了兴奋而略带一点骄矜的表情。继而他又满具自信的说：“我们这次征求会员以三万为目标，数目虽然不大，但我们必可把握住这三万会员，使每一个会员都明瞭红十字会的工作意义，随时可为红十字会的事业出钱出力，而不带一点勉强性。”这是吴君一个新的认识，也是我们全体红十字工作同人所应具有的意念。

歇了一会，我又继续问到武进分会今后事业的计划，吴君先给我一张武进分会举行第五届红十字周扩大征募宣言：

“……本分会于复员后，奉令组织，备承各界领袖、各业先进之热烈赞助，成立以来，深感今日红十字会所负使命之重大，特致力于会员及一般民众福利事业之创办，曾就力之所及，先后举办城区诊疗所一处，乡区夏令施诊所五处，民众书报阅览室一处，以及协助地方防疫注射等工作，最近且将设立营养站二处，举办急病医药贷金等，凡此莫不为会员及一般民众谋幸福而努力，兹更组织财务委员会、经济委员会、会员健康顾问委员会、会员法律顾问委员会等，进一步为会员广泛服务。然红十字会‘服务’与‘博爱’之范围，宁有止境？仅就上述诸种工作，本会犹认为不足以表现红十字会积极之精神，亦不足以副社会人士之殷切期望，故对于‘儿童’‘青年’‘妇女’‘平民’等之种种福利事业，均有积极计划，次第举办之必要。……”

读过这篇宣言之后，吴君又将设立四个委员会的意义，详以补述。“本会因为复员后才开始组织，毫无基础，而红十字会事业又系以救人助人为基点，所以开始举办各种事业，不愿向外界征募，全由本会各理事私人设法垫付，到现在为止，约已用去三四千万元。这次征募以收入会费一亿元为目标，除还去以前所用之借款外，拟将剩余的存为本会的基金，但这项基金如何使之日益生多，以便计划举办更广更大的事业，这就是本会组织财务委员会和经济委员会的原意。再者，本会为吸收广众的会员，应该要为会员及一般民众谋得幸福及生活上的便利，现在社会中下层中所最感需要的而又为政府所不易普遍解决者，莫过于卫生和法律问题，本会为此，乃组织会员健康顾问和法律顾问两委员会。后者本会聘请本县各有名律师充当顾问，凡本会会员如因财产、婚姻、身体以及生活上所发生的法律问题都可通过本会代请律师为之解答或协助解决，现在这项工作已引起一般人的兴趣和注意。关于会员健康，在本会所揭的工作目标上就已列为重要的一项。而保健尤比诊疗为积极，在目前中国的中下层社会中一般人民对健康卫生的知识甚低，有时需要得些卫生常识，又苦着无处可求解答，本会成立会员健康顾问委员会，是要在实际的诊疗（诊疗所）和保健（营养站）之外，还给会员们以理论上和知识上的保健与营养，这个委员会是由本会聘请本县所有医师共同组织。为适应需要，系以西医为主，中医为辅，这项纯为义务性的工作，许多医师不但乐意接受，反引为光荣。”

“在上面所述诸项工作之外，本会又筹办会员医药贷金，此一工作的意义，在使贫穷的会员，很实际的享受到医药的救济，以资生活匮乏的人们不因疾病而丧失健康甚至生命。至于贷金的办法是毫无条件的，只要这个会员真的生病，本身无力量住医院医治者，都可向本会请贷，俟其病愈健康复员再筹措归还，如果力量不够，可以分数次还给。”当吴君说到这里，我很幼稚的问他：“像这样无条件无限制的贷金，不怕会员撒赖不还吧?”吴君的答复是非常天真而且富有宗教家的意味：“凡是加入红十字会为一个会员，他的纯良的德性，已经为红十字会的崇高精神所感发。你相信一个虔诚的耶稣教徒会在上帝面前做出欺骗良心的事吧？所以一个红十字会会员决不会有如你说的悖理的行为。”听过他的话，我的眼前似乎幻现出一个融合文明的世界!

夕阳斜入西窗，紫金山头飘起了暮色，为了赶办另一件事，吴君带住了话头，怀着兴奋未尽的心情，别了我们跑下三楼。我也继续清理着未完的工作。

夕阳闪烁，射出美丽的霞光，盱冲远景，我憧憬到无数个旋绕着红十字的血输，这是标榜人类幸福的新彩球，这是引导红十字会事业前进

的象征。（朱子会）

原载于《红十字月刊》1946年11月总第11期，第28—29页

营养站第二站今起供应乳饮

本邑红十字会与善后救济总署苏宁分署合办之营养站，除第三站计儿童650人，第四站儿童450人，业经于本月四日起开始供应饮乳外，现第二站登记儿童已审查完毕，计合格饮乳人数300余人，已发给饮乳证，于今晨上午八时开始按日连续供应。第二站站址设在西门怀德桥下塘沿公路该会新建房屋内，尚有余额，亦正在审查中，凡该站附近之贫苦儿、缺乏营养者，尚可向早科坊红十字会申请登记云。

原载于《武进新闻》1946年11月26日

营养站参观记

夜生活过惯了，早上就难得早起，然而经不住红十字会常州分会总干事吴逸樵先生再三的邀约，终于在昨晨（七日）六时就起身，往怀德桥武溧路头上去参观红会与行总善救总署苏宁分署合办的第二营养站。

该站房屋系最近盖成，闻原拟作红会诊疗所之用，因药品未到齐，暂充第二营养站，现每日清晨有附近经申请检查合格之孩童414人前来吃牛奶。该站现由朱彩芝小姐及程友孝先生二人负责管理。

每日八时前，二位负责人即到站督促工友调奶烹煮，并亲施消毒手续。八时整，领有饮奶证之孩子即陆续前来凭证饮奶。二位负责人在孩子们间照顾着，分配着，满面笑容，和蔼可亲，其对孩子们的耐心与慈爱，不在一位慈母对她的亲生孩子之下。

孩子们饮完领得之半磅牛奶后，集至门外洗碗处洗自己的饮器，然后上学或回家。

记者往访时，正值发奶开始，一百多孩子们正围在二条长桌旁吃奶。朱、程二位负责人，穿梭在孩子群中分发着。后来的孩子都在旁边等待。朱小姐一边发奶，一面注意着孩子们的面貌和指甲是否清洁，若

不清洁即善言劝其于回家后洗净。

据程先生告记者，现在全城共有营养站五个，凡十二岁以下的孩子，身体贫弱、营养不良、家庭寒苦者，都可前往西横街该会诊疗所检查身体。若合格即可领取奶证，每日至距离其家最近之营养站领饮，手续非常简便。领饮每满一月，举行体格检查及清洁等考试，成绩优良者，前五名均有奖品。

朱小姐又强调营养之重要及中国患营养不良儿童之多。又云："苏宁分署及红十字会创办营养站，限于经费不能普遍，还望社会人士齐心合力，同来举办，为新中国第二代造福。"

承程、朱二位招待，赠饮牛奶一杯，滋味非常鲜美。吃完牛奶，辞出。在久违的朝阳光中，深深期望这样的营养站能发扬光大，遍设全邑。（刘英）

原载于《武进新闻》1946 年 12 月 8 日

红会筹设儿童福利站

觅定中庸路八号为站址

本邑红十字会鉴于本县贫苦儿童同为国家未来之主人翁，但以处境贫寒，不能与一般儿童享受社会应有之福利，饥寒失学，情实堪悯。前由行总儿童福利专家罗海伦夫人（美籍）及儿童福利股股长陈久敬女士来常视察该会营养站工作后，甚感满意。允予协助该会设立儿童福利站，为贫苦失学之儿童谋幸福。该会总干事吴逸樵、总务组长杨迪群前应罗夫人之约赴京，并由联总特种救济专家史丽明夫人（美籍）及该总会第三处处长陈慧君女士陪同参观社会部所办之儿童福利站及金陵女大所办之托儿所，颇多借鉴，回常后即计划进行。现择定西门外中庸路八号为儿童福利站站址，并已向行总申请配给活动房屋二幢以资扩充。该站以贫苦失学儿童为对象施以教育并供中膳一餐，洵为贫苦儿童之福音。

又讯：该会将于三十六年元旦举行青年会员新年联欢会，并有摸彩一项，以助余兴。

原载于《武进新闻》1946 年 12 月 19 日

红会青年会员新年联欢

分一二两日举行

本邑红十字会为联络青年会员情感计，定于三十六年元旦，假座恺乐堂举行青年会员新年联欢会一节，已志本报。兹闻该会登记青年会员，截至三十日有千五百余人，如一次举行，会场不敷容纳，决定一月一日、二日，分两次举行。一月一日下午二时招待一号至七百五十号之登记会员（入场券号数）。二日下午二时招待七百五十一号至千五百号之登记会员。并闻该会余兴节目，除茭蒲巷、太平镇、光华、恺乐等小学之青年会员担任外，尚有宜兴名票黄克保女士之平剧清唱，届时定有一番盛况云。

原载于《武进新闻》1946 年 12 月 31 日

1947 年

苏宁分署王主任昨莅常视察儿童福利事业

对红会营养站表示满意

行总苏宁分署专门委员兼赈务组主任王光，于昨日由镇来常，视察本邑儿童福利事业。首往早科坊红十字会，由该会副会长李行甫、总干事吴逸樵招待。王氏对该会办理之儿童营养站状况询问颇详。经李、吴详细答复后甚感满意，当晚下榻中央饭店。本报记者闻讯趋访，承接见谈称，将于今日（五日）往早科坊第一营养站、怀德桥第二营养站、琢初桥第三营养站、恺乐堂第四营养站四处视察，关于营养站缺乏房屋问题，可由苏宁分署以活动房屋拨用云。

原载于《武进新闻》1947 年 1 月 5 日

视察归来谈——江都武进两分会之一瞥（节录）

……二十七日下午，由江都到武进。武进分会吴总干事逸樵接待后，首先引导参观该分会举办之儿童营养站，这是该分会最具规模和最有成绩的一部门工作。自去年十一月四日开始举办儿童营养站以来，在一个月内即连续的成立了五个站，其工作进度之速，诚足惊人，兹将各站情形分述如下：

第一儿童营养站设于该分会内，专作领奶之处，平均每日有一百人前往领奶。

第二儿童营养站设在城门口，该处空地颇多，该站房屋系该分会自行建造，用款一千余万元，目前专作儿童来站饮奶之用，平均每日饮奶人数在五百名以上。因该站房地较宽，该分会现正计划将该站扩充为儿童福利站，由行总拨给活动房屋二幢，准备搭盖在站的后面，闻于搭盖活动房屋经费，原已洽妥，由行总拨给面粉以代工资，现因苏宁分署面粉告缺，无法动工。据吴总干事谈称，据目前物价估计，建筑活动房屋经费及扩充站中设备共需六千万元左右，经常费约需五百万元左右，此笔巨款，分会本身无力担负，拟发动当地人士捐给，最少希望达到半数，其不足部分或转请美国红十字会资助。

至于儿童福利站的工作，拟先办理教育、游乐、营养健康检查及男女职业训练班等工作。对于青年职业训练班计划拟分两部：

1. 男子职业训练班——包括制造藤器、皮鞋（已由行总拨给制皮鞋器具十套）、木器等技术训练。

2. 女子职业训练班——包括缝纫、刺绣、编织等手艺训练。每项训练中均给予识字教育。

第三儿童营养站设于城内，专门供儿童饮奶，平均每日饮奶人数在四百名以上。

第四儿童营养站附设于分会诊疗所内，平均每日前来领奶者三百五十人左右。

第五儿童营养站设于距城四十里之前黄镇，镇中有一千四百余住户，该站系应镇民要求而设，站址系利用祠堂房子加以修葺，修理费二百万元，大部分系镇民自动捐助，少数由分会津贴。现该第五儿童营养站因适应人民需要，已扩充为乡镇服务站，并添设医师一人，每五日来站应诊一次，助产士一人，常期住于站内，专门负责前黄镇住民之助产工作，此外尚设阅览室、理发室及办理公共卫生等工作。

综观武进分会各部门的工作，个人所得的印象与所生的感想，就是觉得该分会不仅本身拓具了现代化的规模，并已将红十字会的性质与任务及工作精神，深深印入当地官商及一般人民的脑海，所以深得当地人士协助，乐于捐输，乐于与红十字会合作，这在本会整个事业的步骤上说，确是一只最前进的号角。仅将此次视察观感书出，以为各地分会之借镜。（陈蕙君）

原载于《红十字月刊》1947 年 3 月总第 15 期，第 26 页

这是一座桥梁

从总会到分会，从分会到总会，从总会到世界各国的红十字会，从世界各国的红十字会到总会，到分会，以至于全世界大大小小的红十字会，如果要互通声气，这是一条交通线上的主要桥梁之一。

红十字会复员以来，还多在筹划新规，试行得失。各地分会为征友，为业务，埋头苦干，譬如武进分会白手起家（总会未予津贴之意），奠定了良好基础，展开乡村服务站等很实际的工作，有位于医师“穿布衣，着草鞋，背药包”，奔走于穷乡僻壤，到贫民区里寻病诊疗。（杨宝煌）

原载于《红十字月刊》1947 年 3 月总第 15 期，第 23 页

“四四”儿童节，红会举行健康比赛，请由总会配发奖品

现在的儿童便是将来国家的主人，因此儿童的健康问题，关系将来国家强弱的基础，本邑红十字会有鉴于此，对于儿童的健康特别关心。爰于四月四日儿童节举行儿童健康比赛，以资提倡，并由总会配发大批玩具作为儿童体格合乎健康标准者之奖品。兹探悉其办法如下：1. 登记日期：自三月十九日起至二十五日止，在早科坊二十五号该会报名。

2. 体格检查：自三月二十六日起至三十一日止，在西横街十八号该会诊疗所，由医师检查体格。3. 评判给奖：由评定名次，于四月四日儿童节在公园水西馆给奖。

原载于《武进新闻》1947 年 3 月 18 日

红会庆祝青年节

举行无锡旅行，每人预缴旅费二万元

本邑红十字会昨奉总会电，本年三月二十九日为第五届世界青年周及第四届青年节，本会为表示庆祝起见，特电该分会于是日发动青年会员举行康乐活动及青年会员座谈会，以资纪念。闻该会奉令后，决定组织红十字会旅行团举行集体旅行，办法如下：1. 旅行目的地为无锡之梅园、鼋头渚等；2. 日期二十九日上午六时，前往火车站集合，搭上午六点十分常沪车赴锡，由本会派员招待，当日下午七时返常；3. 旅费膳食，每人报名时预缴法币二万元（多退少补）；4. 报名自即日起至二十日止，向早科坊二十五号本会报名；5. 凡本会会员欢迎参加；6. 凡参加旅行者除征得领队人同意外，不能个别行动。

原载于《武进新闻》1947 年 3 月 23 日

四四儿童节举行各项康乐活动

儿童健康比赛报名展期

县府教育科以四四儿童节将届，为筹备举办各项康乐活动起见，定今日下午二时召开筹备会议，已函各机关学校派员出席，共商庆祝事宜。

又讯：本年四月四日为国定第十六届儿童节，红十字分会特于是日假座公园水西馆举行儿童健康比赛，备有奖品多种，敦请孙县长授奖。原定于本月十八日起至二十五日止，在早科坊会所报名登记，二十六日起至三十一日止，在诊疗所检查体格，兹悉各界对于该会举办之儿童健康比赛甚感兴趣，报名参加者颇为踊跃，而登记截止以后，请求报名参加者仍多。该会为免向隅起见，特再于本月三十一日至四月一日展期二天继续登记，逾期绝不再展云。

原载于《武进新闻》1947年3月31日

四四儿童节举行庆祝大会

筹备会昨日开会决定

“四四”儿童节筹备会议于昨日下午二时，在教育科会议室举行。出席有关机关及各校代表，主席周若愚。讨论一：“四四”儿童节应如何举行庆祝案。议决：1. 是日上午九时，假中山纪念堂举行庆祝大会，各校中高级各阶段，每班各派代表五人参加；2. 会场布置，由县政府担任；3. 由局小、觅小、菱小、贫儿院、西直街小学五校各派儿童一人为主席团，由局小召集。二、“四四”儿童节儿童活动方式应否予以规定案。议决：1. 儿童广播，每校以演讲及歌咏各一节为原则；2. 向各报社洽商出版儿童特刊，第一组由城二、河南、太平三中心国民学校负责编辑，交《中山报》刊载。第二组由城一、西右、天宁三中心国民学校负责编辑，交《武进新闻》刊载。第三组由贫儿院、光华、恺乐、培熙负责编辑，交《正报》刊载。由城二、城一、光华负责第一、二、三组搜集稿件。三、应否举办婴儿健康比赛案。议决：会同红十字会举办。四、定期布种牛痘以保儿童健康案。议决：由中心国民学校会同镇公所，向公医院或武进医院、新医学会、医师公会洽商办理私立学校。五、儿童节如何向各娱乐场所接洽优待及各商店廉价出售儿童用品案。议决：上午免费招待，下午半价招待。由县商会通知各商号廉价优待。

原载于《武进新闻》1947年4月1日

纪念四四儿童节，今日举行庆祝大会

地点在城二镇中心国民学校，娱乐场所及商店均优待儿童

今日为四四儿童节，本邑教育当局定今日上午九时假城二镇中心国民学校（原名局小）举行庆祝大会，由城一、城二、西右、太平四中心校及贫儿院各派儿童一人为主席团，光华义校童军担任奏乐。每校并派儿童假

县党部、常青两电台广播演讲及歌咏各一节，另在各报出版特刊。至县府教育科会同红十字分会举办之儿童健康比赛，所有参加比赛之儿童约五百余名，体格已由红十字分会于开明医师检查完毕，今日由会聘请各名医师及各机关首长会同复检，评判决定名次。该会定请孙县长给奖。

又讯：本邑各娱乐场所为优待儿童起见，今日上午一律免费招待；下午半价优待，对儿童用品等亦由商会通知各商店廉价出售。

原载于《武进新闻》1947 年 4 月 4 日

儿童健康比赛举行评判会议

给奖典礼在局小举行

县红十字会主办第十六届儿童节健康比赛于昨日下午二时在该会会议室举行评判会议，出席委员孙丹忱（刘轲代）、李复稔、王超一、盛景馥（邹莘耕代）、李天行、陈舜名、丁克曾、谈鹏年、梁树森、李午泉（周若愚代）、庄曾笏、薛迪功、查秉初、李行甫、蒋伯明等二十余人，公推主席李复稔，记录陈绍文。行礼如仪，由该会吴总干事报告筹备经过，略谓："本会秉承总会意旨，推行社会福利事业，对于儿童福利，尤为重视，因儿童为国家的骨干，未来的主人，所以儿童的健康与否，影响国家民族之盛衰，关系匪浅。本会在本年第十六届儿童节举行儿童健康比赛，促进一般人对儿童健康的注意，以达到保健之目的，此次参加比赛者甚为热烈，共计儿童五百五十三人。"

讨论事项：1. 关于儿童健康比赛之评定，应如何规定案。议决：分儿童、婴儿两组，每组分甲乙两等，再由甲乙等中当场评选第一名各一人；2. 已登记儿童经检查而当日未能到会领奖者，应如何办理案。议决，已登记检查而未到会者，一律列入乙等，奖品保留一星期，在保留期内，可来会领取，过期作放弃论。

又讯：该会主办之第十六届儿童节儿童健康比赛，原定在公园水西馆举行给奖典礼，因参加人数甚多，水西馆无座位设备，不易招待，决定今日下午二时改假局前街小学礼堂举行，所有奖品陈列该校课室，预先展览。届时由孙县长主持授奖，该项奖品统由红十字总会配给云。

原载于《武进新闻》1947 年 4 月 4 日

红十字特刊（儿童节专号）

（一）加强我们今后的儿童保健工作

李行甫

儿童福利事业是多方面的，同时也是永远做不完的，但在现阶段由于下列种种原因，我们的儿童保健工作，尤其须要加强它的阵容。

如所周知，我国儿童死亡率之高，在国际间是一向荣膺着首席的。而据去年度上海防痨协会的报告，上海一市经检查所得，儿童之患有肺结核者，占有百分之六十以上，这主要的原因固然是由于平日缺乏营养，抵抗力减弱的缘故。其他繁荣的都市，不健康的儿童，虽无确切的统计，但我们有理由相信，比例的数字也一定不比上海为低，这是多么可怕的一个现象。至于农村方面，情形尤其严重，我们只要涉足其间，许多面黄肌瘦，形销骨立的儿童，就几乎到处可见。

现实太残酷了，我们简直不忍卒言。而研究一下这原因的由来，实由于我们的民众生活条件一向普遍的低落，加上过去八年的对倭抗战，胜利后社会经济又暂时仍不能安定，使得一般民众没有喘息机会，自身生活缺乏保障，所以也顾不到儿女们的医药教养了，这当然会招致一代不如一代的结果，但是环境所迫，他们也实在无法可想。

“幼吾幼以及人之幼”，他们无法可想，我们就可袖手旁观了么?不，我们须要“救救孩子”。

我们红十字会方面，对于儿童保健工作，一向是把它当作中心工作做着的，过去如儿童营养站的设立，各乡区服务站的儿童保健工作，以及计划中的“儿童福利站”，……都足以说明这点，但我们总嫌还做得不够，此后我们还得扩展我们的工作，并且准备克服种种理想中的困难，为着下一代，我们愿意尽我们的力量，照着预定的目标做去!

（二）儿童福利改进刍议

吴逸樵

儿童福利的被注意为时甚暂，是在儿童的重新被认识以后才开始的，我们认为对于儿童福利的基本原则，应该是：给予充分的生存条件及娱乐机会，给予自由的儿童本位的科学的受教育的机会，和给予充分发展天才的机会。消极的注意儿童的救济，使由于家庭解体、父母死亡、经济贫困而失却教养的儿童，获得生活的保障。

我们所谓儿童福利非仅限于儿童时代的一切福利，同时还得顾及其未来全部人生问题。因为幼年时期的生活往往会影响整个人的一生，因此处理和协助儿童，我以为应该运用下面几种方式：

一、采取直接的协助。政府或社团对于不幸儿童给予经济上的协助——即1909年美国白宫会议时所倡议的母亲津贴。

二、提倡家庭寄养制度。对于有下列情形的儿童——遗弃、孤儿、父母痼疾或残废无法抚养儿女者，儿童本身低能或残废者，都可以由儿童的亲戚、社会事业团体、法庭、一般慈善机关施行家庭寄养。这种家庭寄养的优点：1. 儿童能有“有所属”之感；2. 使儿童可以参加各种家庭活动；3. 避免集体寄养（如保育院、孤儿院）等对于个性差异的歧视。至于寄养家庭，又可以分成：1. 义子或义女，被寄养之儿童在法律上享有与亲生子女相同之权利；2. 免费寄养，可以享受如亲子女的待遇，但不能享受法律上的权益，并须接受托养儿童机关的约束；3. 寄居之家庭，由政府机关支付费用或津贴；4. 工作家庭，儿童对寄养家庭负担一部分工作，其年龄未达学龄者得免除工作；5. 工资家庭，已超过入学年龄儿童寄养时，须以劳作所得维持自己生活。

寄养家庭之进步，即为个案工作之进步。儿童寄养于家庭，必须一方面调查儿童之个性、年龄、兴趣，同时须调查寄养家庭的一切。其择取的标准：1. 寄养家庭必须具有相当的经济的和卫生的条件；2. 寄养家庭之父母须受相当教育；3. 特殊的非常的儿童，应择取特殊的家庭寄养。

寄养家庭制度在我国还缺乏有计划的推行，战时儿童保育机关虽曾一度施行，未著效果。但我相信，这一个计划，只要由政府当局与儿童福利机关大家热心地共同来推行，和锲而不舍的努力执行，无疑的对于不幸儿童必将大有裨益！

三、关于身心健康的服务。我以为儿童的保健工作，应该广泛地发展，尽量充实其设备，并包括儿童心理治疗及行为指导工作。一般卫生机关及学校中应均设访问人员专担任家庭访问，以协助家庭处理、预防及教育儿童心理与卫生健康知识。

四、给儿童以充分之教育及娱乐机会。1. 教育机会均等，不受种族、宗教、阶级、职业的歧视；2. 教育活动内容之充实，在儿童教育专家、地方教育行政机关以及小学教师的协同努力下，使课程、教材、儿童健康及求学兴趣都得到良好的改进。今后我们的儿童教育，在量的扩充与质的进步上，都必须大大努力，特别是设备方面，尤应顾及适合儿童健康的条件，并将这一阶段的教育费用全部由国家负担。对于私立小学、幼稚园、托儿所等多加扶植奖励，并尽量补助其经费。

至于充分供给儿童以娱乐的机会，其方法可以简括言之：一、设立儿童电影院，放映教育性的影片，免费或取费特廉以供一般儿童观览；二、设立儿童艺术院，包括音乐、舞蹈、戏剧等活动；三设立儿童康乐园，遍布城市及乡村，聘请体育、卫生保健人员主持，使儿童获得充分的娱乐与发展天才的机会。

这是我的一点管见，希望大家给予研究和指教。

（三）儿童节感言

查秉初

本届儿童节在我国恰为一十六届。古者，十六加冠，示人成年。儿童节亦已弱冠矣。以言庆祝，确值得庆祝。

然而，默察我国儿童福利事业，则方在襁褓时代，由于国家多年动乱，民生凋敝，一切设施，犹未能尽如人意。环顾宇内，弃婴、失教失养以及流离失所之儿童，犹遍地皆是，羔羊迷途，哀哀无告，欲言庆祝，只感心伤。

职是之故，故今日吾人庆祝儿童节，不能徒事表面，尚须正视现实，人怀“幼吾幼以及人之幼”之心，以谋儿童福利事业之开展，使社会上无数弃婴，失教失养以及流离失所之儿童，咸有生存之空间与自由发展之时间，则庆祝斯有其意义矣。

红十字会今后之工作，将以儿童福利为其中心。秉初不敏，从诸君子后，窃愿竭其绵薄，黾勉共达目的，“譬诸为山，虽覆一篑，进吾往也。”

（四）儿童健康比赛的意义

胡　桐

这次我们乘儿童节举行了一个儿童健康比赛，参加儿童的人数出乎意料之多，这是一般人注意儿童健康的表现，我们感到愉快，这里顺便说明一下其意义。

我国一般人对于身体健康，向来并不重视，但在立夏节却有一个称人的习惯，实在就有检查体重，藉以觇知健康的意义含在里面，古人苦心孤诣，所以借迷信来说教。儿童节儿童健康比赛的意义也并不两样，只是不通过迷信罢了。

实际上做父母的，对于儿童的健康情形，应该时时明了，时时检查，并不是一定需要儿童节才举行的，我们这次的儿童健康比赛，捡着今天来举行，是为了乘大家习惯上兴趣上便利的缘故，藉以提倡大家对于儿童的健康注意。今天过后，我们对于儿童健康检查，还是愿意继续不断的贡献其力量，一年到头，欢迎大家送儿童来我们那里检查体格，长期免费服务！

希望此次参加本会儿童健康比赛的家长们以及未曾参加的，对于我们的工作予以协助，让我们的第二代永远过着康乐的生活！

（五）儿童健康比赛的展望

于开明

儿童乃成人之基础，国家未来的主人。健康是人生最大的财富，是国家最宝贵的资源，所以无论从个人说，从国家说，维护儿童健康的发展，是天经地义的一回事。红十字会于四四儿童节举行健康比赛，为提高兴趣起见，并拟普遍发奖，用资鼓励，其目的是使广大人群，咸知健康意义之如何重要，与其发病之后，乞灵于无聊的医药的消极办法，何如积极的促进健康，防患未然，使一切病魔无由而生。这样，在私的方面可以省却许多医药费用，在公的方面可以增加生产，增加国富。古语云：上医未病。医未病者，即平素之如何讲求卫生，如何锻炼身心，使疾病无由侵袭，健康比赛之寓意即在于此。其最大的展望，为由儿童健康推而至于要达到民族健康，民族健康除各人的努力外，还要国家有国民健康的良好政策，和推行政策的人力物力财力的配合，方可达到目的，希望社会人士能够因儿童节健康比赛的举行，从此大家注意儿童的保健，俾完成国民健康的使命。

（六）庆祝儿童节

程俊观

庆祝儿童节，并不是“例行公事”，我们今后要以行动来充实其内容。

“大事小做，大事变成小事”，过去的每届儿童节几乎都是大事小做着的，大家当时固然都是兴高采烈，什么此后将为儿童谋福利，什么……等等的话，天花乱坠的说了一大套，但之后就忘怀了，结果连一样都没有实行，只等来年，大家再来热烈庆祝，反正年年都有这么一个节日，但这是不是就算值得庆祝了呢？我们感到空虚，感到惭愧！

不过，话说回来，小事大做，小事也就变成大事。儿童福利工作，此后我们只要切实地有计划地做去，我相信，真正值得庆祝的一天，不久总可以到来！

所以我愿与社会人士共同策勉，就把今天当作一个起点，以谋取儿童福利工作的积极推行来替代庆祝，从事庆祝使儿童节真的属于儿童，使儿童们从此步入新的天地，有新的生活，有新的时代！

希望这一个真正值得庆祝的儿童节，不久就可以到来，并且让儿童们到那一天都从各自的内心里得到“庆祝”的感觉！

（七）如何教养流浪儿童

薛迪功

“儿童是国家的未来主人翁”，这句重视儿童的话语，我们绝对没有任何理由可以否定，因为国家的强与弱，存与亡，便完全系于下一代的身上，假使对于儿童的健康与教育漠不关心，就无异放弃了我们应尽的责任。同时，在理论方面讲，注意儿童的健康与教育，当然是合于逻辑的，再说得简单些，所谓“种瓜得瓜，种豆得豆”，此“种”字，便有教养的微义，因此我认为在讨论儿童问题中提出健康与教育，的确是非常适当，也非常正确的。

然而，在保育儿童的工作之内，还应当注意到别一个角落，几乎被社会遗弃了的流浪儿童，都在伸出无数只小手，期待着我们的收容，期待着我们的教养。他们失去了家庭的温暖，在饥饿线上挣扎、呻吟、呼号，以延续其脆弱的生命，健康与教育的权利，已经全被剥夺了一样，虽然慈善之门没有关闭，但不得其门而入的流浪儿童，也许仍不在少数吧！

“幼吾幼，以及人之幼”，这是先哲遗留下来的名言，或者也就是讲求治理的出发点，与“推己及人”“己溺己渴”是有连贯意义的，所以在此举世纷纭的局面之下，我们正可不必放言高论，寻求什么治平的至理，只须集中一切的人力与资力，以培植下一代的幼苗，而培植的范围必须扩大，除掉注意一般儿童的健康与教育之外，切弗忘记了流浪儿童的收容与教养，使无数脆弱的小生命，将来也能够担当着主人翁的使命。

（八）博爱

李默庵

（书法，略）

（九）胞与为怀

吴国桢

（书法，略）

（十）童年

小山

阅历人寰感慨深，童年乐事渺难寻。

谁教世味都尝遍，无复从前赤子心。

原载于《武进新闻》1947 年 4 月 4 日

各界昨在城二镇中心国校热烈庆祝儿童节

五位小朋友担任主席团

昨日为第十六届儿童节，本邑各界于上午九时假城二镇中心国民学校大礼堂举行庆祝大会，各校小天使均往参加，数近千人。由光华义校童军担任奏乐，主席团为城一镇中心国民学校女生叶凤琳（十四岁）、城二镇中心国民学校女生孙爱芳（十四岁）、太平镇中心国民学校男生张鹤鸣（十七岁）、贫儿院男生洪鹤群（十五岁）、西右镇中心国民学校男生高效岳（十五岁）等五人，并由主席团分别担任主席、司仪、记录、演讲、答词，此实为本县本届儿童节庆祝大会之创举，大会于军乐悠扬声中开始。行礼如仪后，首由主席孙爱芳报告筹备庆祝儿童节之经过情形，并谓："我国胜利以后，我们已为世界五强之一国家的儿童，觉得很光荣、很兴奋，我们应该特别注意修养品性，负起未来建国的责任，并希望老师不断的指示我们，以期达成建国的任务。"次由张旅长止戈致词，略谓："现有简单的三点意义贡献给各位：一、注重营养，饮食务必定时定量，每日除规定的三餐以外，切勿再吃零食；二、注重精神教育，在家庭中要听长者的讲话，在学校中要听老师的教训，对于立身处世，尤其要特别注意，成为一个好人；三、要培养天真，不要摧残他的发展，我们要经常保持天真活泼。”次由王钟魂、是旭人、虞铭甫、刘轲、邹莘耕、周钧等相继致词。次学生高效岳演讲，态度自然、口齿伶俐、层次分明、博得好评。最后由城二中心学校女生孙爱芳致答词毕，礼成散会。旋各校教师率领全体儿童前赴大光明、凯旋、新军剧场观电影。

原载于《武进新闻》1947年4月5日

儿童健康比赛举行给奖典礼

红十字会举办之第十六届儿童节儿童健康比赛于昨日下午二时假城二镇中心国民学校大礼堂举行给奖典礼，出席者各机关首长，孙县长丹忱（刘秘书代）、张旅长止戈（孙副旅长代）、孙副旅长金铭、王主任钟魂、刘秘书轲、李科长午泉、周督学若愚，评判委员王超一、陈舜名、丁克曾、谈鹏年、钱芳、梁聚森、顾峤若、邹莘耕、江帆、蒋伯明、蒋文纨、程成观、李复稔及该会副会长查秉初、李行甫，总干事吴逸樵，组长陈绍文、杨迪群，医师钱芳、于开明等。参加比赛儿童五百余人，儿童家长及来宾等计千数百人。仪式于二时十分举行，行礼如仪后，首由主席孙县长致词，继由红十字会及各机关首长来宾等相继致词，最后由张旅长给奖。特等奖六名，为儿童组第一名邱玉萍、第二名周美芳、第三名张粹青，婴儿组第一名王正平、第二名张秋秋、第三名刘国元，除给红十字会应给奖状奖品外，另给张旅长、王主任赠“小英雄”立轴两幅，孙县长赠“未来主人”“活泼天健”镜框二个，及医师公会锦旗一面，共计甲等奖43名，乙等奖504名，各家长挈领儿童，一一向张旅长领奖，莫不笑容满面，至四时许摄影散会。

原载于《武进新闻》1947年4月5日

幸福儿童　共度佳节

黑暗角里的肮脏疾病儿童

永被人们遗忘唾弃和不齿

在这桃花灼灼、柳树添绿的春天，光临了儿童节，象征着中华儿童的生机蓬勃，幸福无限。

局小的传是堂上，千余儿童代表济济一堂，他们都穿上了一身平时不穿的见客服装，或是向亲友们借套青布中山装，来参加这个盛会，每个人的脸上都露出了天真的笑容和兴奋的情绪。

大会中的主席、司仪、记录以及乐队都由儿童们自己来担任，表现着现代儿童的自治自力的精神，而且都能准时出席，革除了国粹迟到的坏习惯。

铿锵的乐声响了，大会循序进行，照例的请长官大人们谆谆的教训一番，县党部代表邹莘耕到底是位老教员，能懂得儿童心理，他不用“训”，却讲了一个有教育意义的寓言故事《老鼠山羊乌鸦救乌龟》，勖勉儿童们养成互助合作的精神，将来团结救国，讲来诙谐突梯，津津有味，引得小朋友笑声不绝，掌声齐鼓。

主席孙爱芳小姐是局小的高材生，年仅十四岁，站在主席台上，态度大方，报告筹备大会经过，头头是道，口齿伶俐，拟请一个个长官训话时，必每官一鞠躬，这彬彬的礼貌，累得她头昏眼花了。

会后，各校小朋友分赴大光明、凯旋、新军等影院看电影《东亚之光》《苏联之光》，都是挺对儿童们胃口的。

下午的传是堂又是一番景象，时间不到一点，参加儿童健康比赛的妈妈们抱着她们的心肝头，络续来到，大人小孩都是穿红着绿的春装，满面春风，常州俗话：“三个婆婆敌面锡锣”，几百面锡锣聚在一起，传是堂上的扰杂声也可想而知了。

局小新舍楼上的一间，陈列奖品，摆成一个十字形，铅笔、钢笔、牙刷、肥皂、糖果、玩具等，用一块洁白的纱布，打成小包，很像圣诞老人送来的礼物。

满脸福气的老太太，膝上坐着孙儿女，眉清目秀的少奶奶，抱着她们的小天使，盼望着给奖。

儿童组第一名邱玉萍，穿件淡蓝色绒线衣裤，眉清目秀，肥硕可爱，由她那富有健康美的母亲扶着，领取奖品，一时掌声雷动，婴儿组第一名王正平，着的也是件蓝色绒线衣，头戴红色丝绒鸭舌帽，大眼玲珑的，惹人爱逗。

个别发给奖品时，因人数太多，你挤我轧，后来竟有大哭小喊的呼声，连主席台上也挤满了大人小孩，大家才怀着兴奋的心回家。

这次参加健康比赛的儿童，服饰丽都，母亲们也大都浓妆淡抹，记者还参观了一次服装展览会哩。

旁观的穷人在妒忌了，“丰衣足食，养尊处优的孩童当然健康，像我这样穷得吃不饱穿不暖的孩子，有谁来怜爱呢?”他气愤的说：“一年一度的儿童节在热烈的情绪中过去了，幸福的儿童们获得了荣誉的奖品，在黑暗的一角，匍匐着一群肮脏的患病的儿童，他们在机车旁拾煤渣，在垃圾箱中拾荒，在田埂上割草，在街头流浪，甚至抢饭担，在人行道上赌钱，甚至偷窃，这一群将永被人们遗忘、唾弃和不齿，一九四七年的儿童节是少数富家儿的。”

原载于《武进新闻》1947 年 4 月 5 日

武进分会纪念儿童节剪影

只有健康值得歌颂　谁有儿童就有幸福

在桃花灼灼、柳树添绿的春天，光临了儿童节，象征着中华儿童的生机蓬勃，幸福无限。

午后两点钟的时光，太阳柔和的照耀着，风是那么细致，使人们心里起着飘然之感。本来攘攘的局前街，今天加倍的攘攘了，无数穿红着绿的小天使，以及无数打扮得花枝招展的小天使的母亲们，像潮水一般的涌进了城二镇中心国民学校的大门。大门口处叉着两面旗子，一面是国旗，还有一面是红十字会旗，在微风里招展着，显得加倍的庄严。

一进门，里面已经立无隙地了，但外面的人还在不断的涌进来。武进分会的几个办事人员紧张地在人潮里跑来跑去，忙着这样，又忙着那样。谁的头上都冒出汗来，虽则这还是旧历二月的天气。

奖品陈列室里，陈列着红十字会各式各样的奖品，真个是琳琅满目，其中还夹有孙县长、张旅长、王主任、医师公会……等所送的奖旗，什么“活泼天健”那，“小英雄”那……使人看后，精神上感到一种莫名的兴奋。

靠右手边的来宾接待室里，坐满了各机关的首长，春风满面地在讨论着今天给奖的问题。门口也挤满了人，探头探脑的，争相瞻仰一下他们的风采。嗯！用心深长的母亲们呀，你们怀抱里的小宝宝，他年也许就是“他们”，并且还说不定有“孙国父”“华盛顿”那！

上午举行纪念会的时候，大会中的主席、司仪、记录以及乐队都由儿童们来担任，表现着现代儿童的自治自力的精神。

主席孙爱芳小姐是局小的高材生，年仅十四岁，站在主席台上，态度大方，报告筹备经过，头头是道，口齿伶俐，他请诸位长官训话时，必每官一鞠躬，这彬彬的礼节，累得她头昏眼花了。

会后，城内各电影院招待他们小朋友们看电影，特地选些《东亚之光》《苏联之光》等类的片子，来满足他们的胃口。

下午举行儿童健康比赛，当给奖典礼开始时，大礼堂里，黑压压地挤得不透一丝风息。大会主席由孙县长丹忱担任，他把儿童健康比赛的意义阐述了一下，虽则只是短短的十几句话，但句句话都十分扼要，博得了满堂掌声。之后，武进分会的吴总干事及顾峤若先生等，都相继作了简单的演说，半个钟点里，掌声断续的起伏着。

台上的人在笑，笑得非常的愉快。台下的人也在笑，笑得非常的热闹。笑闹的声音，震荡了整个的会场。大家都急于要知道哪一个宝宝好？究竟哪一个宝宝好呢？从五百五十三个中检出优秀的来，这个和那个一样胖，那个和这个差不多重，在比较上毕竟不是件容易事。看着这些可爱的母亲们和宝宝们，我觉得都很好，他们将来，这下一代里面一定有着肩荷国族重任、缔造人类幸福的人物。就在这些都好的宝宝里面，评判先生捡出了最优秀的。这个急须知道的谜，终于获得了解决，儿童组第一名邱玉萍，第二名周美芳，第三名张粹青。婴儿组第一名王正平，第二名张秋秋，第三名刘国元。千百双的眼和千百双的手都集中到这六个宝宝的身上，于是奖品也开始从张旅长的手里移交到孩子的手上，孩子局促了，孩子的母亲们的脸上也露出了安慰的笑、骄傲的笑，从这个笑里，别人都知道了，谁的孩子是最健康，谁的孩子是顶好。

在六个最健康的宝宝领了特奖以后，五百多名小天使，接着都挨次得了奖，他们看看奖品，小圆脸上也都跟着展开了灿烂的笑容。

这时武进分会的钱芳女医师和于开明医师都默默地在一边看着，但你别以为她们是在袖手旁观，这五百多名的儿童的体格检查，都是她们执行的，她们是幕后英雄哪！

大会在热烈的二小时内结束，人又像潮水般的涌了出去，然而武进分会的几个主持人和办事人，自李副会长、吴总干事以下，工作却还没有完毕，他们还得整理会场，忙着送客，当送各机关首长出门时，吐出来的“再会”声，已经有些“麒派”了。他们为着什么呢？——建筑人类的幸福！（江帆）

原载于《红十字月刊》1947 年 4 月总第 16 期，第 36 页；
另以《儿童健康比赛速写》为题发表于《武进新闻》1947 年 4 月 5 日

武进分会的医务工作

复员以还，一切需要从新建设，中国红十字会既结束了战时轰轰烈烈的救护事业，继续着“服务”与“博爱”的精神，扶助各地分会的复员，以展开广泛的社会服务，准备为建国事业贡献其一份的力量。这鲜明的红十字旗帜，正是黑暗中的明灯，指引着人类走向光明。

武进居京沪中心，沦敌八年，百废待兴，有识之士为谋增进地方福利，倡组红十字分会，以济人群，武进红十字会便在热心士绅与各界领袖的匡助下，经过了一番艰苦的筹备，遂于三十五年七月初宣告成立。十个月来，由于总会的贤明领导与全体同仁的努力，做了很多造福人群的工作，予地方以良好的印象。

武进分会成立之初，可谓一无所有，全体同人为了这是社会福利事业，不顾一切地埋头苦干，这牺牲自己为事业而奋斗的精神，终于感召了外界的同情，善后救济总署苏宁分署更给予极大的助力，奠定了事业的基础，但是同人都认为这不过是事业的开头，与理想的事业距离甚远，总会老同志吴总干事逸樵与杨（迪群）、陈（绍文）两组长，时刻以此勉励同仁，以一往情深的博爱精神，领导着同人兢兢业业向前不断地推进，这是值得敬佩的。

武进分会举办的各种事业在社会上是有目共睹的。单说去冬十一月初开始，供应二千多瘦弱的儿童，享受了六个月牛奶的营养，这对于增进儿童的健康该有多大好处，实在是无法估计的。在民生凋敝的今天，红十字会的事业的确是太需要了，苦难中生活的人们迫切地期待着给予一点“爱”的抚慰，不过武进分会还在草创时期，经济力量尚未充实。因此对事业的举办只能分别缓急，为社会尽其绵薄。

人生顶顶不幸的是穷而且病，本会因鉴于贫病的苦恼，故首辟诊疗所，设内、外、产妇、儿各科，免费应诊，以减轻一般平民的医药负担，进而予以营养的帮助，使其能享受健康的快乐。

武进红十字会诊疗所诞生于三十五年八月十八日，千秋事业，奠基伊始，兹将本所经费、设备、人事、诊疗、防疫、保健、救护，各项分述于后：

（一）人事方面：本所人事系遵照总会颁布诊疗所组织章程之规定，并由总会派队组织，设主任医师一人，护士一人，医助二人，助产士一人，检验员一人，司药一人，干事一人，渐以诊务日繁，乃加聘医师一人，助产士一人，益以红十字“博爱”的伟大精神所感召，自愿参加来所志愿服务者数人，于是内部的人事组织，臻于充实与健全，乃分配力量推进乡区诊疗工作，在交通线上，先后成立服务站三处，均以诊疗为中心工作。

（二）经费方面：本所诊费仅略收挂号费，药费一律免收。遇有贫病者，即挂号费亦予豁免，至于团体机关申请医治者，予以全免或半免之优待。总之，本所以服务为目的，因此挂号费收入有限，仅敷纸张印刷及添购急需药品之用，至同仁薪给方面，在五月份调整以后，月需五百余万元，均由分会负担，惟在此物价剧烈动荡之下，事业则不断地开展，而犹无固定基金，以稳定事业之基础，此则必须集中全力于征募以求底定也。

（三）药品方面：本所药品来源大部分赖总会供应，惟最初以总会方由重庆复员还都，药品供应一时不及全备，凡需用而缺乏之药品，不论经济如何困难，亦必设法添购，以利病家，一方面设法向有关方面捐募，如上海新亚药厂、苏宁分署均有捐赠。近来，总会药品供应亦多，药械渐臻充实，本所为了病家的福利，当竭其全力，为大众服务，使大众满意。

（四）设备方面：本所无固定房屋，初假西外安邦小学一部分房屋开诊，因地处偏隅，乃改迁城内西横街，即现在所址，屋宇轩敞，堪称适宜，惟一切用具，多数借用，今则逐渐添置，略见粗备。去冬曾由西外热心人士，在溧武路捐建房屋一所计六大间，为诊所之用，该处前后空旷，阳光空气，均甚充足，三面环水，林木清幽，洵称佳境。第二营养站即设于此，今复有行总配给之活动房屋两幢，架设于屋后广场，东西峙立，中留甬道，足以代表了武进最新的建筑，营养站结束后，将举办儿童福利站于此，亦即将来固定之诊疗所也。

（五）诊疗方面：本所因限于经济，检验部门迄未成立。遇有临床上难于诊断者，则介绍病家往指定之化验所检验，作临床上之参考，但现在检验费相当的贵，非一般贫病所能负担，本所正计划使检验部门能迅速成立起来，以利贫病。关于产科，一般接产收费，约十余万元至二三十万元不等，本所为一般平民接产，去年仅收五千元，今则增至三万元，对于产妇之缺乏营养者，且给予牛奶或鱼肝油等以资补助，故产科之挂号者甚多，颇有应接不暇之势，如遇有难产而必须动手术者，本所以无此设备，则代为转送医院接生，以策安全，贫家产妇则代向医院申请减费之优待。门诊方面，凡病者有营养不良或患肺结核者，经医师证明，予以营养物品之资助，以补药力之弗逮。统计开诊以来，至四月份止，内科初诊一五一六人，复诊计一九九五人，外科初诊计一八九六人，复诊计二五九八人，产妇儿科初诊计八五三人，复诊计九九四人，其他各科初诊计九四八人，复诊计一九二八人，共计一二七二八人。

（六）防疫方面：防疫为积极的治病，古称“上医治未病”即此意也。本所对此颇为注意，开诊之初，即应地方之请，往前黄、南夏墅等地注射伤寒霍乱混合疫苗计一一二五人，霍乱防疫针计一〇一二人。今春应各学校之请，布种牛痘，计城区有培熙、安邦、县师、县中、西郊、东右镇、西右镇中心国民等小学，计五五八三人，乡区有夏溪、厚余、湟里、嘉泽、周桥等小学，计四八一三人，门诊接种计八一〇人，共计布种牛痘一一二〇六人，又为干训班注射疫苗五一人。

（七）保健方面：会员之健康问题本所至为关怀，凡有来所检查者，无不详为检查，曾为各校青年会员检查体格计一四七三人，成人会员举行健康检查计三一五人，四四儿童节举行儿童健康比赛，为儿童检查体格计城区七五一人，乡区五一八人。

（八）救护方面：现已由总会拨救护车一辆，遇有广大集会时，担任临时救护工作。此次城区私立小学联合运动会、乡区新园中学运动会，救护车均曾驰往服务，由本所主任亲率工作人员在场救护。他则需用急救者通知本会，无不即时前往。

（九）乡区服务站诊疗掠影：乡区服务站先后成立者，有前黄镇、寨桥镇、湟里镇，其服务范围有诊疗室、理发室、营养室、阅览室，而以诊疗为中心工作，缘较好之医药设备均集中于都市，而广大之乡区，几乎无人过问，此中国社会之畸形病。然本会工作人员，以服务为目的，故欲矫正此种偏废之弊，所以有积极办理乡区诊疗所工作之必要。服务站设干事一人，护士一人，助产士一人，在每周中定期由城内诊疗所医师前往应诊，风雨无阻，有疑难疾病，护士不能应付者，由医师前往诊疗。现以服务站逐渐加多，而城内工作繁忙，势难兼顾，已另聘医师担任，以专责成，药品由诊疗所供给，经费由地方负责筹募。至于救护、保健、防疫方面，均尽其力之所逮，无不提高服务精神，积极推进，以期伟大之红十字能闪烁于各个人之脑海，而普遍感应于全人类之心弦。（于开明）

原载于《红十字月刊》1947 年 5 月总第 17 期，第 29—31 页

救救失教养的孩子们！

武进县分会为发起征募儿童福利站基金运动向各界宣言

本会自从复员以来，幸承各界的协助，在短短的八个月中间得以展开了许多工作，但社会福利事业是永远做不完的，过去这些，我们只认他是一个开端，在“博爱人群，服务社会”的悬鹄下，我们此后当以更大的努力，来从事继续奋斗。

我们本年度的工作计划，除过去已办业务外，系以儿童福利为其重心，在这一纲领之下，我们最近成立了一个“儿童福利站”，预备收容难童二百人，给以教养，并特别注重康乐活动，好使他们长大了有一副健全的身心，去服务社会。清洁而宽大的二幢流动房屋，是联总方面送的，现在已经搭好，不过这还仅是一个躯壳，内部的设备以及一笔巨大的开办经费确还需要筹划，所以我们发起了一个广大的征募运动，谨向各界人士乞援并略所申说。

谁都知道孩子们是我们的将来，是民族的新血球。我们有培育他们的义务，但在国家连年动乱之下，很多儿童遭受到了失教、失养、流离失所的悲惨命运。而另一方面，则尽管“朱门酒肉臭”，谁也不把这迷途的羔羊当作一个问题，设法救济。这现象多么沉痛，我们的“儿童福利站”当然不能说就替社会上所有的难童都解决了问题，但尽其所能，替这问题解决了一部分则是实在的。所以我们对于这一工作决意尽其可能，办到完善的地步。希望能起一点“示范”的作用，使大家有一个新的认识，来共同努力。但我们再三考虑，觉得这一个事业，与我们过去所办的其他事业有一点显著不同，就是在它举办了之后，绝对不容许有一天的停顿。孩子们哪里可以有一天不吃饭，不穿衣呢？所以在它还没有启幕的现在，我们决计先把预算中的开办经费筹好，然后再着手做去。这样我们觉得才使孩子们有保障。

我们热切的希望各界的父老兄弟们，为着下一代，能够同情我们、响应我们、帮助我们，共同来救救孩子。同时，更希望我们全体会员，当这一伟大而艰巨的工作摆在我们眼前的时候，当这正是我们“抱牺牲志愿，献科学身手”的时候，大家都自动地起来，进行征募，使这一运动早日顺利完成，本会幸甚，全体难童幸甚。

原载于《武进新闻》1947 年 6 月 20 日

红会筹办义务小学

昨日集商一切进行事宜

本邑红十字会以本县沦陷八载，地方设施摧毁殆尽，复员以来社会经济未能复原，致失学儿童举目皆是，特发起创办红十字义务小学，且得赵族同人慨将北大门外青山书院旧址，义务借与兴学，业于昨日召集第二次发起人座谈会，到发起人王钟魂、李渺世、盛景馥、万怀清、是旭人、邹莘耕、查秉初、胡桐、蒋伯明、盛慎言、于泽如、钱国新、吴逸樵、杨迪群、李行甫、高弋庵、赵安之等，商讨筹备事宜。各发起人一致赞同，自动分别担任筹募基金，并定八月十五日以前，征集交会，刻正装修校舍及准备校内一切设备，约于八月底即可开学。闻该校除义务教育失学儿童外，并注重儿童之营养补助及儿童保健等工作，尚望吾邑热心教育及爱好公益人士、慷慨捐输，共襄义举云。

原载于《武进新闻》1947 年 8 月 1 日

快打防疫针

各城门设有注射处，民众幸勿错过良机

本县防疫委员会为预防疫势蔓延，以保民众健康起见，特于昨日起至十六日止，在老西门、小南门、中山门、大北门、东门等五处，由武进医院等派员设置防疫注射处，所有进出城门民众一律劝导注射霍乱预防针。本邑红十字会并用汽车在城内外巡回注射防疫针，车上并悬有竹布虎画一幅，上书“虎来了，快打防疫针”字样，藉以促起民众注意，闻沿途注射民众颇为众多，各城门注射处受注射之民众亦甚拥挤云。

原载于《武进新闻》1947 年 8 月 14 日

贫病福音，红会增设三服务站

本县红十字分会成立以来，先后在厚余、埠头、前黄、湖塘桥、西夏墅、马迹山、寨桥、雪堰桥设立服务站八处，经费由地方自筹，人力、药品则由会尽量供给，每站设医师、护士、助产士、医务助理、干事共五人，一次筹足基金二千万元，以息金抵充各项开支，一般贫民莫不受惠。尤以湖塘桥、厚余两站成绩最优，经费亦相当充足，该两处地方人士曾请求扩充设备，改为小型医院。业经会方许可，短期内可实现。该会并拟增设坂上、安家舍、卜弋桥服务站三处，刻正着手筹备，日内即可成立。又闻该会原在城区西横街设立诊疗所一处，近因求诊者日众，为适应需要起见，拟在早科坊增设第二诊疗所一处，本定于八月一日开幕，嗣因该处拓建马路，一俟工竣，即时应诊，以利城区贫病云。

原载于《武进新闻》1947年9月8日

红十字特刊

红十字会在武进

省景馥

身处病态百出的现在社会里，读杜诗“乾坤含疮痍，忧虞何时毕”句，不禁有无限的伤感。

我国诚是一个多灾多难的国家，抗战期中，苦难磨折了成千累万的同胞，八年烽火余生，谁不心悸肉瞤。抗战胜利后，眼看是天灾人祸，纷至沓来，如河北的旱灾，为六十年来所未有，两广的水灾，以及川西平原的水灾，均为百年来空前大灾。天灾之外，人祸惨烈，因此疮痍满目，哀鸿遍野，吾人对此能不表示同情？惟同情不是镜花水月，要有实际行动，这行动是什么？就是实际从事于灾害的救济。

红十字会是全世界负有“救灾恤邻”的使命的一个团体，虽然它的工作是处于辅助地位，然而它能讲求效率，对于救济工作，不是临渴掘井，也不是枝节应付，而是以推进人类博爱思想并服务社会，藉以防止或减免人类痛苦为目的，红十字会有互助互爱的精神，所以大家都欢迎这个团体。

红十字会的工作展开在武进，为时虽暂，但成绩已斐然可观，如组织的扩展，事业的兴办，健康卫生的注意，营养药品的供给等等，都给予武进人民以莫大的福利享受，所以红十字会在武进，武进人民都值得庆幸的。

武进既有着这一个为地方造福、为地方服务的组织，凡我武进同胞，应以十二万分的热忱，予以维护与发扬，不过该会经济的来源，仅有会费及自由捐赠两种，以是每每入不敷出，不能发展任务，故奠定财政基础，实为当务之急，深愿武进各界抱定仁民爱物的心理，推拯饥援溺之怀，成指困载舟之惠，踊跃认捐，以利被民生，而抒慈抱，则不特武进红十字会的基础得以奠定已也。

第六届红十字周献词

程俊观

本会自去年七月复员成立到今天已逾一年，在各界首长、地方彦硕的同情爱护与本会全体工作同人不懈不息的努力之下，虽然已经推行了许多事业，做了不少工作，但是和我们的理想计划距离很远，为什么呢？无疑地是受了经济力量的限制，以致有许多社会福利事业，尚未能一一举办。

本会是为大众谋福利而工作的，不过要发挥我们的工作本能，是从"取之于众""用之于众"之上而发生的取之于有力有钱之众，而用之于无力无钱之众。因此，红十字会有帮助人人的义务，人人有帮助红十字会的义务，而且人人帮助红十字会有限，红十字会帮助人人是无穷尽的，因为它是有计划、有目的、有效率的去用众人之钱，谋众人之事，集大众之力，成广大之业。因此，红十字会于每年十月一日至十日，举行红十字周，将一年来的工作宣告于大众，用以争得大众的同情，换得大众的捐输，共同来培植与发展红十字会的事业。本届为第六届红十字周，叨沐主席□公仁德，赐予倡导，其意义格外值得重视，我们希望新闻界予以扩大宣扬，同时盛请地方热心人士共掬同情，慷慨捐输，不独本会之幸，也是大众所渴望的福音。

红十字会的宗旨

李行甫

"服务社会""博爱人群"是红十字会的宗旨，人生原是以服务为目的，人与人之间更要以"博爱"为结合的骨干，"红十字"这个简明的组织，"一横""一直"都是表现了"服务与博爱"的精神，它是"社会安全""人群福利"的桥梁。

红十字会是以启示"人"帮助"人"为目的，它针对着群众的需要的服务，它到处举办有益社会的事业。

红十字会的任务

吴逸樵

一般人以为红十字会不过是一个慈善机关，做些救护伤兵，赈济难民等等工作，其实这不过是红十字会工作的一部分。它的基本任务因为它是国际的、社会的、博爱的、和平的，所以它的工作目标是“天下一家”。红十字会服务的对象是不分种族、不分国家、不论贫富、不论强弱，视整个世界为一个社会的整体，用种种方法，消极方面是减除一切病态，积极方面是谋取集体安全与繁荣。因此，红十字会的工作是跟着时代进化的需要而发展，发展到与人群福利的生活有着一日不可分离的密切关系。

原载于《中山日报》1947年10月1日

县红会今明两天在公园放映电影

县红十字会对于社会活动工作向极注重，叠次商请江苏省立教育学院电影工作队在城乡放映电影，一般民众咸表欢迎。本届第六届红十字周，业于一日开始，除招待新闻界同人广为宣扬外，昨日又敦请翁县长圣木、县党部盛书记长景馥在县电台广播，并于今明两晚仍请江苏教育学院电影工作队来县在第一公园放映电影，欢迎各界前往。如遇天雨，拟商借西庙沟茭蒲巷中心国民学校大礼堂放映。

原载于《武进新闻》1947年10月1日

红会今在城乡放映电影

本县红十字会第六届红十字周第四日（即今日）定为电影周，特约江苏省立教育学院电影放映队来常，假座凯旋电影院，于今日上午九时放映第十七期电影片招待各界，藉表联欢。该片共六部，第一部是旅行美国的写实，从纽约出发，环游一周，可以见到102层的高楼、白宫、天然石桥、印度人（印第安人）的跳舞，凡北美名胜，应有尽有，看了这张片子，就好像到美国游历了一趟。红十字会为大众娱乐，为大众服务，这是武进人的福音。

又讯：红十字会昨晚在天宁寺第十八后方医院放映电影，慰问荣誉军人，今晚到南夏墅放映，为乡区民众提倡正当娱乐。

原载于《武进新闻》1947 年 10 月 3 日

红十字特刊

的确为大众谋福利

薛迪功

本县红十字分会在这一年中做了不少工作，消极方面办了许多诊疗所、医疗队和各种预防注射等等，积极方面，成立了厚余、湖塘桥、马迹山、前黄等八个服务站，每一个服务站，积极提倡社会清洁和家庭卫生，使人民家家实行。

像举行儿童健康比赛，不特壮健儿童可以得到奖品，即不及格的体弱儿童更可得到营养品的补给，这一种工作是普遍而有增加全武进长足进步的效能。

本县红会的工作现在正在积极开展中，这一次全国总会和各地分会普遍展开第六届红十字周的征募工作，本县去年已有会员二万余人，我想在这一届征募运动中，必定有同情该会事业的人踊跃参加。

该会是为大众谋福利而服务，他们是从“取之于众”“用之于众”原则上下功夫。他们更是“取之于有力有钱之众”，“用之于无力无钱之众”。

所以红十字会在全国各地，高呼着：“红十字会有帮助人人的义务，人人有帮助红十字会的义务”。而且人人帮助红十字会有限，而红十字会帮助人人是无穷尽的，因为红十字会的工作有计划、有目的、有效率的去用众人之钱，谋众人之事，集大众之力，成广大之业。

所以我希望这第六届本县红十字分会的征募工作顺利的进行，积极的开展，每一个知识分子要来尽力宣传，有财力的分子来尽力助成。我们要知道红十字会的事业，的的确确是为大众谋福利的事业啊！

红十字会会员

胡　桐

红十字会的细胞就是会员，会员就是会的基础，加入红十字会做会员，是同情红十字会的宗旨："服务社会，博爱人群。"

加入了红十字会做了会员，会员可藉团体合作的力量，达到个人救世的宏愿，本社会互助互爱的原则，维持个人身体的健康和社会公众福利事业的推行。

红十字会会员以服务社会为目的，服务的对象是人群，不论儿童、青年、妇女、荣军和平民大众。服务的范围很广，不论灾难、伤害、贫困、病苦、愚弱。服务的目的是保健、乐育、安定、助人、益世。

所以红十字会的一切事业，都是寄托在各个会员的肩上，会员的增多，会员的努力，都可以发展红十字会的事业，促成服务社会的成功，博爱人群的实现。

我们要向造福人群的路上走，社会安全的路上跑，所以在这一届征募工作中，必需大量的征求会员，共同来发展红十字会的社会福利事业。

请君加入本会

请加入中国红十字会做会员，发扬人类互助互爱的精神。台端愿意体念古圣先贤爱人的遗训，救济贫病痛苦的同胞么？台端愿意维持个人永久健康，免除疾病痛苦么？就请即加入中国红十字会做会员！

青年会员：每年缴纳会费二千元。

普通会员：每年缴纳会费五千元。

永久会员、特别会员：一次缴纳会费二万元。

名誉会员：一次缴纳会费十万元以上。

团体会员：一次缴纳会费二十万元以上。

原载于《武进新闻》1947 年 10 月 4 日

本县红十字会第六届红十字周题词

李渺世

红十字精神的意识形态是博爱人群、服务社会，明朗的展露了道德的美。这种精神和事业的发扬，远大处真能提高一个民族的文化水准。帝国单位和军国主义的精神内容是“取”，志在掠夺，民主国家的是“予”，旨在为人类服务。二十世纪的后期，文化之如何归结，将由此而判。兹值六届红十字周，谨书数语，藉志向往。

原载于《武进新闻》1947 年 10 月 5 日

厚余在跃进中

红会服务站积极扩展，旅外人士捐巨款助学

红十字会厚余服务站自成立以来经各界热烈赞助，发展甚速。该站诊疗部分尤为充实，除分会所发之药品、营养品以外，更由该站指导委员会诸君自行筹集巨资购备各种必需之针剂、药品、器械，按照最低成本，供应病家。赤贫并可免费发给，地方贫病莫不称便。现该站正募集巨额基金，并进行布置病房，以利远道病人住院诊疗云。

又悉该镇一切建设事业均在分头计划兴办中，该镇旅外同乡，殊为热心，如最近谢才良君捐赠厚余中心国民学校奖学金暨建设费稻租百担，另助服务站经费一百万元。又旅沪同乡某君慨捐厚小三星铅笔十五罐，分赠各小学生，关心桑梓教育，热忱可佩。

原载于《武进新闻》1947 年 10 月 6 日

武进红会工作紧张

【本报武进四日讯】中国红十字武进分会自去年七月复员，一年来工作异常紧张，除在城区西横街办第一诊疗所、早科坊办第二诊疗所外，复在雪堰桥、马迹山、西夏墅、厚余、湖塘桥、寨桥、前黄等七镇举办七个服务站。大部从事医药救济，贫病赴诊每日平均总数在四百号以上，每号义务供给药物，平均在一万元以上，贫病获益匪尠。又在城乡设立儿童营养站六处，日供给以苏宁分署奶饮，半年内从不间断。每日儿童赴饮者总数一千七百八十五人以上，至于布种痘苗，施打防疫针，义务接产，代体格检查，放映教育电影，举办敬老会，庆祝“四四”儿童节，“三八”妇女节，推行识字教育，工作均步步着实。本月一日至十日为该会六届征募周，各报出特刊，街头巷间均为该会宣传品，精神充沛，成绩定卜圆满。

原载于《申报》1947 年 10 月 6 日

红十与双十

红十字会创立于前清光绪三十年（1904 年），迄今已有四十三年的历史。

双十节是辛亥革命成功的纪念日，也是孙中山先生推翻满洲专制政体，成立民主自由的纪念日。

红十和双十，相差不过六七年，红十是有国际意义的，双十是有其民主自由的创造性。

孙中山先生奔走革命，他的眼光是远大的，他的抱负是光明正大的，他的行动是非常纯洁的，他的奋斗精神是始终不懈的。

孙中山先生是世界革命的导师，他常常训诫我们中国人，他说：“人生以服务为目的”，这一句话也深合红十字会和十月十日武昌起义的目的。

红十字会是一个富有国际性的服务团体，国际情谊的互相交换，世界各国灾难之交互救济，我国有此组织也增高了我国国际地位。

十月十日的武昌起义，扑灭了世界帝王思想的幻梦，中华人民就走上了民主自由、建设新中国的大道，这一个革命鼓手——孙中山先生有他的服务目的，有他的人生观。

第六届红十字周，从十月一日开始，到十月十日结束，这十天中间，红十字旗接触到每一个人的眼帘，也可以说充分表现着服务社会、博爱人群的大公无私的精神。

红十字会和孙中山先生的革命精神和服务宗旨是并没有分别，红十与双十在这一个世界上，也可以说是天下为公、世界大同。（杨锡类）

原载于《武进新闻》1947 年 10 月 10 日

第六届红十字周广播词

周化南司令双十节在县党部电台广播

诸君：本人今天承红十字会武进分会程会长俊观先生之邀，向诸君作简单的播讲，个人已感到非常之荣幸和惭愧！

红十字会原为国际性社会救济事业的团体，战时则着重伤兵的救治和难民的救济，他的目的就是“服务社会，博爱人群”八个字。

我国红十字会的创始，远在民国纪元前七年（西历1904年）的日俄战争之役，经四十余年来的普遍推行，曾造福无数灾难和伤病的人们。在上次大战中，各国红十字会尤以瑞士办理的成绩最为显著，他们本了一份人类的爱心，来推爱世界上一切受灾害与有伤病的人，没有别的，只是一种同情心的发扬和爱群性的发挥而已。

一般说来，红十字会的任务，并不仅限于救济难民和救治伤民二项为满足，他的最大使命实在于完成“天下一家”的崇高理想。举凡一切与人群有关的社会福利事业，可以说都在他计划中，而且他们正在为了实现这一理想而不断的努力奋斗。

我们知道任何慈善事业绝不是商业性的，尤其红十字会，他的“为人人服务”的精神，是超过了国际的界限，超过了种族的分野，并且超过了政治及经济关系的。工作人员并无某种自私的企图，只有一个愿望，即解救苦难，同享康乐。工作人员唯一的代价，是获得良心上的慰藉和工作上的普遍开展，他的这种一视同仁的作风，打开了世界任何宗教、国家、党派、团体，只顾本位利益的习例，他的精神完全是“利他”的，他的行为完全是现实的。就是说努力为社会人群造福，便是红十字会的责任，我们总理孙先生说：“人生以服务为目的”，红十字会的机构及其会员便正是这句格言的忠实践行者。

武进红十字分会自去年“七七”复员以来，很快的已一年多了。工作略具基础，也有很多良好表现，但要说配合得上全邑百余万民众的需要，则距离尚远。所以我们亟待发起一种运动，即筹募事业基金的运动，来作本会的事业基础。红十字会是为人人造福的，是为社会服务的，我们人人能多尽一份力，便是人人能多获一份福，“乐善好施”是我国的一句老话，“为善最乐”，尤其是家喻户晓的道理。当这第六届红十字周进行中，本人谨以最大的热忱，祝望各界踊跃输将，群策群力，来造我们自己的福，造我们全人类的福，来实现我们博爱的服务的崇高的理想，完成我们科学的合群的伟大的善举。

原载于《武进新闻》1947年10月14日

红十字禁用，医生改用绿十字，药房改用蓝十字

【中央社南京十四日电】中国红十字会前以红十字标识为全世界红十字会所公有，除为红十字公约所许可使用者外，其他机关及个人不得借用。经呈请行政院通令全国禁止滥用，兹该会以我国卫生机构及医师从业人员，习用红十字已久，骤予取消实难彻底，乃仿各国先例，建议医师以绿十字，药房以蓝十字为代表符号，以资区别，经函请全国医师公会联合会等通知使用。

原载于《中山日报》1947年10月15日

冬救会分发贫民册，限各镇七天内造送

会同红会推行一衣运动

冬令救济委员会于昨日下午二时在县政府举行第三次会议，出席盛景馥、查秉初、吴萼伟、王超一等十余委员，主席翁柽（葆代），议决要案如下：一、准各书场呈请带征冬令救济，捐一千元核减为伍百元；二、乐善、新民、龙城、崇法、荆川，每镇发贫民册四本，永宁、孝丰、丰西、名山、青莲，每镇发贫民册三本，交镇公所限七天内造送，无户籍者速向镇公所保甲长报户籍，以赤隐贫及鳏寡孤独者为施对象；三、包车捐尽本月廿五日前输将，因米价日涨，逾期应加倍捐输，并函请警局饬交通警察切实注意车上乐输证，无证车辆由警领向县行缴款取证；四、通过县红十字会拟会同本会推行一衣运动；五、请旅馆业公会转饬各同业，依照房金带收冬令救济一成，俟城防部县政府发出布告次日实行；六、俟镇公所贫民册造就后，即日开始办理急赈；七、下次会议定十二月廿八日下午二时举行。

兹采录红十字会拟会同冬令救济会推行一衣运动办法如下：一、由

冬令救济会同本邑红十字会办理冬衣救济一衣运动；二、加设征募组，函请红十字会负责；三、定期公告征集日期及区域，由征募组收集，在已捐献者门首粘贴一衣运动标识；四、请各机关首长广播劝募，请各报社宣传劝募，请各影院放映劝募广告。

原载于《武进新闻》1947年12月20日

芳晖女中积极展开劝募寒衣运动

昨在校内募得三十余套，城区各中学将纷起相应

芳晖女中的学生为救济饥寒交迫的难胞和贫民，已经自昨日起在校内发动劝募寒衣运动。十个劝募分队在学生自治会长胡蕴玉领导下，积极展开工作。同学们的情绪十分热烈，昨天第一天就劝募到男女各式衣服三十余套，现在暂时存在各分队。他们预定劝募一礼拜，到本月卅一日再集合各分队募得的衣服，利用阳历年假的时间，去送给城郊附郭的贫民。据预计在一周内可以募到寒衣四百件。她们为使救济工作普遍展开，已经在前天给信本邑各种学校的同学们，希望大家来响应这个劝募运动。所以私立常州中学和正衡中学等校的学生会已经在准备响应了。

芳晖女中的全体教员为赞助学生们推行的劝募寒衣运动，将每个人捐助寒衣一套。校长张彤法首先捐助棉袄裤一套，教员张允溪捐助西装一套、大衣一件。他们虽然待遇菲薄，还能慷慨捐输，去救济受冻挨饿的难胞和贫民，古道热肠，精神堪佩。

原载于《武进新闻》1947年12月26日

1948年

各校学生竞起劝募　一衣运动广泛开展

红会收到寒衣已近二千件
调查工作完毕今先发一批

本邑红十字会发起一衣捐募运动以来，各校学生都很努力的向各方

劝募。学生们利用课余时间，晨夕奔走呼号，为难胞贫民呼吁救济，请各界伸出援助之手，赐给不幸的同胞以温暖。他们在捐募寒衣的人家门口贴上一张红色的“一衣运动”荣誉证，虽然有时他们会在势利的人家遭到白眼，但为着抢救贫民的一条命，也就忍受了这口气。只要能达到劝募的目的，什么难堪都接受。这种伟大的精神表现在这世风日趋下游的社会里实在难得。现在各校先后已经送到红十字会去的寒衣已近二千件，其中以正衡中学捐到的最多，有五百六十九件，并且还由学生抬着自南门送到。

关于难胞贫民的调查工作，因为红会人手少，所以请芳晖女中高中部的同学担任，经调查确实是难胞或贫民，就随手发领衣证。这种调查工作已经完毕，红会定于今日先行发放一批，计男女式衣服各二百件，孩童棉衣五百件。该会全体职员昨日漏夜将捆着的棉衣加以整理和编号，凡是领到领衣证的贫民，可在今天上午九时起到早科坊红会去对号领衣。

昨天除了有贫民陆续向红会登记请领衣服外，还有一个兴化的难胞到会请求救济。他原是一个医生，不堪匪军斗争而流亡到本县来，全家人现在还是穿的夹衣服，冻得瑟瑟发抖。他对红会职员说：“小孩子在西北风里冻得日夜啼哭，手脚红肿，请舍给一件，将来一定归还。因为我还有一技在身。”红会职员随时就给他女士棉袍一件，棉袄裤一套，孩童棉袍一件。

截止到昨天下午，各校已经将寒衣送到红会的有西圈门小学棉衣十八件，鞋子十一双，帽子六顶。西郊中学棉衣一百六十三件，鞋子七十二双，帽子十顶，现款二百零八万一千元。正衡中学棉衣五百六十九件。城一镇中心民校棉衣一百四十四件，帽子十一顶。东右镇中心民校棉衣二百六十件。河南镇中心民校棉衣一百十件，鞋帽若干。天宁中心民校棉衣一百零七件。私常中棉衣五十一件。太平镇中心民校棉衣一百八十三件。慎远小学棉衣四十件。东郊市民小学棉衣一百五十一件。县中棉衣四十五件。柏桢中学棉衣十七件。淹城中学棉衣三十六件。又荆川镇公所送到棉衣五十件，棉絮一条。高九如捐助马裤呢中装大衣一件。陈志宽捐助裤子两条。大成纱厂捐助名画十三件待义卖。据红会负责人说，要救济的难胞贫民很多，各校同学要继续努力为人群服务，并希望各界慷慨捐输，共襄善举。

原载于《武进新闻》1948 年 1 月 8 日

冬救第二批寒衣昨发出八百余件

邑冬救会与红十字会合办一件运动，于本月八日发放第一批寒衣一千七百二十四件，鞋袜帽等二百零三件，已志本报。昨日为第二批发放，到监放代表县政府高正之、县党部段惠彬、青年团戴哲民、红十字会吴逸樵等，并请河南镇中心民校童军十人、县警局十五人，协助维持秩序。一切发放工作由红十字会全体同人办理。上午九时，早科坊一段贫民难胞约七八百人，排成两行，编号入会领衣约三小时，共发寒衣八百六十九件，鞋袜等八十余件。闻该会至十日共收寒衣三千二百六十二件，两次发出二千五百九十三件，尚剩六百六十九件，鞋袜三十余件。据红会负责人谈，所剩者全为小孩衣服，但贫民难胞仍多向隅，惟有再向各方呼吁征募后再作第三批发放，如所收者仍多，小孩衣服或将赴乡区发放云。

原载于《武进新闻》1948 年 1 月 11 日

配合冬令救济　推行一衣运动

五金商人慷慨解衣

本会武进县分会为救济地方赤贫及难胞，特会同该县冬令救济会，举办“一衣运动”。经各方及各学校学生热烈推行，自三十六年十二月二十八日起至三十七年一月七日止，已收到各方捐来寒衣二千八百五十余件，鞋帽二百八十余件，现款二百零九万一千元，待义卖书画十三件。该分会为使贫民们早得温暖，于一月八日举行第一期发放寒衣。天刚拂晓，到会领衣的难胞和贫民已聚集在早科坊该分会门口，由县中童军团长沈怀卿率领童军一小队赶来维持秩序，并协助发放。

去领衣的贫民们，都是骨瘦肉少充分显露贫血的现象，衣服的破碎，简直是零布和老棉的堆积，有的还是穿了件破夹衣，在西风里瑟瑟发抖。有二三个烂脚的贫民，竟是放下手来爬到早科坊。每个进去领衣的人，都要争多嫌少，给他一件棉袄，还要套取一件夹袄，尤其是许多小孩子，哭丧着脸进去，笑嘻嘻的出来。下午还添了一群没有领衣证的贫民，苦苦的哀求施舍，分会职员也就给他一件而去，所以竟超出了预定数目，发了一千三百多件。

当一衣运动正在各校推行时，私立常州中学高一学生蒋顺震，为恻隐心所驱使，竟自懂得卸下他身上的呢大衣，缴到分会里。这种己饥己溺的博爱精神，博得全校同学的称赞，校方也已经将他列为本学期品德最好的学生中的一个。

最令人感慰的，是当一衣运动推行之始，即有一位热心的朋友拿着一件八成新的黑马裤呢中装大衣送到分会里，并说："贵会举办一衣运动，本人十分同情，愿将这件大衣捐献，聊表微忱。"旁边一位新闻记者听了他的话，感着十分惊奇，便跟即与他谈起，记者问："贵姓大名，做什么行业？"答："姓高名九如，业五金，在北大街县巷口一开间门面的复泰五金号，便是本人开设的。"问："先生为何不捐别的东西或旧衣，而捐这样的价值高的大衣呢？"答："我在报上看到红十字会举办一衣运动，便决意想捐一件衣服，不过家里男女老少的旧衣，也只够各人御寒，只有自己身上的大衣，尚觉多余，所以把它捐出了。在我决定捐这件大衣的时候，我想难民和贫民只求温暖，不需要这样好的，所以想把它卖了再买几件棉衣好些，可是卖了几天，没有顾主，不得已只得把这大衣送来了。"最后他郑重地说："这件大衣给难民和贫民穿了，恐怕人家要误会他们是不正当行为得来的，请你们在大衣上做个记号，免得反而害了他们。"最后记者说："先生这样大慈大悲，并且顾虑十分周到，真叫我们感佩之至，记者代表武进的难胞和赤贫们向先生谢谢。"在大家感佩严肃的空气中，他还很客气地说："红会诸先生这样热心救济事业，真是武进老百姓的幸福，本人追随诸公之后，今后如有绵力所及，当乐于尽力。"说完了，很坦然地步出了大门。这位记者目送了许久，然后很感慨地对大众说："这位高先生一幅仁慈的面孔和温和的态度，真使我感佩之至，我们武进比高君更有钱的大商家，真不知万千，希望都能慨解义囊，完成红十字会这种义举，更希望全城温饱的同胞们，伸出你们慈祥的手，把家里剩余的旧衣都捐献出来吧！"

原载于《红十字月刊》1948 年 1 月总第 25 期，第 20 页

白米一升运动廿六日开始劝募

冬救委会发动劝募白米一升运动，已志前报。兹悉该会业将一升运

动劝募队组织及劝募办法订定如下：一、为发扬人民“助人为快乐之本”之精神起见，特订定本办法，以收积少成多之效；二、劝募队之组织。甲、每校组劝募队一队，即以校名为队名，每队设队长一人，由教员担任，下设若干组，每组十人，设组长一人，由干练之同学担任。每校至少二组。乙、年假在即，各校劝募队以城区同学为对象，由各校自行事先组织，列表送会，定本月二十六日为劝募开始日期。届时各登记同学自动向本会征募组（红十字会）报到。丙、各队应自制队旗一面，以资识别；三、劝募方法。甲、每户一升为原则，多多益善，一宅有数户者应按户劝募。乙、各校以该校所在地之镇区为劝募范围，同镇有多数学校者，由会指定劝募地点。丙、凡已捐之户在门首贴一升运动标识，每户一张。丁、劝募各户不用名册，但须将捐数记载，以便统计。戊、各队出发劝募，由队长向会领取麻袋一只。己、各队捐得之米，随时指定地点交给征募组（红十字会、汽车经常在指定地区分别汇集）。庚、劝募工作定一月二十六、二十七、二十八三日内完成，由队长将捐得总数报会登记。

原载于《武进新闻》1948年1月23日

推行一升运动，红会吴总干事广播

替穷苦同胞求救

眼前是严冬的季节，朔风凛冽，正是穷苦同胞们饥寒交迫最痛苦的日子，红十字会总干事吴逸樵昨为冬令救饥会、红十字会推行一升救饥运动，特假县党部电台广播，替成千成万的穷苦同胞求救，呼请各界热烈支持与慷慨捐助，兹录其广播词如下：

今天为冬令救济会、红十字会推行一升救饥运动，借县党部电台广播，替成千万饥寒交迫的穷苦同胞，向各位大善士求助，喊一声救命。

眼前已是寒风砭骨的严冬季节，也正是穷苦同胞又冻又饿最痛苦的日子，冬救会、红十字会，前几天发放寒衣，每次总有几百贫民聚集在红十字会门前，眼巴巴地等候一袭寒衣的恩物，他们的身上还仅仅穿着鹑衣百结的破絮衣裤，寒冷得缩着头颈发抖，其中有许多牵着三、五龄的孩子，这些孩子，有些光着屁股，有的赤着双足，本是天真活泼的小孩子，却被饥寒威胁得失了生气，饥寒使他们忍不住偷偷地在哭泣，目睹这幅可怜的情景的人，谁都不能不有动于衷，而给予同情的救济。

恻隐之心，人皆有之，冬令救济会、红十字会关怀贫民生活，苦思焦虑，筹划种种救济办法，推行一衣运动，已得到社会的同情，各校踊跃劝募，各户热烈捐助，高九如先生与私常中蒋顺震同学，且当场脱下自己的大衣，慷慨捐助，这种解衣衣人的热忱，令人感佩，而影响力量之所及更为宏大，所以在短短的时期中，便募到了大批的寒衣，足征我武进同胞推己及人、乐于为善的仁风，是值得表扬的。

我们对此成千万的穷苦难胞，仅仅给予一件衣服的救济，那是绝对不够的，在这米珠薪桂的时候，穷苦同胞，天天在饥寒中煎熬，我们决不能旁观，要本着先贤老老幼幼的名训，再进一步救济他们一冬天的问题，这是当前急不容缓的大事，穷苦的同胞，同是一县的老百姓，本着风雨同舟之义，我们必须要负起道德上的责任，积极地起来援助，给他们实惠的救济。

因此，冬令救济会、红十字会，继一衣运动之后复向各界呼吁各户求助，推行一升救饥运动，为成千成万的穷苦同胞，获得一升的充饥，使他们得以勉强度过这严酷的残冬。救人一命，胜造七级浮屠，为善必昌，助人本来为快乐之本，救人亦即为自己造福。一户给一升，万户则万升，积少成多，多多益善，活人也愈多，真是功德无量。冬救会、红十字会，竭诚地为着成千成万的贫困同胞向社会祈求同情，希望各大善士的热烈支持与慷慨捐输，并且谢谢一件运动的热心士女们，尤其是各学校的同学们。

又讯：红十字会会长程俊观关怀穷苦同胞推行一升运动，于今日下午四时在县党部电台广播。

原载于《武进新闻》1948 年 1 月 25 日

一升运动积极展开，程会长俊观昨广播

武进红十字分会程俊观为推行一升救饥运动广播词："北风呼呼，雨雪载途，在这一个严寒之季节，我们想着饥饿的穷苦同胞，真是食不下咽。所以本会为推行这一升救饥运动，一再呼吁。俊观这一次特地从上海赶回来参加这一个工作，我认为非常荣幸。

首先我要向各位乡邦人士说一声谢谢，为了上一次的一件运动，都

是各方面热烈参加，前后共得四千余件。这一种工作的成功，都是社会上同情心的表现，这一种推己及人的同情心，我要积极的扩大起来。

一升救饥运动是集体的募化，积少成多，救人饥饿。在我们常州的风俗，到冬天有一种发米票的善举，现在冬令救济会的施发赈米，也是这一种善举的传统，所以这一升运动的工作，实在是十分迫切和十分需要。

物价如此的高涨，斗升小民，真是受不了，现在还有苏北各地过境的难民，既无亲友可寻，又是人生地疏，沿途求乞，露宿街头巷尾。如此情景，真是目不忍睹，我们应该寄予深切的同情。

现在我们只要求每一居户，捐出一升白米，这一户一升白米的捐助，所花不多，收效实大，每一居户，平时把饮食方面，略为节省一点，每人家节省这一点点，就可以救济很多的苦难同胞了。

所以今天本会和冬令救济会共同发起一户一升的救饥运动，除了一方面有计划的由冬救会分给过境难胞外，恺乐堂的施粥处，我们还要继续的补给，如此可使苦难同胞得到一点温暖，我想各位乡邦人士，一定十分赞成的。

我希望一户一升救饥运动，热烈的展开，更希望热心人士切实表现，多多益善，为善最乐，积少成多，集腋成裘，同时要告诉大家，本会全体员工节食之下，捐助白米一百升，作为倡导，所以我希望大家出来，共同提倡，积极推行，替苦难同胞服务。”

原载于《武进新闻》1948年1月26日；
又载于《红十字月刊》1948年1月总第25期，第20—21页

天寒地冻无人顾问，红会义卖改期

汪心如慨捐一石米

昨天下午红十字会将捐来的金戒、大衣、画件等，在公园内图书馆楼下举行义卖，将款项购米施送贫民。可是当日因为天寒地冻，事前又少宣传，主持人冷清清地苦守半日，竟未有一人去顾问，只得改期再举行。后来忽然来了一位热心人汪心如先生，他愿意捐助食米一石，救济给贫黎，请红会随时派人到周线巷八十□号汪宅领取。

原载于《武进新闻》1948年1月26日

红会厚余服务站预防天花脑膜炎

本邑红十字会厚余镇服务站自去年七月中旬创办以来，关于乡村医疗及助产等工作颇为繁忙。该镇旅外人士，热心公益事业一再慷慨捐输，近已将后进空屋七间修建成病房及待产室，前面旷场遍植花树，环境幽美。日来乡区天花脑膜炎流行，该站每日下午免费为各学校布种牛痘及注射脑膜炎预防针，星期六、星期日，则分赴各乡村布种。

又讯：客岁严冬，该站向分会领取棉衣三百件，会同厚余慈善会举办冬令救济共发米二十余石，四乡贫民受惠不浅云。

原载于《武进新闻》1948 年 3 月 6 日

医界先进、新闻记者参观厚余服务站

对该站设施咸表满意

红十字会厚余服务站自去年八月成立以来，即本着服务人群的精神，在厚余展开工作。该站设有诊疗部，对贫病施诊给药，书报室订阅各种报章杂志，给予乡村青年以精神食粮。在去年冬天并办理冬赈事宜，发放寒衣食米救济贫黎。厚余民众对该站此种博爱精神的表现，感佩非常。今年新正，更积极筹备增辟病房五间，置床铺十余，以收容病重者与离镇较远待产之农妇。该项筹建工作业已完竣，不日落成。但为使一切设施趋于完善起见，乃定于前日（廿九）邀请邑中医界先进及新闻记者等前往参观指导，被邀者有武进医院院长翟培庆、公医院院长陈舜名、名医师谢知闲、卫生院长何天民、红十字会武进分会干事吴逸樵、陈绍文及各报记者等十余人，一行由该站负责者庄国桢、章文煜陪同乘吉普车前往。上午十一时抵达该站，由庄国桢报告该站成立动机、经过及业务概况，后即参观全部医疗及病房设备。至下午五时始乘原车返城。一行人等对该站设施之完善，精神之饱满，咸表非常满意。

原载于《武进新闻》1948 年 3 月 31 日

武进分会的营养服务

近代人类的生活，一切都要合理化，就是吃也不能例外，虽然吃不过是为充饥和活命，但是要是这两种要求得到适当的解决，就非研究合理化的吃不可。

营养，这并不是新鲜的名词，可是在我们中国到底还有些陌生，因为中国有大部分的人民，天天在饥饿线上挣扎，能够勉强图一饱不至挨饿的人，的确可算是很幸运的分子了，哪里还讲得到营养呢？因为大部分人民这样的穷，自然更是缺乏营养，所以对于给与营养的补助，也就特别的需要了。但是需要尽管需要，如何能够达到这个需要是大成问题的，没有力量能够得到这个需要，又该怎么样呢？

武进县红十字分会成立之初，即以“强扶弱”“富济贫”为己任，抱着博爱与服务的精神勇敢的为大众争取福利而努力，本会认为要建立一个强盛的国家，必须要培植下一代健全的国民，因为今日的儿童，是明日的主人，所以要健全今日儿童的体格，来培植明日强盛国家的基础，这是一个远大而积极的建国工作之一，当不致有人否认的。

现在中国的儿童，大多数是在不合理的生活中自生自灭，得不到合理的养育，适当的营养，所以一到成年就未老先衰，即使学得了满腹经纶，终于被身体衰弱、精神萎靡所困，无从发挥其才力来担当艰巨的事业，这样的事实，不知断送了多少有为的人才，这不是国家的一种无可估计的损失吗？

由于营养不良而丧失了健康，断送了个人的幸福与事业，更动摇了国家民族强盛的基础，因此，可知儿童营养问题是如何的重要了，我应该如何促使社会对这个问题加以警惕与注意，用大众的力量来培植下一代的幼苗以奠定明日国家的强盛基础，这是当前最为重要的一件工作。

我武进遭遇日寇八年的冲洗，民穷财尽，因此，失教失养的贫苦儿童，几于遍地皆是，我们绝不能熟视无睹，故本会成立未久，即首先对于这贫苦儿童的问题，热筹所以救济之道。经迭次与联总苏宁分署洽办儿童营养站以资救济，旋由该署派遣中外儿童福利专家几度来常视察，他们对于本会工作的热忱与同人的服务精神，认为不可多得，所以备承优予协助，供给营养物资，合办儿童营养站，由本会主持其事，该署则常常派遣专家前来视导，在同一个目标，彼此精诚的合作之下，完成了这一椿“营养服务”的神圣工作。

联总苏宁分署与武进红十字会合办的儿童营养站，第一、第二两站开始于民国三十五年十一月初。最初，每日有贫弱儿童五百余人来站饮奶，因为办理认真，不久就获得各方面的信仰，于是在一月内迅速地成立了五个儿童营养站，每日有二千多营养不良的儿童，无条件享受着牛乳的特别营养，以增强其体格，这样地继续享受了六个月。在这牛乳的营养补助之下，无形中增强了儿童的有生力量，把许多面黄肌瘦的儿童，从羸弱中拯救出来，这一个成就的效果如何，却是不易用任何精确的度量所能测度的。

儿童营养站是营养服务的实际工作，本会一共主办了五个营养站，兹将五个营养站的情形略述如次：

五站的分布情况是城内三处，城外一处，乡区一处。

第一站设在本会，以一岁至五岁的贫弱婴儿与幼孩为对象，这些幼孩还不能自己走来吃奶，准他们把奶领回家去吃的，每次可领五天的奶量，每五天给一次，在第二次领奶时，须带来空听以凭验发，务使儿童能够确实享到牛乳的营养。关于这种领奶回家的办法，原是为幼孩们不能自己天天走来吃奶的一种补救措施，使实际需要吃奶的贫弱婴儿们，也得到吃奶的均等机会，但是这种领奶的标准，在事先的调查与检查工作，却特别的审慎与严格，以防他们希图便利，并且领奶的额子也特别少，他的比例是占饮奶儿童总数的百分之十，以示限制，领奶的幼孩，每个月还要带来受一次体格的检查，以资测验饮奶后的效果。

第二站设在城外西郊附近，这是本会唯一的儿童营养站，也是最合理想的一个站。这站是一个一字形的平屋七间，前后玻璃如镜，是本会的一所新的建筑物，这里的环境很幽静，空气清新，日光满屋，最宜于儿童的活动了，屋内的布置有饮奶室、消毒室、煮奶室等，四壁贴着各种有关营养的标语，饮奶室内有长桌，上铺白布，经常保持着清洁，窗明几净，予人以一种快感。这里每日上午七时至十时，有五六百儿童来此饮奶，各自带着奶杯，依次排列，鱼贯而入，在未饮之先，且有数分钟卫生讲话及精神讲话，孩子们都笑哈哈地站着聆听，吃奶后，天真活泼地跳着散开去。

第三站设在城东的恺乐堂，在这教会的礼拜堂，使儿童们走进了高尚的环境，享受着美味的牛奶，更听到了新颖的讲话，使他们变换一个新的健活环境。在每天吃奶的机会中，使他们熏沐着另一个快乐的环境，不但是健全了他们的体格，并且也增加了他们的新的认识。在这一站里，每天也有五百左右的儿童，天天如潮水般涌来活动，培植了几百个未来的主人的幼苗。

第四站设在城的中心——县中的大礼堂，因为武进小学之多为江苏之冠，在这站的四周附近，便有很多个小学校，无疑地这站设立的对象是以贫苦的小学生为对象，使他们也能够享受营养的机会，这里有县中的老师协助办理，吃奶的小学生又都已受过一些教育，所以成绩也特别出色，杯子的消毒、吃奶的秩序等等，都能自动做好。这里有三百多儿童饮奶，凡是小学生来吃奶，都在未上课之前或下课之后，分批供给。这一站以提倡营养的意义，最收成效，因为有许多家境较好的学生，看到吃奶的好处，回到家里向父母建议要营养品吃了。

第五站设在前黄镇，本会的乡村服务站内，本会向来提倡乡村工作，提倡医药下乡，也提倡营养下乡，因为乡区实在比城市更苦，缺医药少营养。所以本会在各乡设立服务站，提倡下乡工作，在这里附设的营养站，在乡村中可说独一无二了，联总的儿童福利专家美籍韩美如夫人、陈久敬先生、周慈航小姐以及总会第三处陈蕙君处长，曾不避辛苦，下乡去视察过，他们的热忱至今深深地印入乡人的脑海中，前黄站的到今天的滋长发育，他们有着不可磨灭的力量在内，乡村儿童营养都有问题，所以这一站饮奶的儿童亦有四百余人。

以上是本会所办的营养服务的大概情形，在最初营养站设立之前，我们分头去找贫苦儿童为对象，当我们走进贫民的草屋里，看到了好多个瘦弱的儿童，我们向他们的家长登记，要他们的儿童到营养站去吃牛奶，他们都投以怀疑的眼光，惟恐有意外的事端，警异得呆若木鸡，这也难怪，因为无条件白送热热的牛奶给贫苦的儿童享受，在中国诚然是从古未有的奇迹，我们希望这个奇迹变为平凡，更希望这个平凡的奇迹遍地在中国各地出现，使成千万面黄肌瘦的儿童得到营养的补助，增强他们有生的力量。（吴逸樵）

原载于《红十字月刊》1948 年 3 月总第 27 期，第 17—18 页

红十字旗帜在乡村

——武进分会前黄、厚余服务站鸟瞰

红十字会的医药服务在城市建立了基础之后，愈切地需要推展乡村市镇的工作，在乡村贫苦的人多，在乡村科学的医护人员缺乏，红十字会的服务便应该找寻这些没人照顾的贫苦人群，红十字会的正义同情正应该为这些人抒发，红十字的旗帜今后将在贫穷、疾病、灾害、痛苦的每一个角落里飘荡。

武进分会从三十六年二月开始，先后设立了前黄镇、湟里镇、寨桥镇、厚余镇、西夏墅、马迹山、湖塘桥、雪堰桥和坂上镇等九个服务站。兹将前黄、厚余两站的情况约为介述，供各地分会之参考。

前黄镇服务站

前黄是武进南的一个小镇，人口有二万七千，有中学一所，小学十三所，因为它是前黄区署所在地，所以商业很发达。

三十五年冬，苏宁分署与武进分会合办了一个前黄营养站，三十六年二月营养站结束，为了工作的需要，便成立前黄镇服务站，为武进分会乡村服务的创始。

服务站，借在镇上中街的杨家祠堂里，站内有疗养室、待产室、调查室、手术室、门诊室，设病床八张、产床二张，检查台、检查床各一张，普通外科器械全都具备。人员方面有医师一位，护士一位，助产士二位及干事二人。经常诊治内、外、产科病人，从事防疫注射及痘苗接种。自三十六年二月成立至三十七年四月止，共计诊治病人四九九五二人，其中内科五八五八人，外科七五二二人，预防接种二〇四九三次，接生一五四次。

关于保健方面，举办过儿童健康比赛，对于身体不良之儿童发给牛奶、鱼肝油等营养品。举行过妇女节叙会，到家庭妇女二百〇八人，请医师、助产士讲解家庭救护常识及妇婴卫生。还曾举行了一次敬老会，一方面表示崇敬长者，一方面促起社会注意健康，参加者有六十岁以上的一百〇八人，最长者八十二岁，分赠一点食物及纪念品。

曾与当地热心的中医合办夏令施诊所，随消防队出发作急救服务，联络地方当局，清除垃圾，取缔露天粪坑，疏浚居民饮水之河道，长约三华里，动员民众一万五千人，以及一切环境卫生工作。

对贫苦的居民，分发过寒衣六百件，单衣四二四件，皮鞋六二双，米三石，补助四十个贫苦儿童的学费，也曾利用农隙举办过失学儿童夜校，就学儿童计七十二名。举办了二期妇女缝纫班，每期二十人，训练二个月。

举行过一个七百多人的会员联谊会，放映过二次电影，开辟了一块二亩大的荒地当作儿童游戏场，希望从积极的康乐活动中使身体康强。还曾发动会员一千五百人修筑新园中学的公路，以便学生上学。此外有一所书报阅览室，农民教谊室，供给社会人士之用。

前黄服务站的工作，很光荣的被大众注意，行总的韩美如夫人，周慈航、陈久敬诸先生，苏省卫生处长陈万里，武进的卫生院长何天民，武进医院院长翟培庆都曾光降过。这小小的实验获得地方人士的一致赞助，因之经费有了着落，总会不断地供应医药器材，工作人员们也便热诚地守住岗位，现在正在筹备“水上巡逻诊疗服务”以及其他业务的开展，这还靠社会各界人士的热心帮助。

厚余服务站

在农村经济衰疲的今日，乡镇的医药卫生工作，极度贫乏，但却也极度需要，于是三十六年八月，武进城西的厚余服务站，在大众的要求下，在地方人士一致支持下，宣布开幕。

服务站设有门诊部，请了二位医师，一位护士，一位助产士。内外科有十张病床，还有四张待产病床，为交通不便往返的病家准备着。自三十六年八月开始，到三十七年四月为止，这八个月来诊治内科二〇六三人，外科二五八一人，接生五十一次，预防接种二三一五次。所用的药品器械，一部分是武进分会发的，其他必须的药械经费，全是地方上热心人士认募的。

这儿还有一个小小的阅览室，有时也配合分会工作和当地的需要做一点救济工作。近来正计划着辟设一间化验室和外科的小手术室，而且筹备组织乡村巡回诊疗队，定期去寻找躲在乡角里的贫苦的病人。

原载于《红十字月刊》1948年5月总第29期，第27页

武进县商会通告

红十字会为中立性之社会福利团体，以公正超然之精神推行博施济众之事业。武进分会办理医药救济及各项福利工作，历年来贡献殊众，地方人民获益匪浅。除药品、器材由总会及国际慈善机构拨赠外，所有事业费用应由地方筹措为准。该分会函请本会给予补助月捐以资维持，当交五月二十六日第四十次工商会议讨论。经议决工商会员商店（厂、号），每月给助月捐，由红十字会武进分会按月收取，并由本会先登报公告，记录在卷。除函告外，特此登报通告，即请工商各家会员按月给予捐助，以振救济事业。

此通告作于1948年6月30日，先后刊登于《中山》《正报》《武进新闻》《民声日报》《晨报》《快报》《新闻夜报》等报

红十字会今起举行七届红十字周

发动一人一元运动

中国红十字会总会定于本年十月一日至十日举行第七届红十字周，除举办各项展览及征求会员运动外，并筹募三十八年度事业经费金圆券十万元，分配全国各地分支会发动一人一元运动分担筹备，以期发展社会福利及医药救济工作。凡每人经募满十人者，赠与特别会员，其热心捐助巨款之团体及个人所捐款项合于该总会奖励办法之规定者，由该总会发给奖章或奖状。合于政府褒扬条例之规定者，转请政府褒扬。筹募工作结束后由总会登报并印具征信册，以照信实。

原载于《武进新闻》1948年10月1日

第二部分 照片中的常州红十字会

中国红十字会首任会长盛宣怀

中国红十字会理事长庄录

中国红十字会常务理事闻兰亭

常州红十字会首任会长屠寄

常州红十字会理事长王完白

1923年日本大地震，中国红十字会理事长庄录率总办事处救护医队赴日开展救援

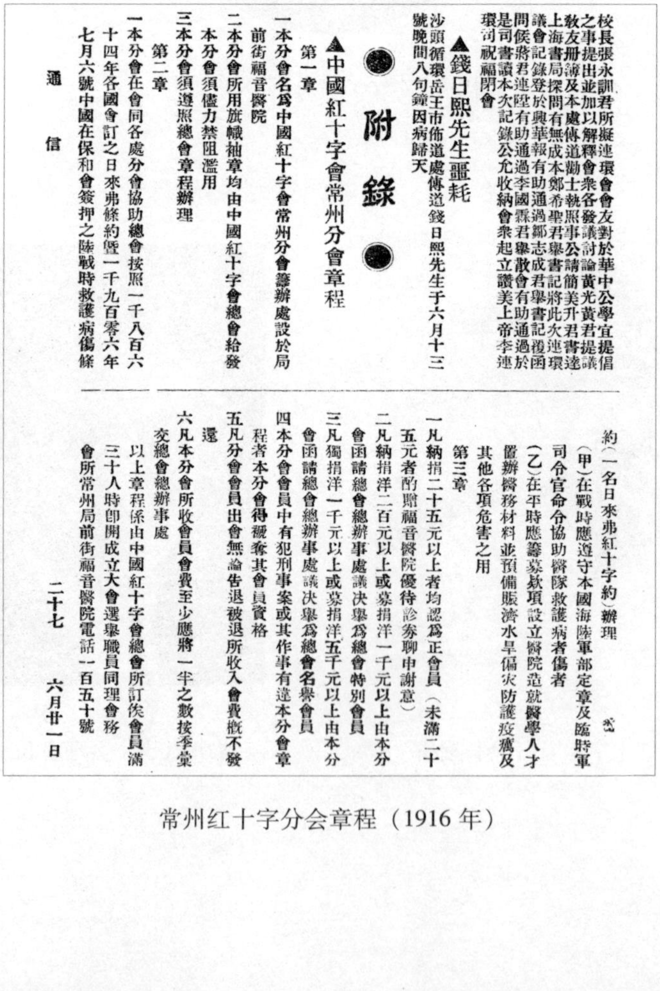

校長張永訓君所擬連環會會友對於華中公學宜提倡之事提出並加以解釋會衆各發議討論黃光黃君提議敎友册簿及本處傳道勸士執照事公請簡美升君書達上海書局探問有無成本鄭希聖君舉書記將此次連環議會記錄登於興華報有助通過鄭志成君舉書記覆函問候蔣君連陞有助通過李國霖君舉散會有助通過於是司書讀本次記錄公允收納會衆起立讚美上帝李連環司祝福閉會

▲錢日熙先生噩耗

沙頭循環岳王市佈道處傳道錢日熙先生于六月十三號晚間八句鐘因病歸天

● 附錄 ●

▲中國紅十字會常州分會章程

第一章

一本分會名爲中國紅十字會常州分會籌辦處設於局前街福音醫院

二本分會所用旗幟袖章均由中國紅十字會總會給發本分會須儘力禁阻濫用

三本分會須遵照總會章程辦理

第二章

一本分會在會同各處分會協助總會按照一千八百六十四年各國會訂之日來弗條約暨一千九百零六年七月六號中國在保和會簽押之陸戰時救護病傷條約（一名日來弗紅十字約）辦理

（甲）在戰時應遵守本國海陸軍部定章及臨時軍司令官命令協助醫隊救護病者傷者

（乙）在平時應籌募款項設立醫院造就醫學人才置辦醫務材料並預備賑濟水旱偏灾防護疫癘及其他各項危害之用

第三章

一凡納捐二十五元以上者均認爲正會員（未滿二十五元者酌贈福音醫院優待診劵聊申謝意）

二凡納捐洋二百元以上或募捐洋一千元以上由本分會函請總會總辦事處議決舉爲總會特別會員

三凡獨捐洋一千元以上或募捐洋五千元以上由本分會函請總會總辦事處議決舉爲總會名譽會員

四本分會會員中有犯刑事案或其作事有違本分會章程者本分會得褫奪其會員資格

五凡分會會員出會無論告退被退所收入會費概不發還

六凡本分會所收會員會費至少應將一半之數按季彙交總會總辦事處

以上章程係由中國紅十字會總會所訂俟會員滿三十人時卽開成立大會選舉職員同理會務會所常州局前街福音醫院電話一百五十號

通信

二十七　六月廿一日

常州红十字分会章程（1916年）

常州红十字分会第一会址——福音医院

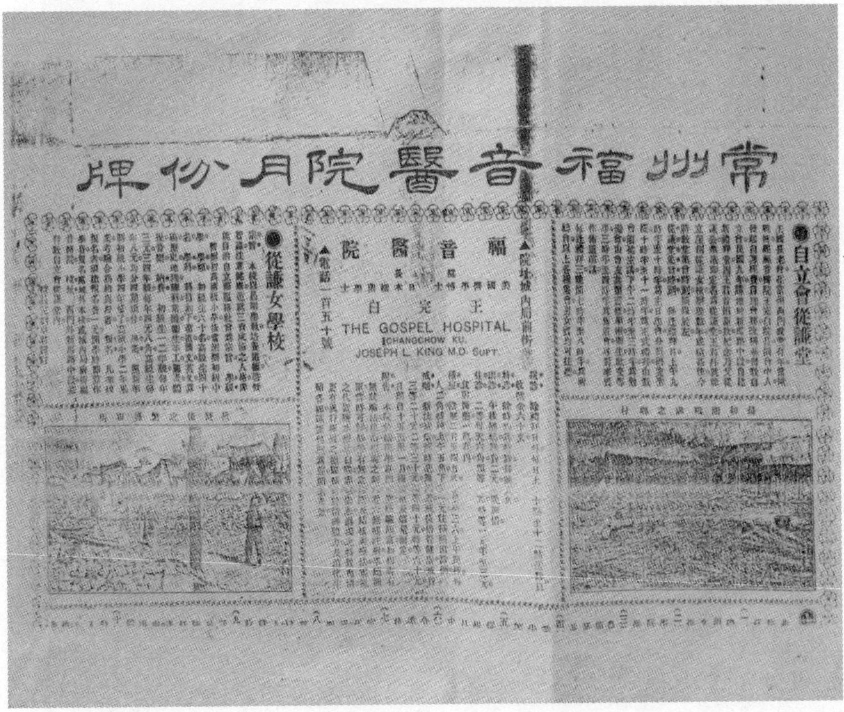

福音医院月份牌（1916 年）

1921 年秋，常州红十字分会组织救护队赴沙洲开展灾赈

1923 年，常州红十字分会组织救火队参与救护工作

1924 年，常州红十字分会掩埋遗体

1924年，王完白拍摄的齐卢之战的破坏场景

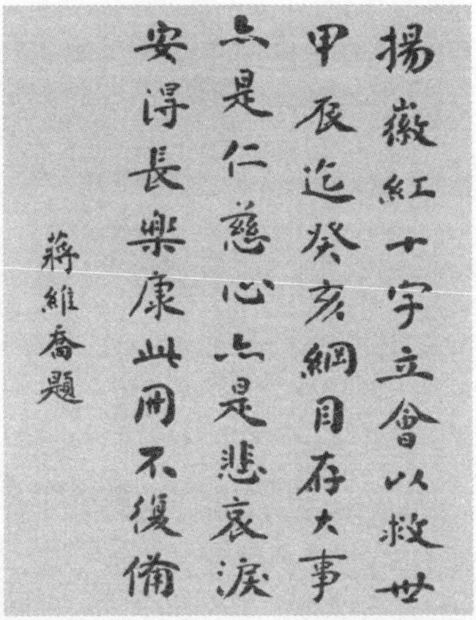

1924 年，著名教育家、哲学家、佛学家、武进人蒋维乔为《中国红十字会二十年纲目大事记》题词

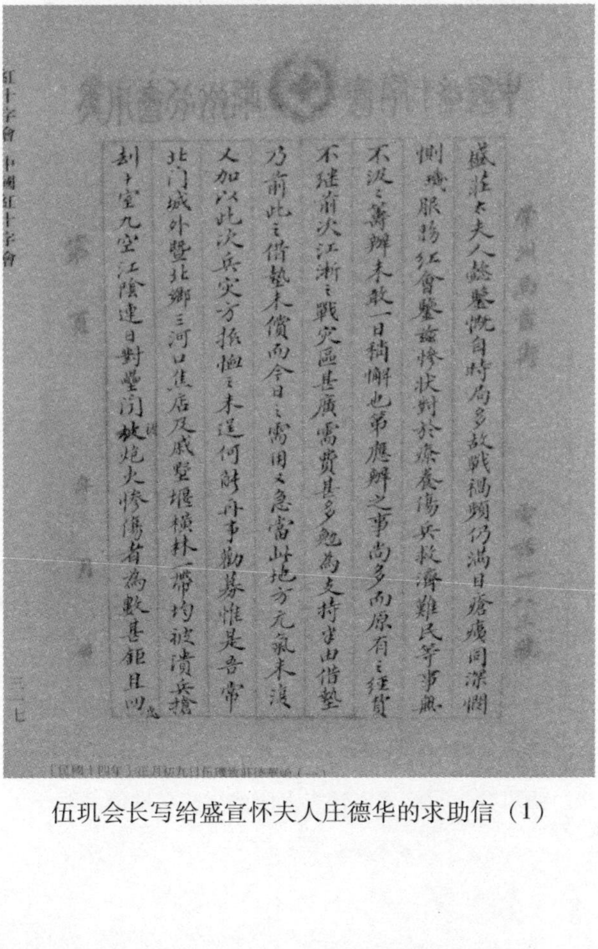

盛莊太夫人懿鑒慨自時局多故戰禍頻仍滿目瘡痍同深悯
惻職服務紅會鑒茲慘狀對於療養傷兵救濟難民等事無
不汲汲籌辦未敢一日稍懈也第應辦之事尚多而原有之經費
不逮前次江浙之戰災區甚廣需費甚多勉爲支持半由借墊
乃前此之借墊未償而今日之需用又急當此地方元氣未複
人加以此次兵災方振撫之未遑何能再事勸募惟是吾常
北门城外暨北鄉三河口焦店及戚墅堰横林一帶均被潰兵搶
刦十室九空江陰連日對壘開放炮火慘傷者爲數甚鉅且四

紅十字會 中國紅十字會

三一七

伍玑会长写给盛宣怀夫人庄德华的求助信（1）

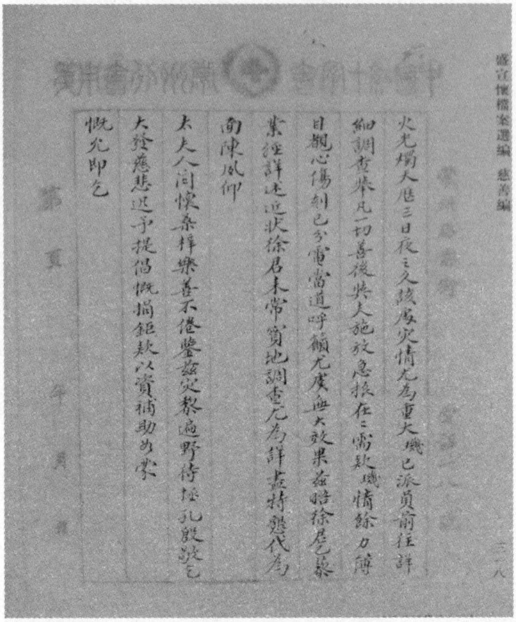

火光燭天歷三日夜之久該處灾情尤為重大巘已派員前往詳
細調查舉凡一切善後供人施放急振在在需款巘情餘力薄
目覩心傷刻已分電當道呼籲尤虞無大效果茲將徐君[illegible]
業經詳述近狀徐君未常實地調查尤為詳盡特懇代為
面陳風仰
太夫人閔懷桑梓樂善不倦鑒茲災黎遍野待拯孔殷敬乞
大發慈悲迅予提倡慨捐鉅款以資補助為此
慨允即乞

伍巩会长写给盛宣怀夫人庄德华的求助信（2）

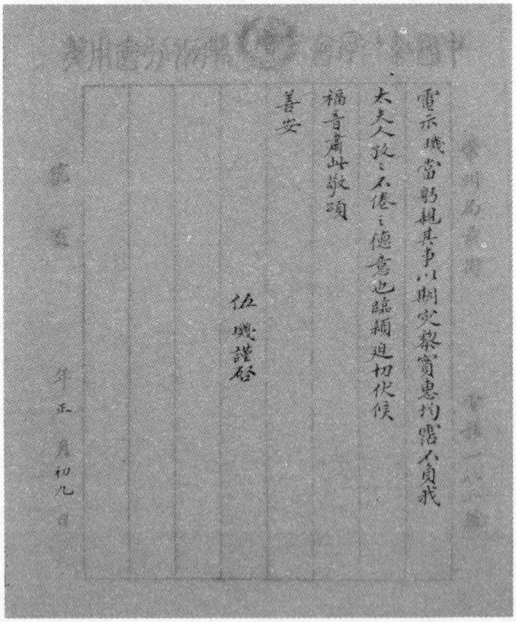

電示巘當躬親其事以期災黎實惠均霑不負我
太夫人孜孜不倦之德意也臨穎迫切伏候
福音肅此敬頌
善安
伍巘謹啟
年正月初九日

伍巩会长写给盛宣怀夫人庄德华的求助信（3）

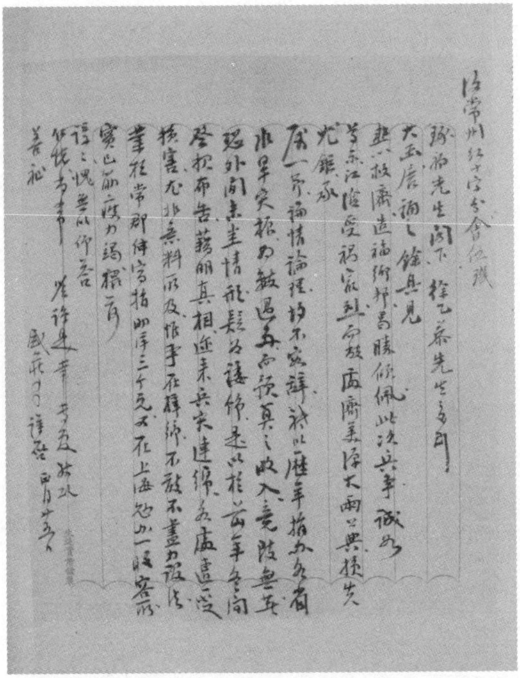

盛宣怀夫人庄德华给伍玑会长的回信

琢初桥

第三任会长伍玑去世后捐建的琢初桥（1929 年）

常州遗体捐献的先驱余少舫（1936 年）

常州人民的骄傲苏克己烈士（牺牲于 1937 年 8 月 23 日的抗战救护中）

中国红十字会总会第一救护队苏克己等抗战殉难烈士纪念碑（1946 年）

1946 年 9 月，武进县红十字分会成立

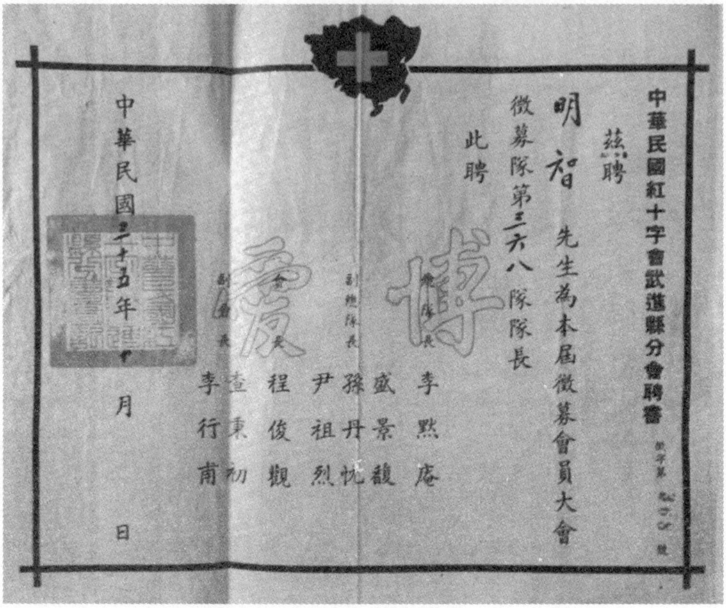

中華民國紅十字會武進縣分會聘書

茲聘
明智先生為本屆徵募會員大會
徵募隊第三六八隊隊長
此聘

總隊長 李默庵
副總隊長 盛景馥 孫丹忱 尹祖烈
會長 程俊觀
副會長 董秉初 李行甫

中華民國三十五年四月　日

武进县红十字分会会员征募分队长聘书

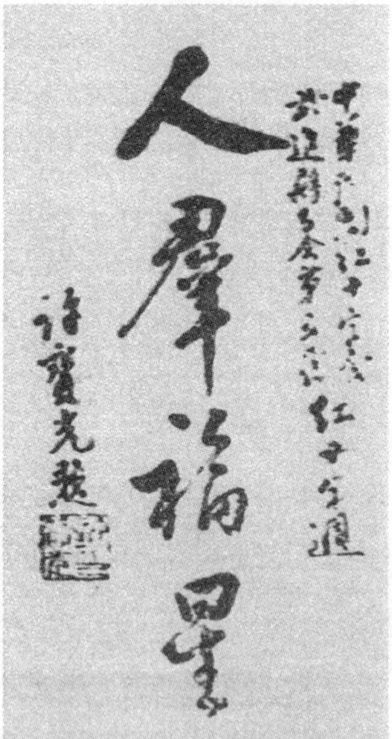

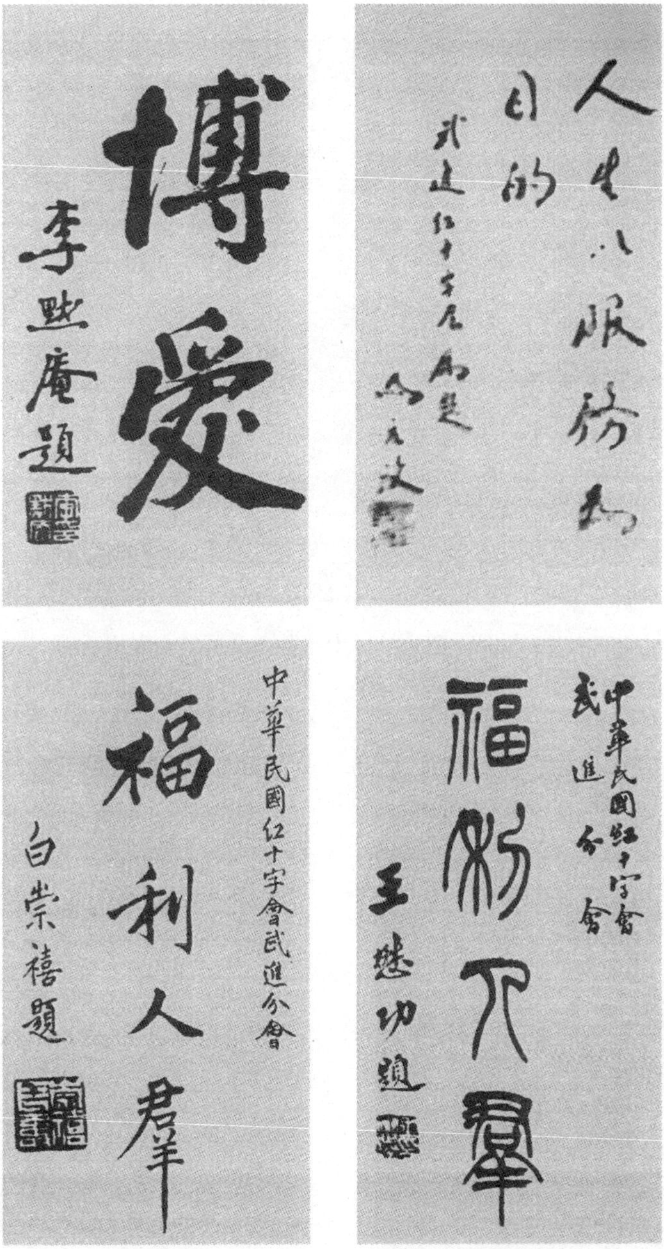

1946 年，国民政府军政要员和社会名流
为武进县红十字分会第五届红十字周题词

1947 年 10 月，武进县红十字分会开展红十字周活动

武进县红十字分会总干事吴逸樵

王完白先生晚年读书照

第三部分　档案中的常州红十字会

武进县红十字分会基本材料

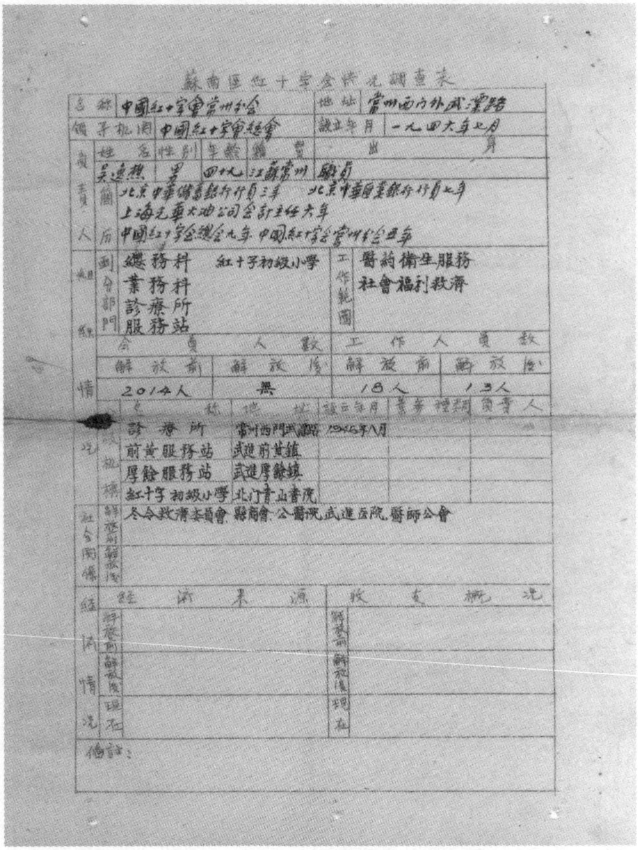

蘇南區紅十字會情况調查表

名稱	中國紅十字會常州分會		地址	常州西門外武進路	
領導機關	中國紅十字會總會		設立年月	一九四六年七月	
負責人	姓名	性別	年齡	籍貫	出身
	吴達樵	男	四十九	江蘇常州	職員
簡歷	北京中華儲蓄銀行行員三年　北京中華國貨銀行行員七年 上海光華火油公司會計主任六年 中國紅十字會總會九年　中國紅十字會常州分會五年				
組織 副分部門	總務科　紅十字初級小學 業務科 診療所 服務站		工作範圍	醫藥衛生服務 社會福利救濟	

會員人數 解放前	會員人數 解放後	工作人員數 解放前	工作人員數 解放後
2014人	無	18人	13人

附屬機構 名稱	地址	設立年月	業務種類	負責人
診療所	常州西門武進路	1946年八月		
前黄服務站	武進前黄鎮			
厚餘服務站	武進厚餘鎮			
紅十字初級小學	北门青山書院			

社會關係	
解放前	冬令救濟委員會、縣商會、公醫院、武進醫院、醫師公會
解放後	

經濟情況	經濟來源		收支概况
解放前		解放前	
解放後		解放後	
現在		現在	

備註：

红十字会调查表（1946 年）

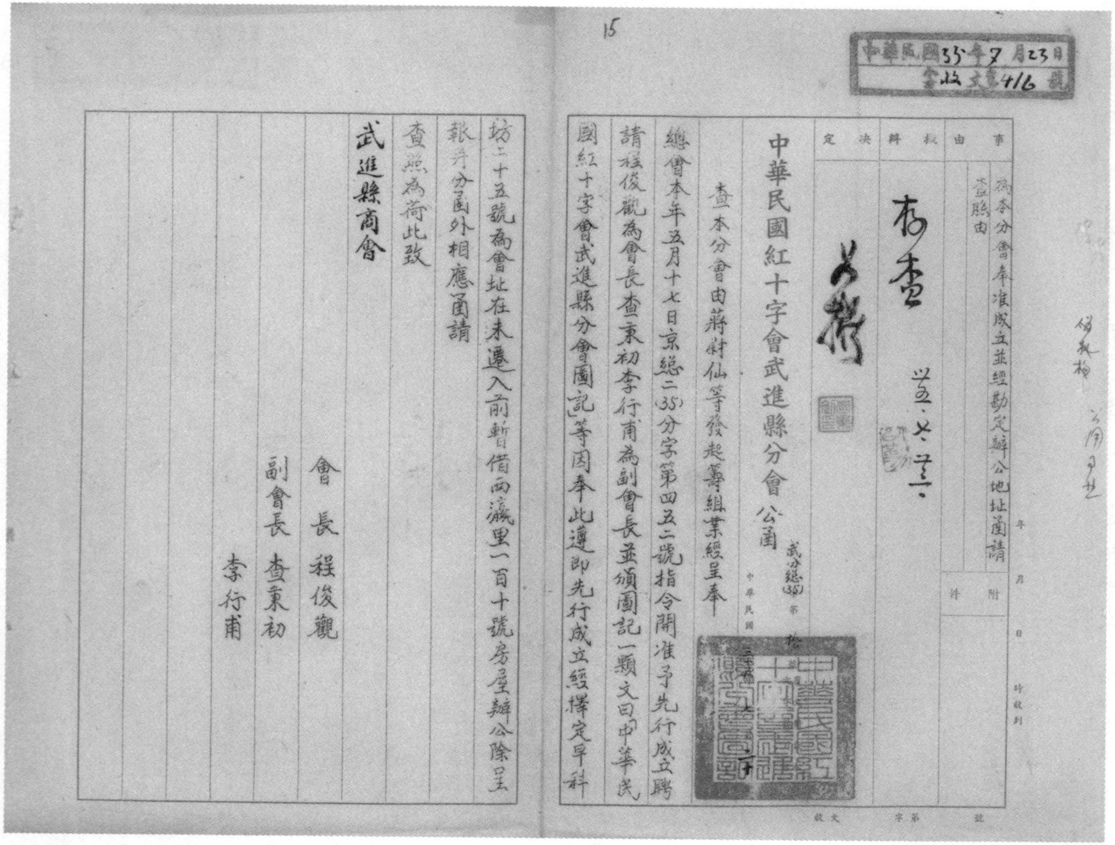
中華民國35年7月23日
文字416號
事由：為本分會奉准成立並經勘定辦公地址函請查照由
存查
35.7.23
中華民國紅十字會武進縣分會公函
武分總(35)第 號
查本分會由蔣紂仙等發起籌組業經呈奉
總會本年五月十七日京總二(35)分字第四五二號指令開准予先行成立聘
請程俊觀為會長查東初李行甫為副會長並頒圖記一顆文曰中華民
國紅十字會武進縣分會圖記等因奉此遵即先行成立經擇定早科
坊二十五號為會址在未遷入前暫借西瀛里一百十號房屋辦公除呈
報并分函外相應函請
查照為荷此致
武進縣商會
會長 程俊觀
副會長 查東初
李行甫

武进县红十字分会关于奉命成立并择定办公地点写给武进商会的公函（1946年）

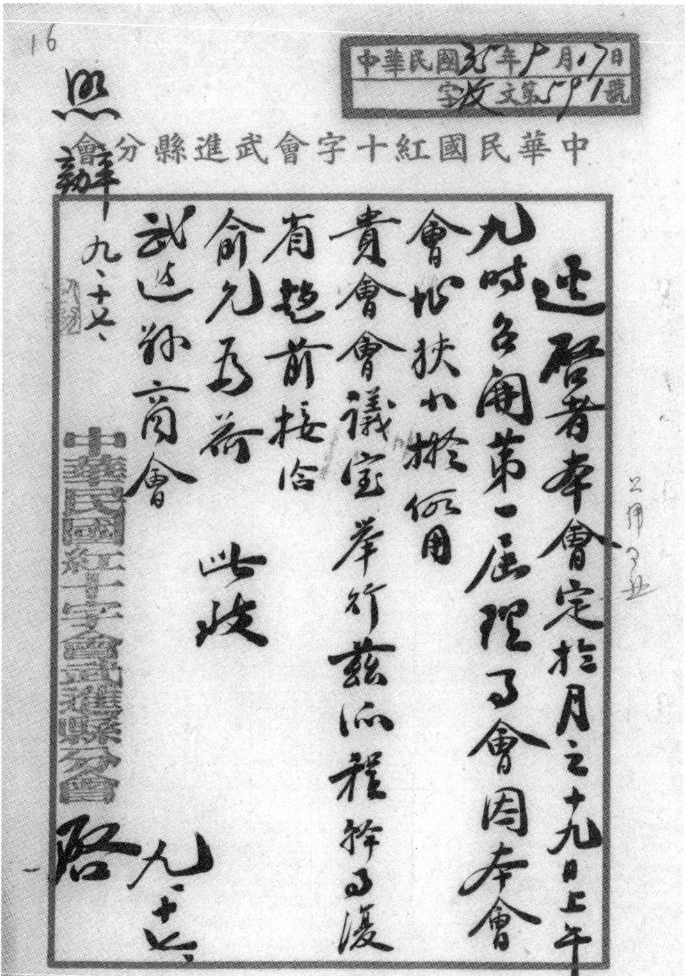
中華民國紅十字會武進縣分會

逕啟者：本會定於本月之十九日上午九時召開第一屆理事會，因本會會址狹小，擬借用貴會會議室舉行，茲派程幹事前來接洽，有勞俞允為荷。此致

武進縣商會

九、十六

武进县红十字分会关于借用武进商会会议室召开理事会的公函（1946 年）

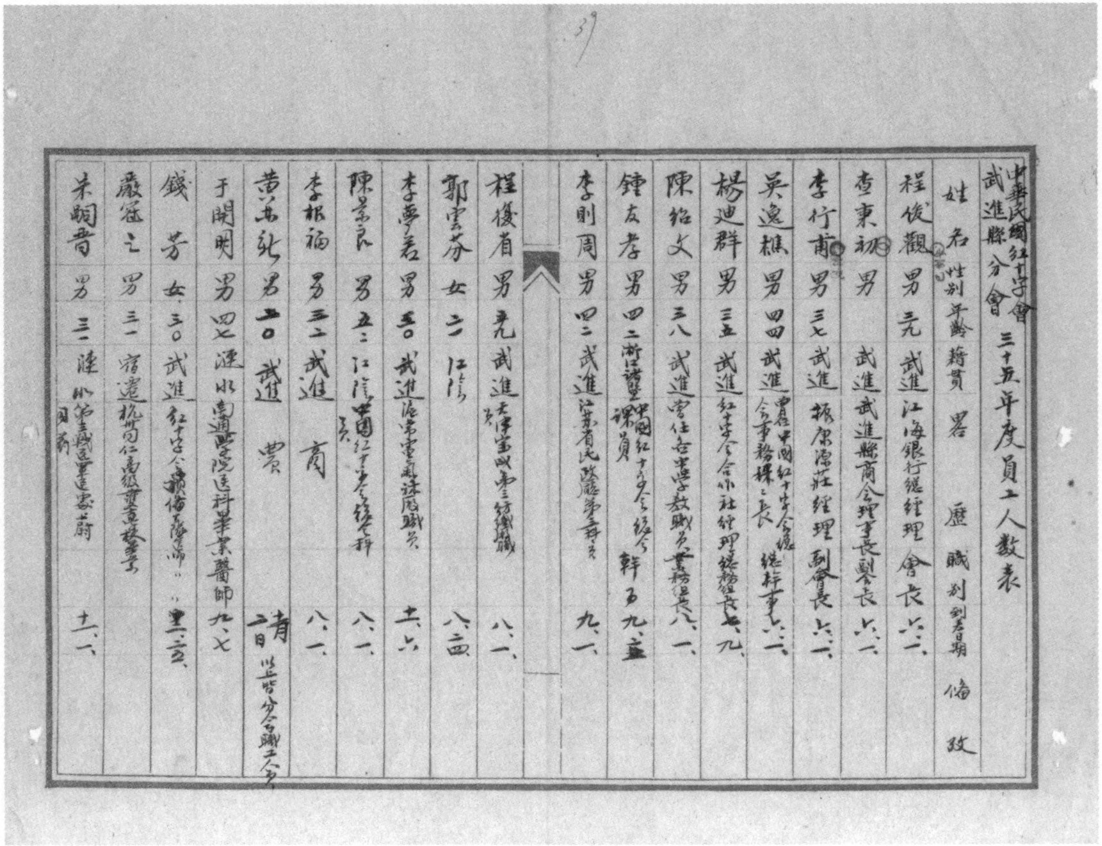

中華民國紅十字會武進縣分會三十五年度員工人數表

姓名	性别	年齡	籍貫	畧歷	職别	到差日期	備攷
程俊觀	男	三九	武進	江海銀行總經理	會長	六、一	
查東初	男		武進	武進縣商會理事長	副會長	六、一	
李竹甫	男	三七	武進	[illegible]錢莊經理	副會長	六、一	
吳逸樵	男	四四	武進	曾任中國紅十字會總會事務課課長	總幹事	六、一	
楊迪群	男	三五	武進	紅十字會合作社經理	總務組長	七、九	
陳紹文	男	三八	武進	曾任各中學教職員	業務組長	八、一	
鍾友孝	男	四二	浙江諸暨	中國紅十字會總會課員	幹事	九、[illegible]	
李剛周	男	四二	武進	江蘇省民政廳[illegible]		九、一	
程俊肴	男	[illegible]	武進	[illegible]		八、一	
郭雲芬	女	[illegible]	江陰			八、[illegible]	
李夢若	男	五〇	武進	滬常電氣[illegible]職員		[illegible]	
陳景良	男	五二	江陰	中國紅十字會[illegible]		八、一	
李根福	男	三二	武進	商		八、一	
黃[illegible]	男	五〇	武進	[illegible]		請[illegible]	以上皆分會職工人員
于開明	男	四七	漣水	南通醫學院醫科畢業	醫師	九、七	
錢芳	女	三〇	武進	紅十字會[illegible]		[illegible]	
嚴冠之	男	三一	宿遷	杭州[illegible]			
朱嗣音	男	三一	漣水	[illegible]		十一、一	

1946年武进县红十字分会员工名单（1）

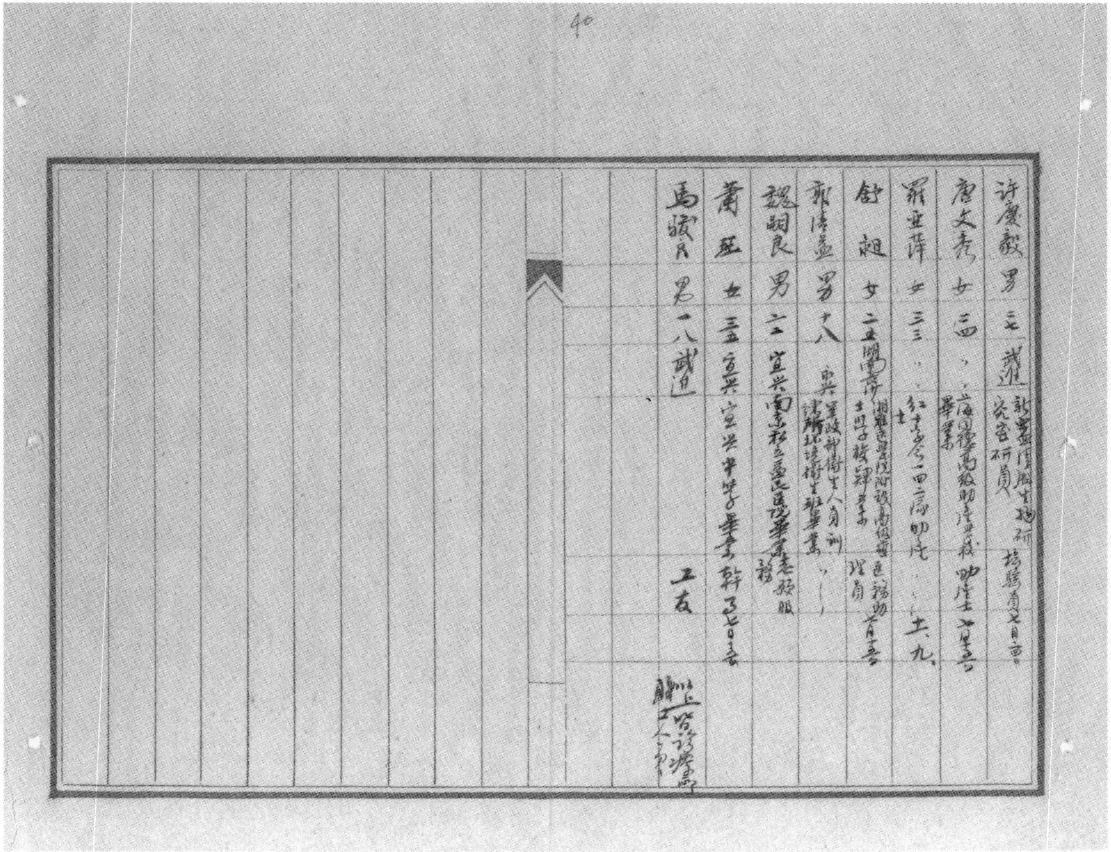

许庆馥	男	三七	武进	[illegible]	[illegible]	[illegible]
唐文秀	女	二四	〃	[illegible]	[illegible]	[illegible]
罗亚萍	女	三三	〃	[illegible]	〃	[illegible]
舒烟	女	二五	[illegible]	[illegible]	[illegible]	[illegible]
郭清益	男	十八	[illegible]	[illegible]	[illegible]	
魏嗣良	男	二二	宜兴	[illegible]	[illegible]	
萧瑶	女	二五	宜兴	[illegible]	[illegible]	[illegible]
马骏民	男	一八	武进		工友	

1946年武进县红十字分会员工名单（2）

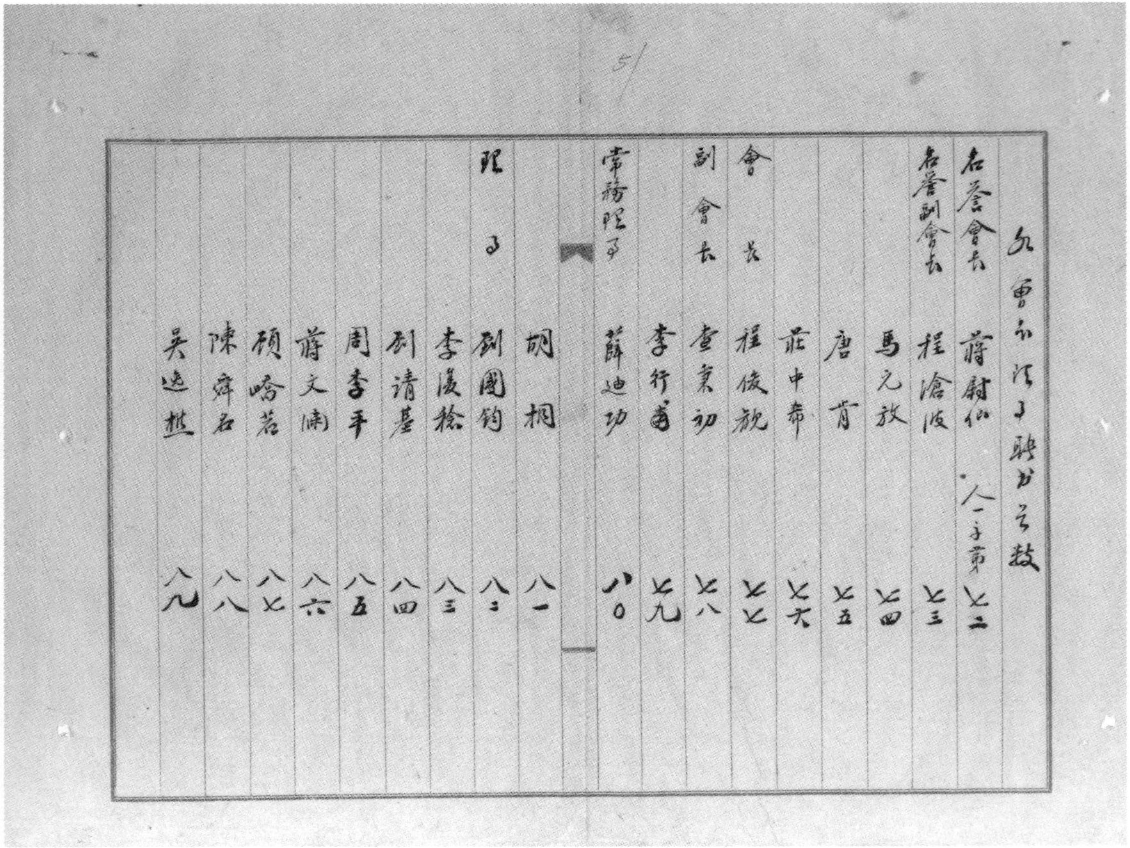

名譽會長	蔣尉仙	七二
名譽副會長	程滄波	七三
	馬元放	七四
	唐肯	七五
	莊中希	七六
會長	程俊航	七七
副會長	查秉初	七八
	李行甫	七九
常務理事	薛迪功	八〇
	胡桐	八一
理事	劉國鈞	八二
	李滌蓀	八三
	劉清基	八四
	周季平	八五
	蔣文濤	八六
	顧嶠若	八七
	陳舜石	八八
	吳逸樵	八九

武进县红十字分会首批聘书发放名单

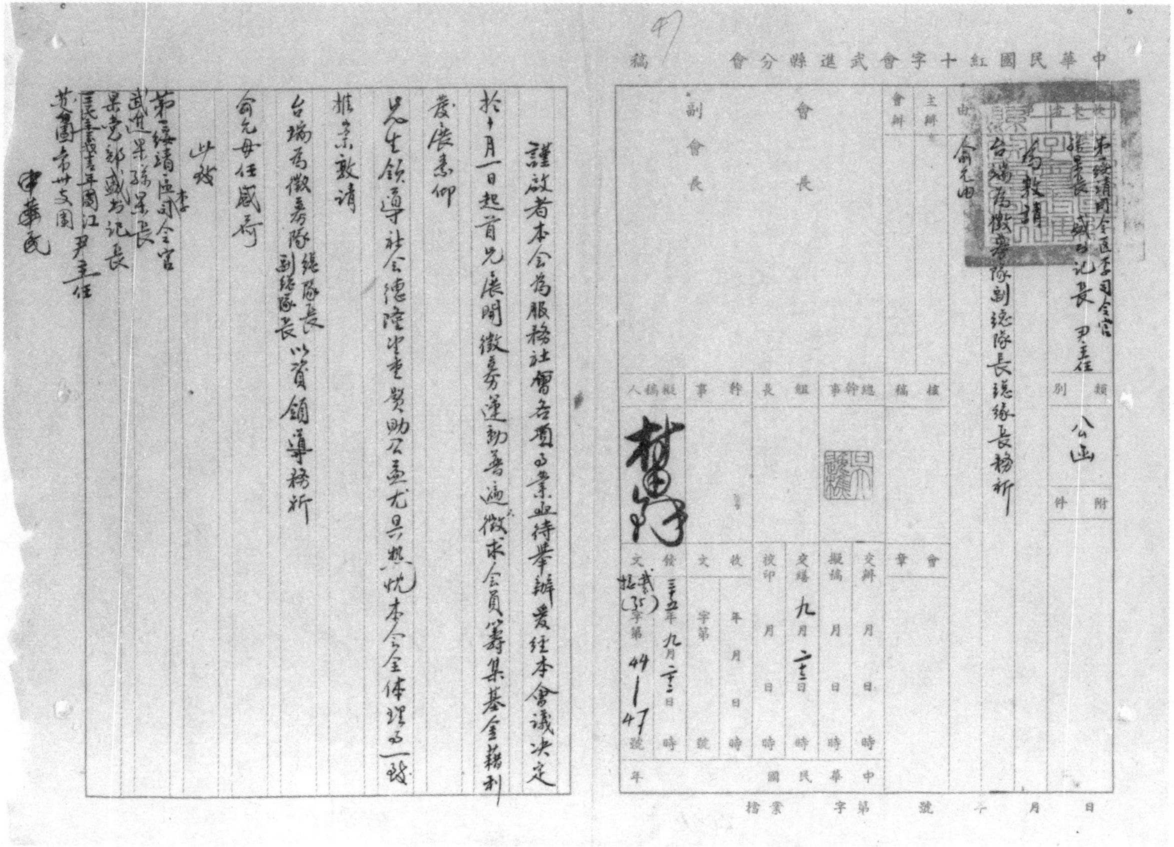

中華民國紅十字會武進縣分會稿

謹啟者本會為服務社會各項事業亟待舉辦爰經本會議決定
於十月一日起首先展開徵募運動普遍徵求會員籌集基金藉利
發展素仰
先生領導社會德隆望重贊助公益尤具熱忱本會全体理事一致
推崇敦請
台端為徵募隊總隊長/副總隊長以資領導務祈
俞允毋任感荷
此致

武进县红十字分会敦请相关人员为征募队队长、副队长的公函之一（1946 年）

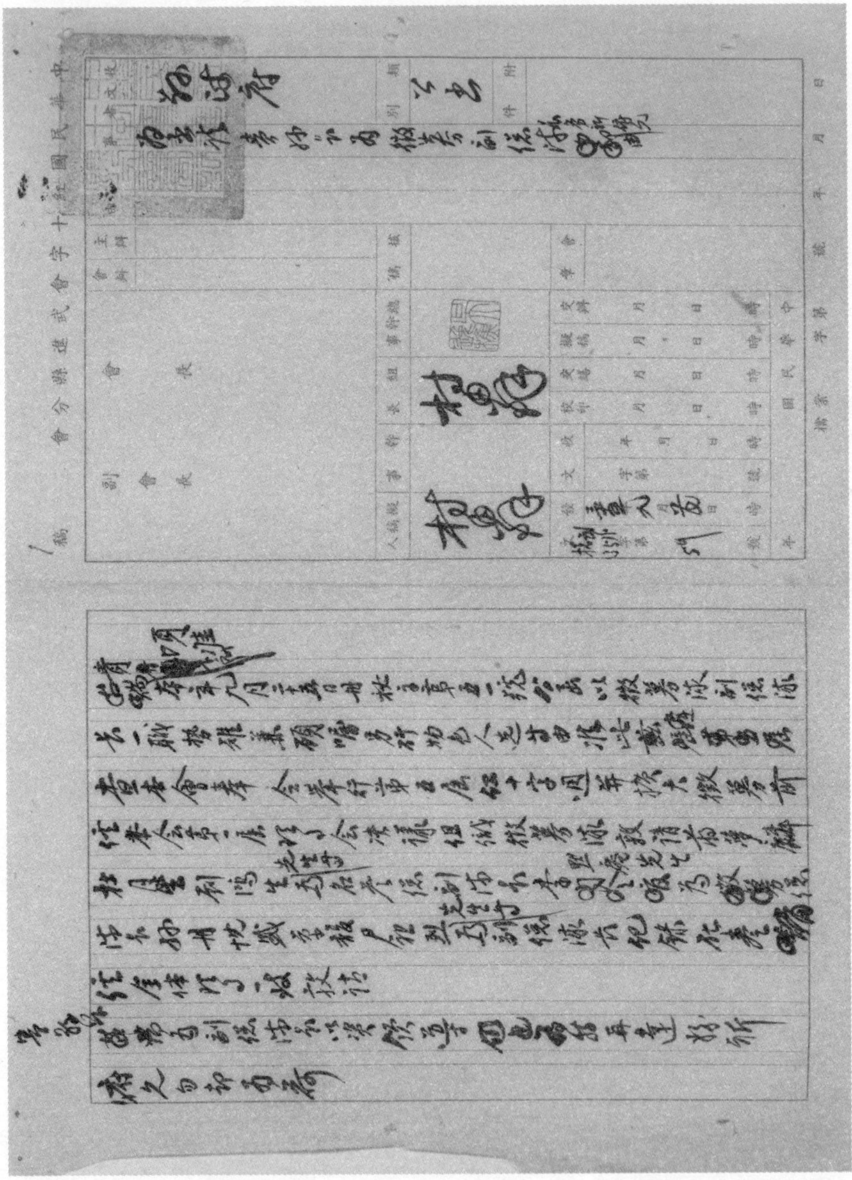

武进县红十字分会致请相关人员为征募队队长、副队长的公函之二（1946年）

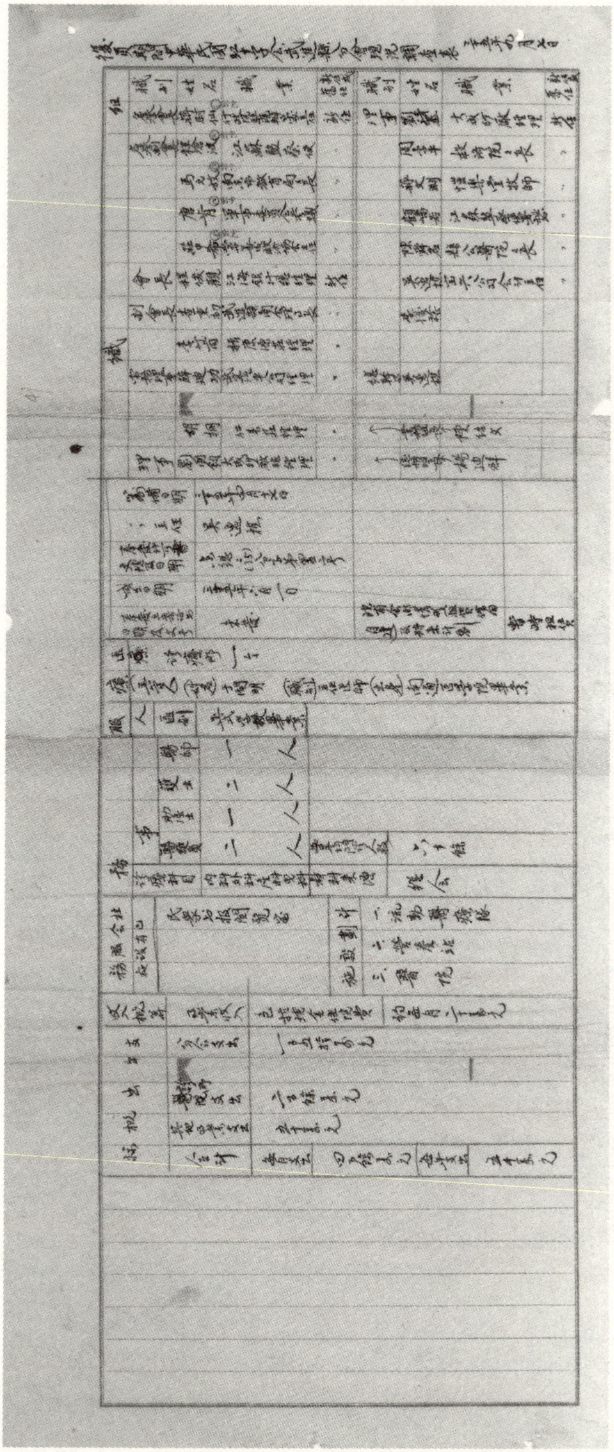

武进县红十字分会现况调查表（1946年）

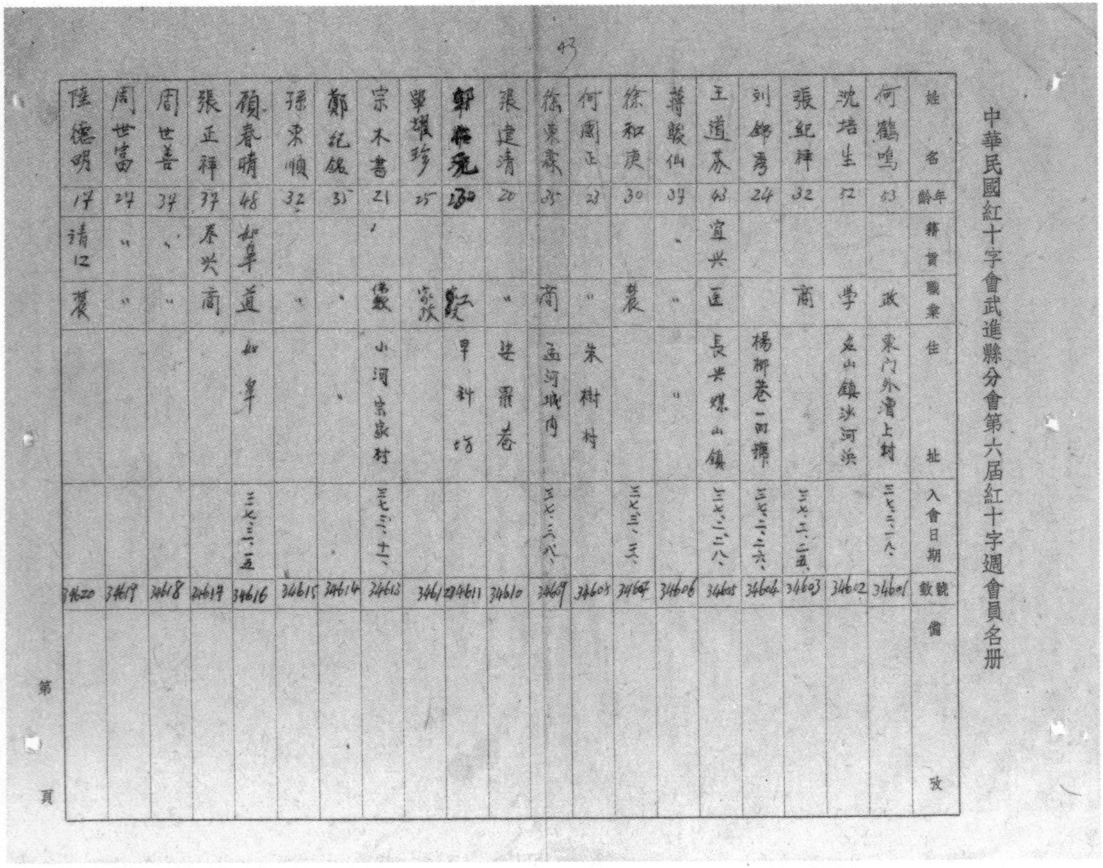

43

中華民國紅十字會武進縣分會第六屆紅十字週會員名冊

姓名	年齡	籍貫	職業	住址	入會日期	號數	備攷
何鶴鳴	43		政	東门外漕上村	三七、三、八	34601	
沈培生	52		学	[illegible]山鎮沙河浜		34602	
張紀祥	32		商		三七、二、二五	34603	
刘錦秀	24			楊柳巷一〇號	三七、二、二六	34604	
王道芬	63	宜兴	医	長兴煤山鎮	三七、二、二八	34605	
蔣駿仙	37	〃	〃	〃		34606	
徐和庚	30		農		三七、三、三	34607	
何國正	23		〃	朱樹村		34608	
徐秉豪	35		商	孟河城内	三七、三、八	34609	
張建清	20		〃	延霖巷		34610	
郭[illegible]亮	20		[illegible]	早科坊		34611	
單耀珍	25		家政			34612	
宗木書	21	〃	[illegible]	小河宗家村	三七、三、十	34613	
鄭紀銘	35		〃	〃		34614	
孫東順	32		〃			34615	
顧春晴	48	如皋	道	如皋	三七、三、五	34616	
張正祥	37	泰兴	商			34617	
周世善	34	〃	〃			34618	
周世富	27	〃	〃			34619	
陸德明	17	靖江	農			34620	

第　頁

武进县红十字分会第六届红十字周会员名册之一页（1947年）

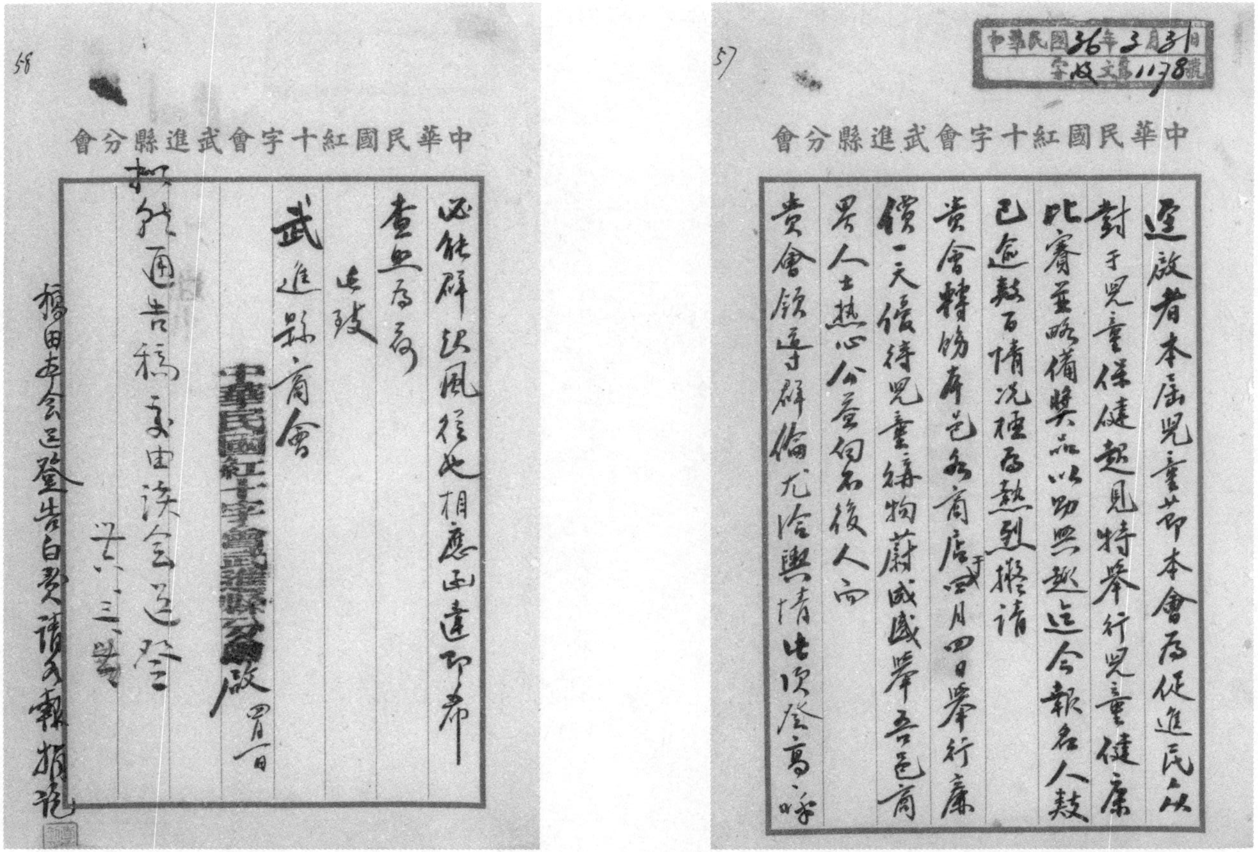
中華民國36年3月31日
字收文第1178號

中華民國紅十字會武進縣分會

逕啟者本屆兒童節本會為促進民族
對于兒童保健起見特舉行兒童健康
比賽並略備獎品以助興趣近今報名人數
已逾數百情況極為熱烈擬請
貴會轉飭本邑各商店於四月四日舉行廉
價一天優待兒童繕物蔚成盛舉吾邑商
界人士熱心公益旬名後人向
貴會領導群倫尤洽輿情此項[illegible]

中華民國紅十字會武進縣分會

必能群起風從也相應函達即希
查照為荷
此致
武進縣商會
中華民國紅十字會武進縣分會啟 四月一日

擬照通告稿交由該會送登
卅六、三、卅一
擬由本会送登告白費請另報銷

武进县红十字分会为开展儿童节活动写给武进商会的公函（1947年）

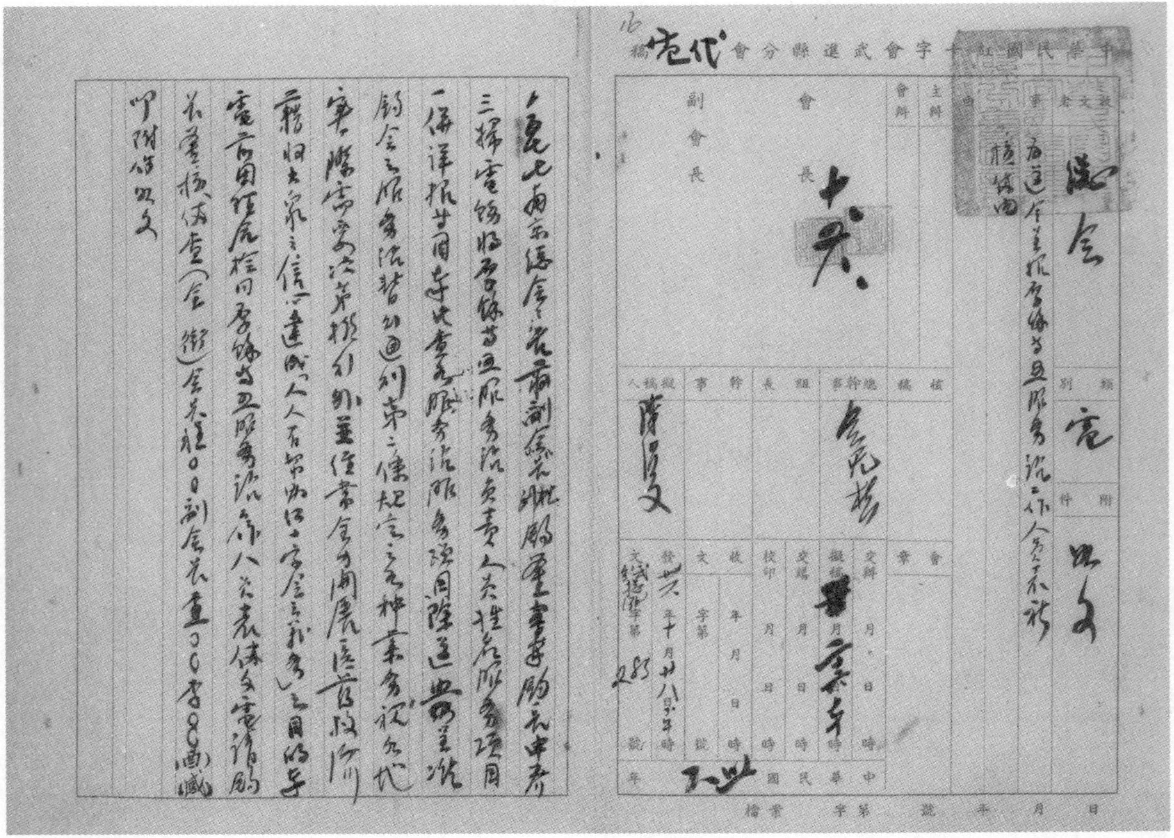

武进县红十字分会向总会呈报五家服务站基本情况的公函（1947年）

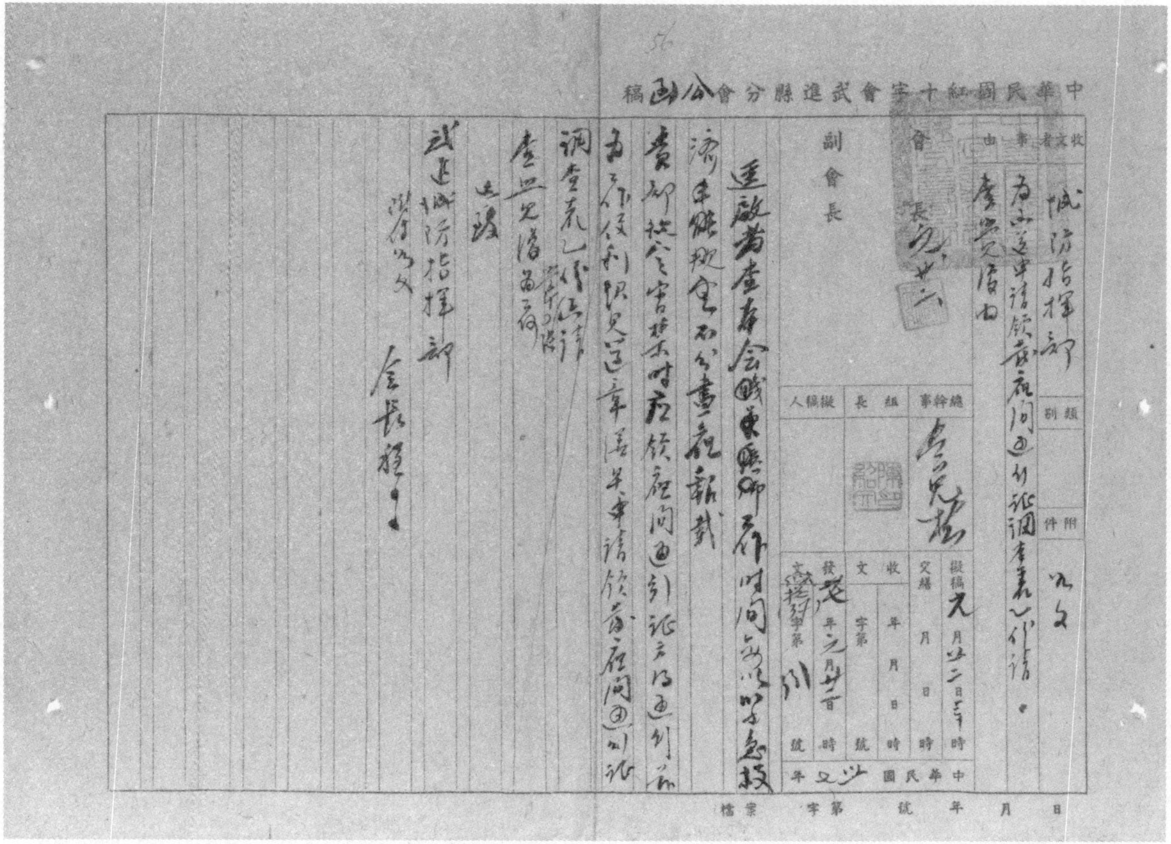
中華民國紅十字會武進縣分會公函稿

武进县红十字分会申领夜间通行证的函（1948年）

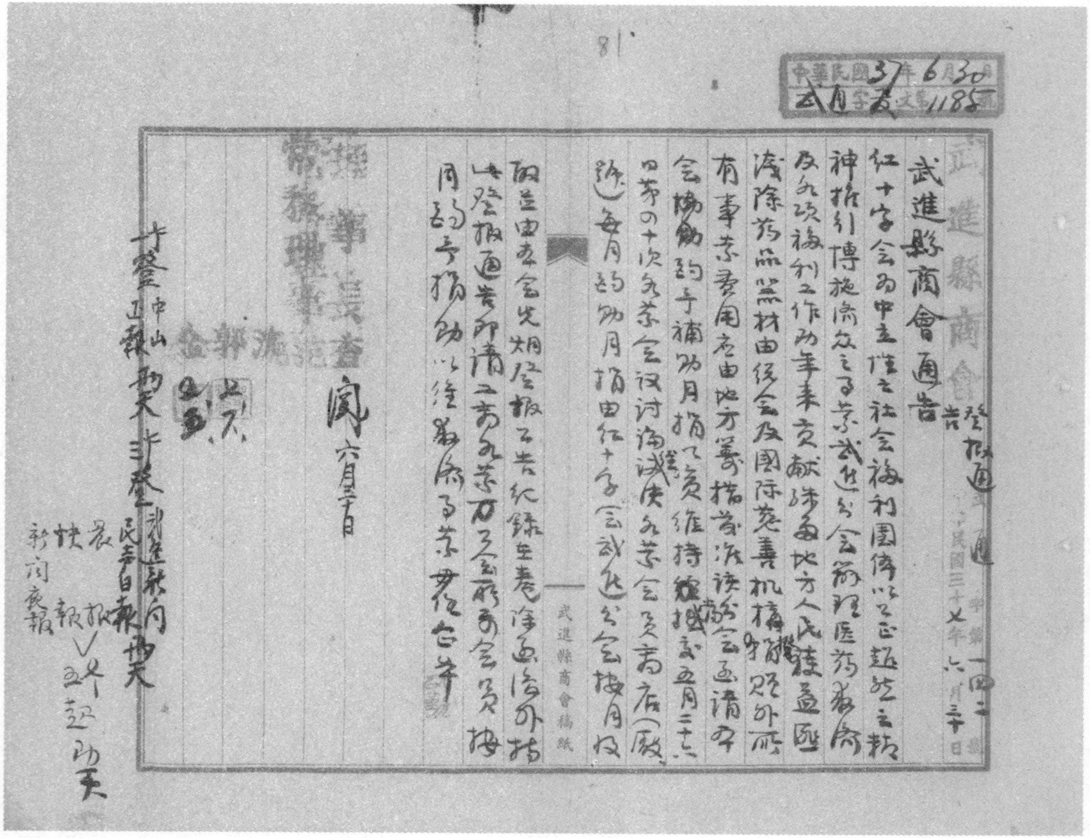

武进商会关于各商店每月支持红会经费的通告(1948年)

总会电文

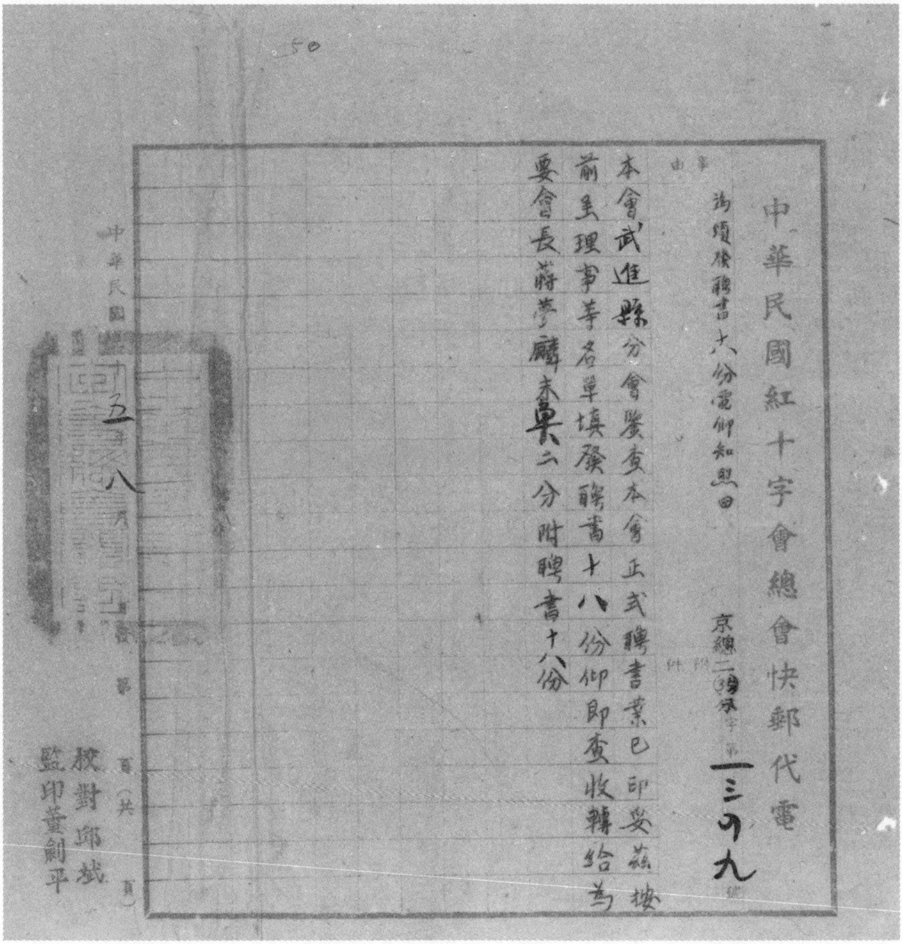
中華民國紅十字會總會快郵代電

事由 為續發聘書十八分電仰知照由

京總二號字第一三〇九號

本會武進縣分會鑒查本會正式聘書業已印妥茲接前呈理事等名單填發聘書十八份仰即查收轉給為要會長蔣夢麟未真二分

附聘書十八份

中華民國十五年八月

校對邱斌 監印黃劍平

总会颁发聘书的电文（1926 年）

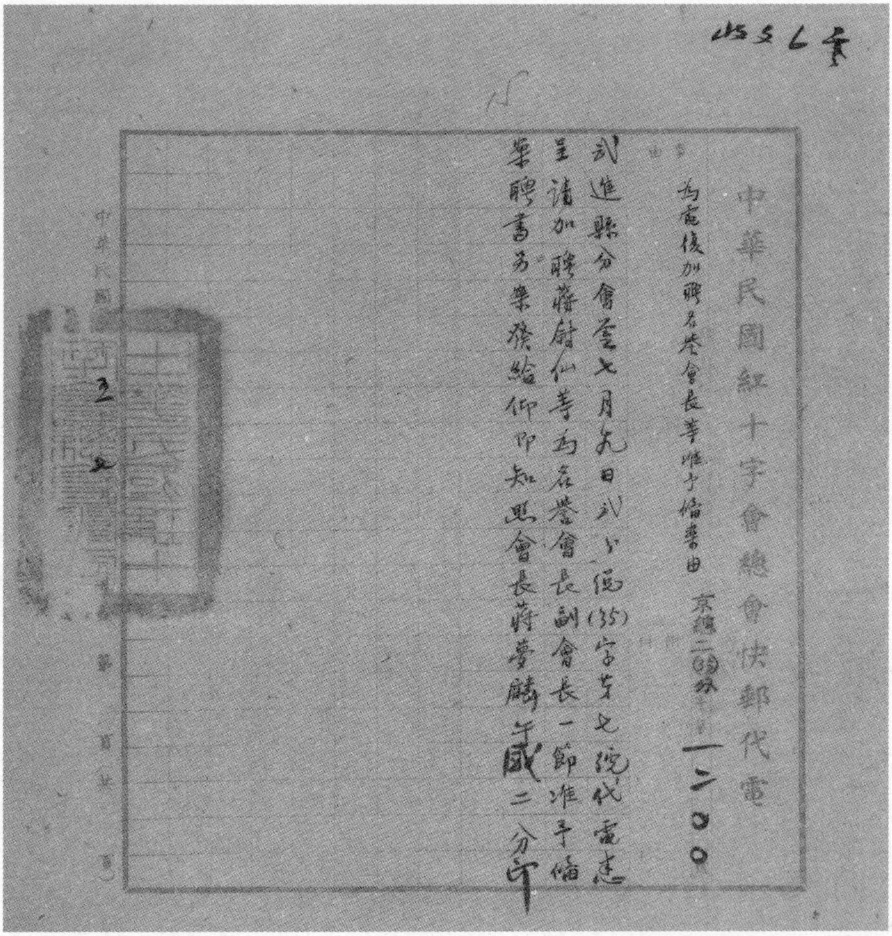

中華民國紅十字會總會快郵代電

為電復加聘名譽會長等准予備案由

京總二(13)外字第一二〇〇

武進縣分會鑒七月九日武字第(35)字第七號代電述

呈請加聘蔣尉仙等為名譽會長副會長一節准予備

案聘書另案發給仰即知照會長蔣夢麟午感二分印

总会同意武进县红十字分会聘任名誉会长、副会长的电文（1926年）

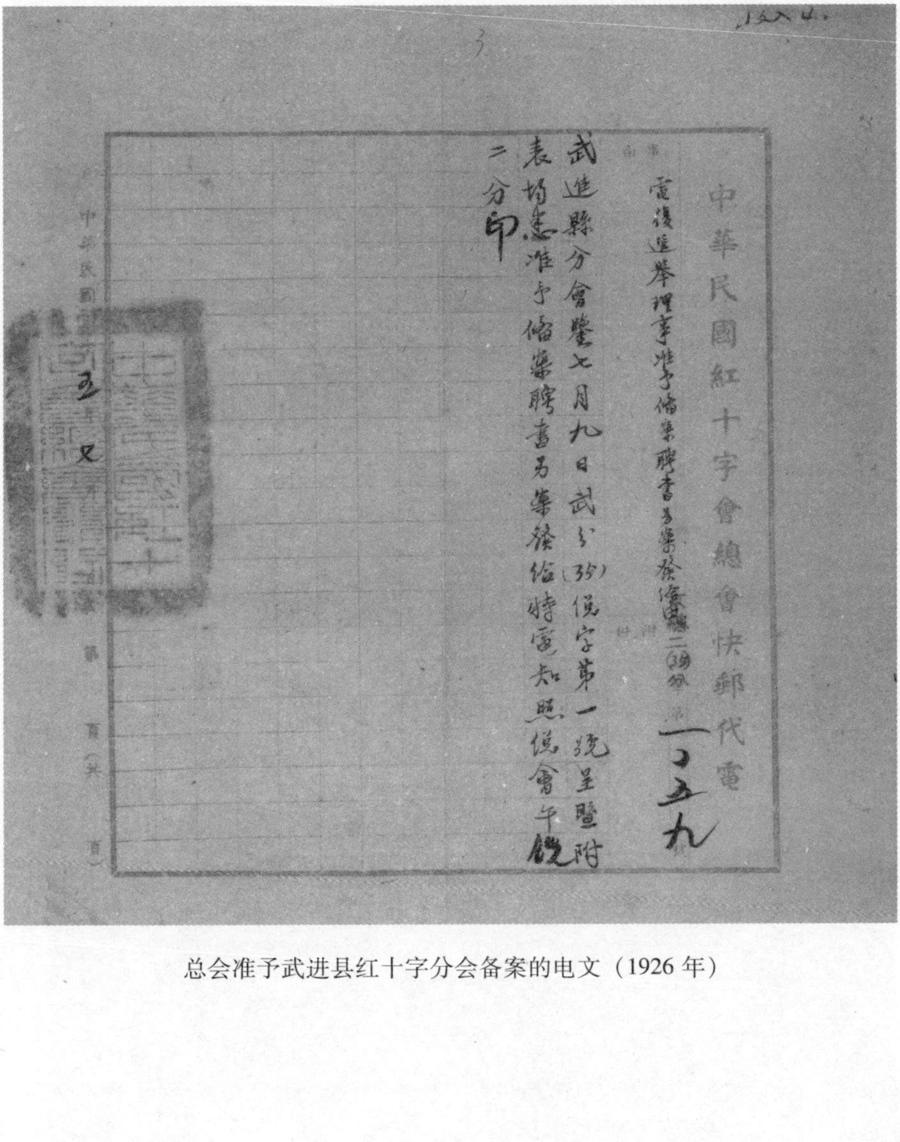

中華民國紅十字會總會快郵代電

電復選舉理事准予備案聘書另案發給

一〇五九

武進縣分會鑒七月九日武字（35）總字第一號呈暨附表均悉准予備案聘書另案發給特電知照總會午銑二分印

总会准予武进县红十字分会备案的电文（1926年）

坂上镇服务站材料

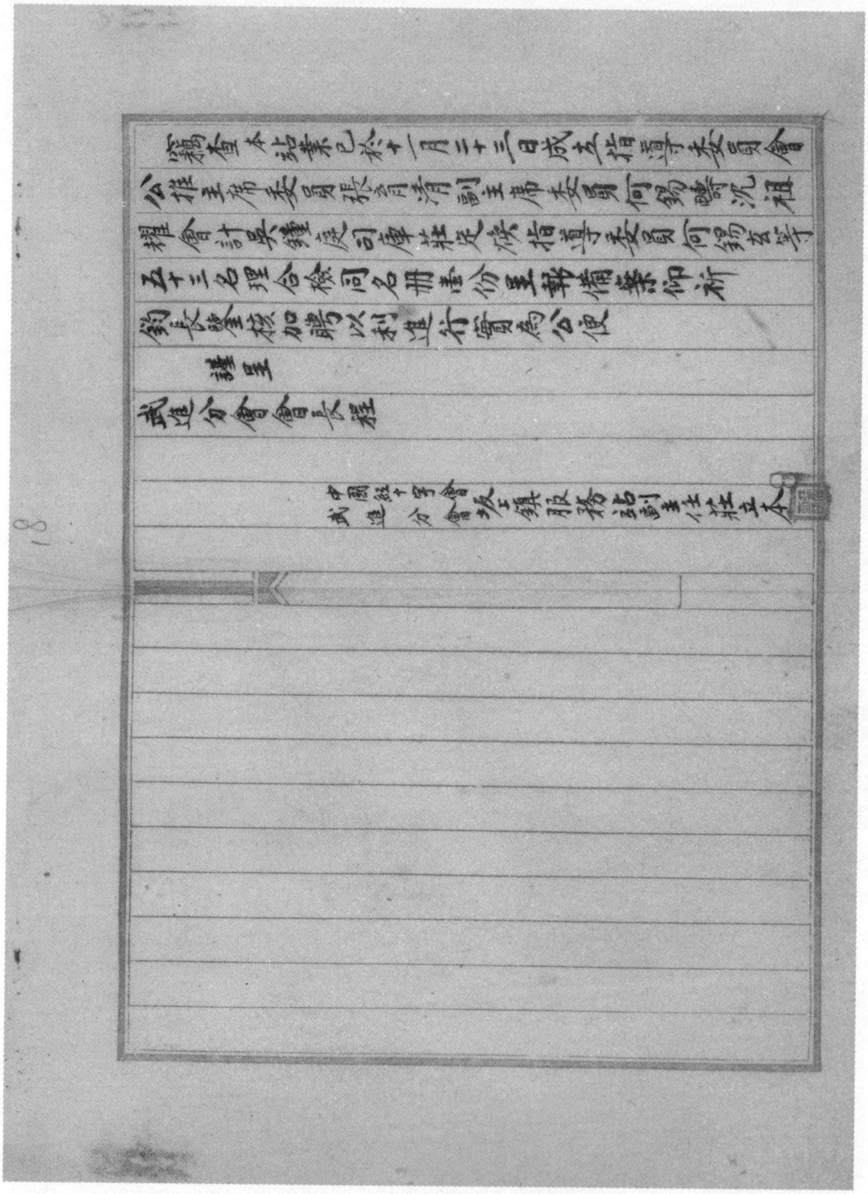

竊查本站業已於十一月二十三日成立指導委員會
公推主席委員張子清，副主席委員何錫疇、沈祖
耀，會計吳鍾庭，司庫莊祥庭，保指導委員何錫疇等
五十三名，理合繕同名冊壹份，呈報備案，仰祈
鈞長鑒核，加聘以利進行，實為公便
謹呈
武進分會會長程
中國紅十字會武進分會坂上鎮服務站副主任莊立本

坂上镇服务站有关人事情况的备案材料

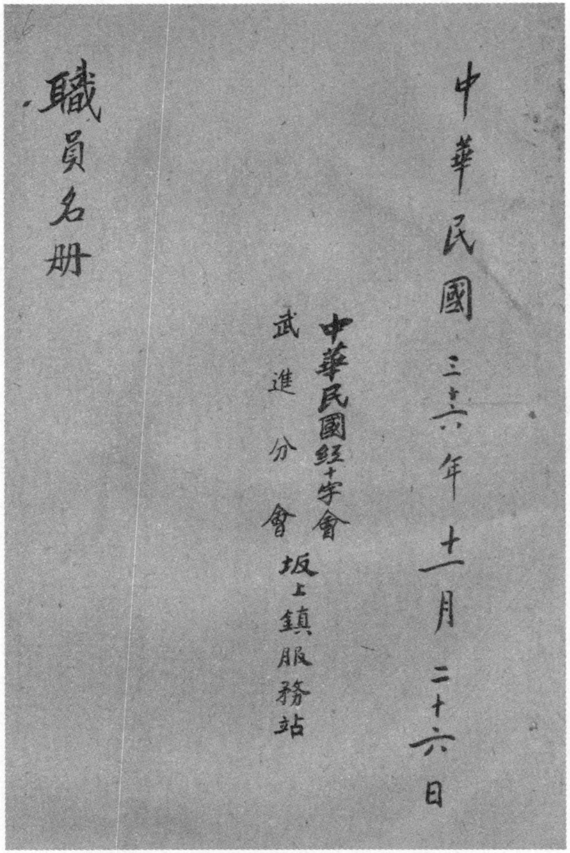
職員名冊

中華民國三十六年十一月二十六日

中華民國紅十字會

武進分會坂上鎮服務站

坂上镇服务站职员名册封面

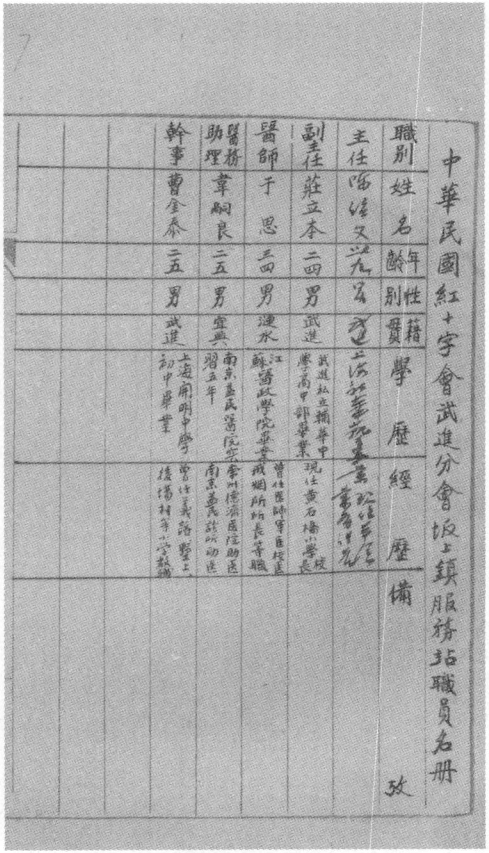
中華民國紅十字會武進分會坂上鎮服務站職員名冊

職別	姓名	年齡	性別	籍貫	學歷	經歷	備攷
主任	[illegible]	[illegible]	[illegible]	[illegible]	[illegible]	[illegible]	
副主任	莊立本	二四	男	武進	武進私立輔華中學高中部畢業	現任黄石橋小學校長	
醫師	于思	三四	男	溧水	江蘇醫政學院畢業	曾任醫師軍醫校區戒烟所所長等職	
醫務助理	韋嗣良	二五	男	宜興	南京基民醫院實習五年	常州博濟醫院助醫 南京善茂診所助醫	
幹事	曹金泰	二五	男	武進	上海開明中學初中畢業	曾任義務[illegible]	

坂上镇服务站职员名册

中華民國三十六年十一月二十六日

中華民國紅十字會武進分會坂上鎮服務站

指導委員會名冊

坂上镇服务站指导委员会名册封面

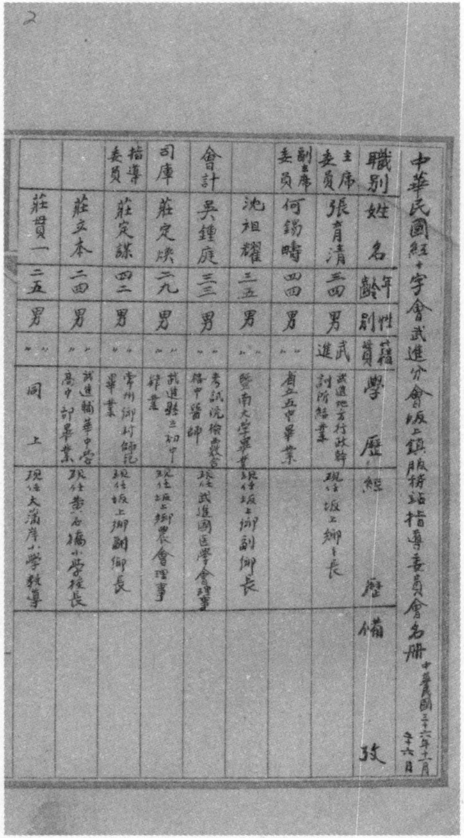

中華民國紅十字會武進分會坂上鎮服務站指導委員會名冊

職別	姓名	年齡	性別	籍貫	學歷	經歷	備攷
主席委員	張育清	三四	男	武進	武進地方行政幹訓所結業	現任坂上鄉鄉長	
副主席委員	何錫疇	四四	男	〃〃	省立五中畢業		
	沈祖耀	三五	男	〃〃	暨南大學畢業	現任坂上鄉副鄉長	
會計	吳鍾庭	三三	男	〃〃	考試院檢覈合格中醫師	現任武進國醫學會理事	
司庫	莊定炔	二九	男	〃〃	武進縣立初中肄業	現任坂上鄉農會理事	
指導委員	莊定謀	四二	男	〃〃	常州鄉村師範畢業	現任坂上鄉副鄉長	
	莊文本	二四	男	〃〃	武進輔華中學高中部畢業	現任黄石橋小學校長	
	莊貫一	二五	男	〃〃	同上	現任大滿庠小學教導	

中華民國三十六年十一月廿六日

坂上镇服务站指导委员会名册（1）

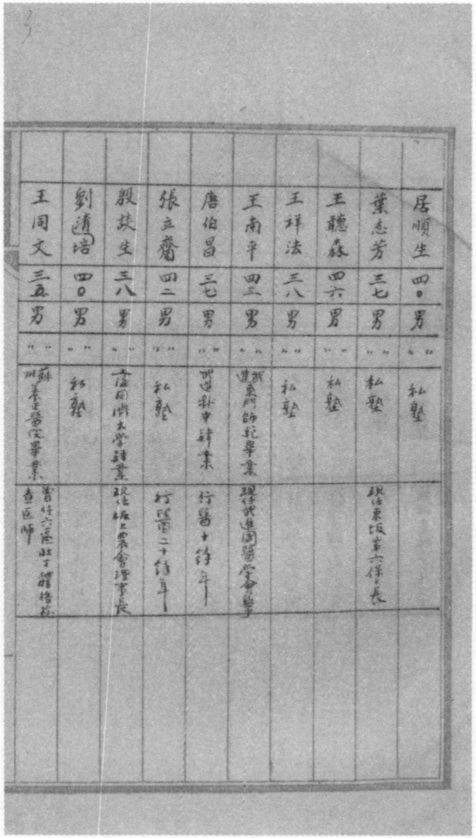

職別	姓名	年齡	性別	籍貫	學歷	經歷	備攷
	居順生	四〇	男	〃〃	私塾		
	葉志芳	三七	男	〃〃	私塾	現任東坂第六保保長	
	王聽森	四六	男	〃〃	私塾		
	王祥法	三八	男	〃〃	私塾		
	王南平	四三	男	〃〃	武進東門師範畢業	現任武進國醫學會會員	
	唐伯昌	三七	男	〃〃	武進新中肄業	行醫十餘年	
	張立齋	四二	男	〃〃	私塾	行醫二十餘年	
	殷鉄生	三八	男	〃〃	上海同濟大學肄業	現任坂上農會理事長	
	劉清培	四〇	男	〃〃	私塾		
	王同文	三五	男	〃〃	蘇州東吳醫學院畢業	曾任六區[illegible]查區師	

坂上镇服务站指导委员会名册（2）

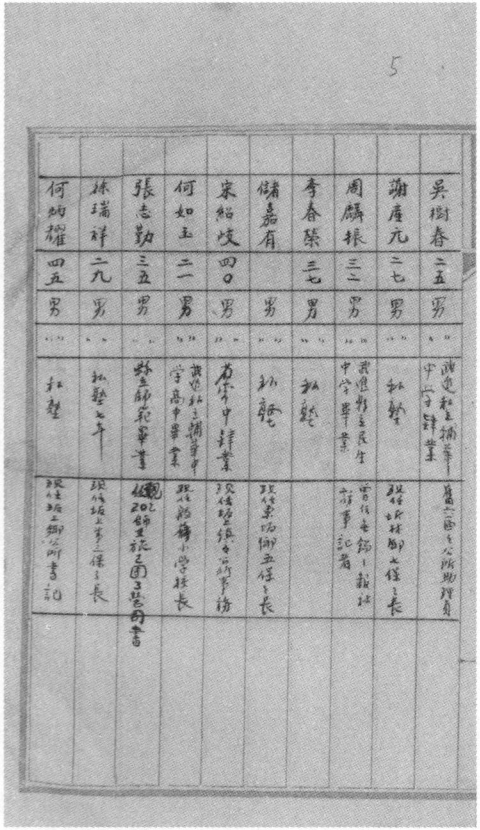

吴树春	二五	男	〃	武进私立横林中学肄业	前六区区公所助理员
谢廑元	二七	男	〃	私塾	现任坂林乡七保〻长
周麟根	三二	男	〃	武进县立民生中学毕业	曾任[illegible]报社记者
李春荣	三七	男	〃	私塾	
储嘉有		男	〃	私塾	现任[illegible]乡五保〻长
宋绍歧	四〇	男	〃	[illegible]中肄业	现任坂上镇公所事务
何如玉	二一	男	〃	武进私立湖塘中学高中毕业	现任[illegible]小学校长
张志勤	三五	男	〃	县立师范毕业	曾任202师[illegible]旅2团3营司书
林瑞祥	二九	男	〃	私塾七年	现任坂上第三保〻长
何炳耀	四五	男	〃	私塾	现任坂上乡公所书记

坂上镇服务站指导委员会名册（4）

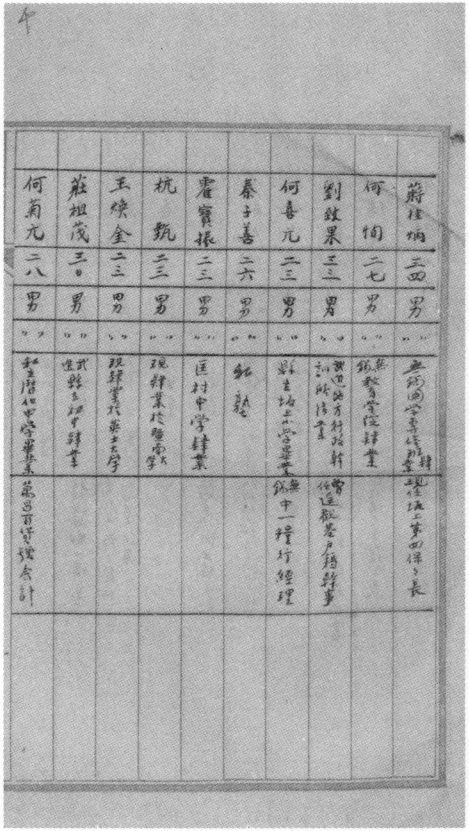

蒋桂炳	三四	男	〃	无锡国学专修科肄业	现任坂上第四保〻长
何恂	二七	男	〃	无锡教育学院肄业	
刘致果	三三	男	〃	武进地方行政干训所结业	曾任[illegible]户籍干事
何喜元	二三	男	〃	县立坂上小学毕业	无锡中一粮行经理
秦子善	二六	男	〃	私塾	
霍宝根	二三	男	〃	匡村中学肄业	
杭凯	二三	男	〃	现肄业于暨南大学	
王焕全	二三	男	〃	现肄业于英士大学	
庄祖茂	三〇	男	〃	武进县立初中肄业	
何菊元	二八	男	〃	私立[illegible]中学毕业	万昌百货号会计

坂上镇服务站指导委员会名册（3）

湖塘桥服务站材料

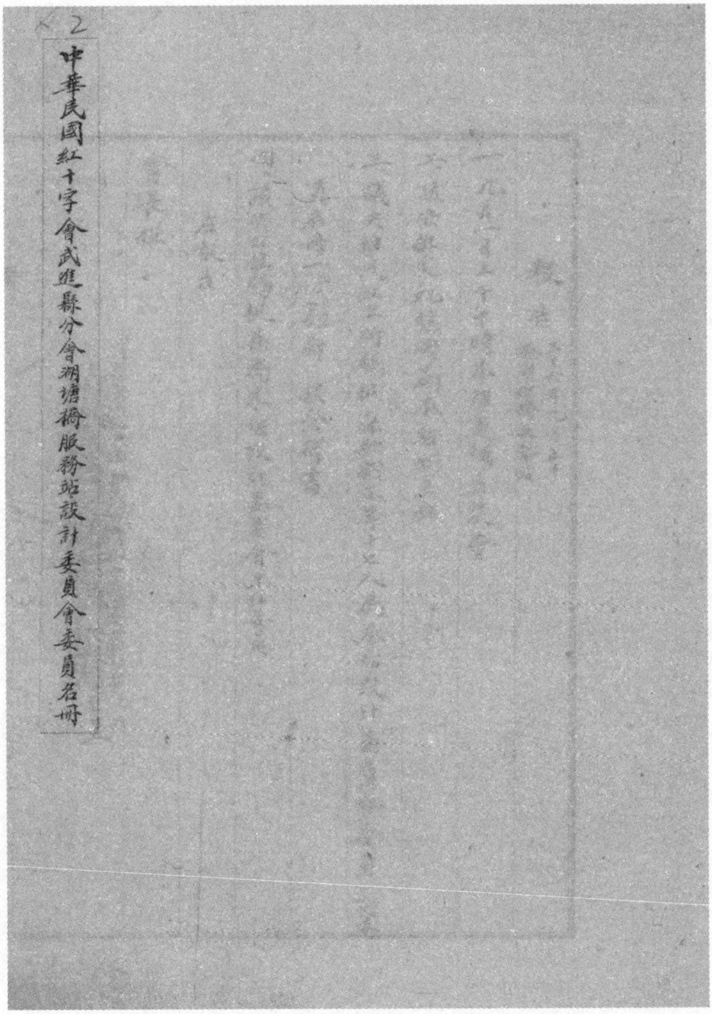
中華民國紅十字會武進縣分會湖塘橋服務站設計委員會委員名冊

湖塘桥服务站设计委员会委员名册封面

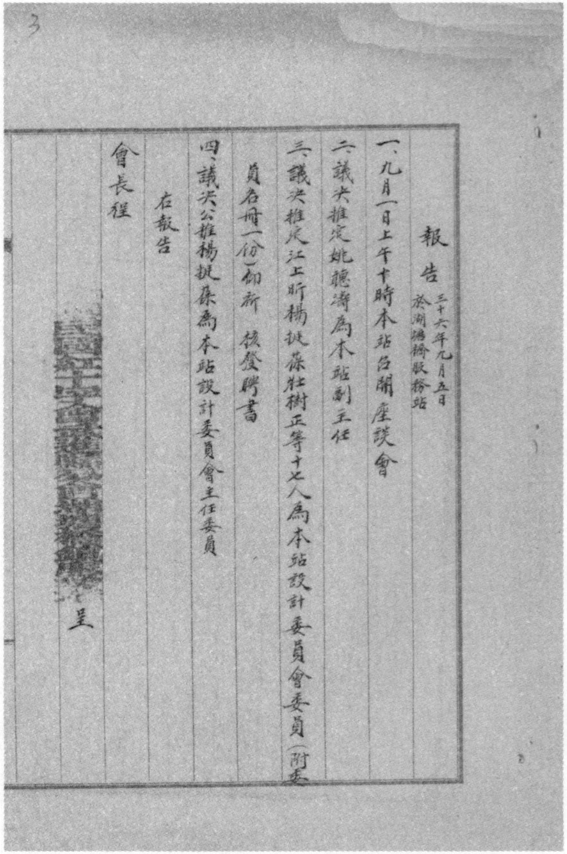

報告 三十六年九月五日於湖塘橋服務站

一、九月一日上午十時本站召開座談會

二、議決推定姚聽濤為本站副主任

三、議決推定江上昕楊挺蓀壯樹正等十七人為本站設計委員會委員（附委員名冊一份）即祈 核發聘書

四、議決公推楊挺蓀為本站設計委員會主任委員

右報告

會長程

呈

湖塘桥服务站设计委员会名册（1）

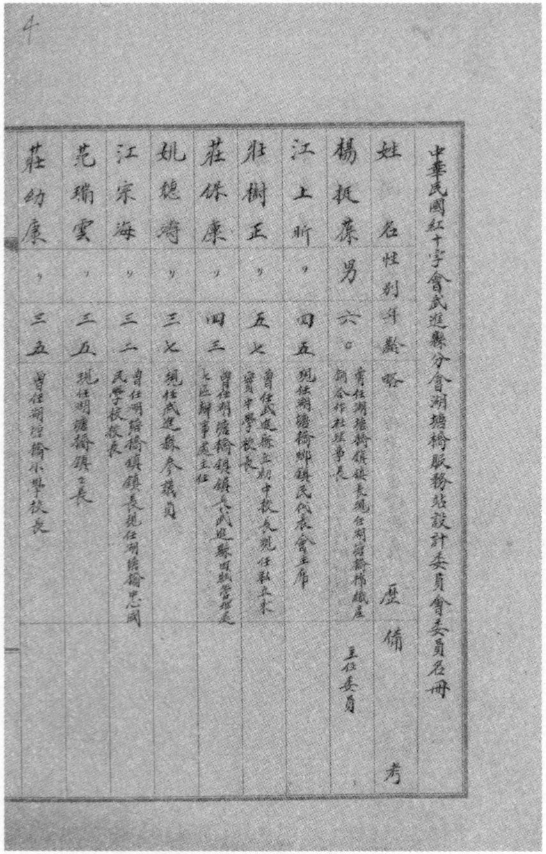

中華民國紅十字會武進縣分會湖塘橋服務站設計委員會委員名冊

姓名	性別	年齡	略歷	備考
楊挺蓀	男	六〇	曾任湖塘橋鎮鎮長現任湖塘橋棉織廠鎮合作社理事長	主任委員
江上昕	〃	四五	現任湖塘橋鄉鎮民代表會主席	
壯樹正	〃	五七	曾任武進縣立初中校長現任私立本營中學校長	
莊保康	〃	四三	曾任湖塘橋鎮鎮長武進縣四點當選區七區辦事處主任	
姚聽濤	〃	三七	現任武進縣參議員	
江宗海	〃	三二	曾任湖塘橋鎮鎮長現任湖塘橋忠國民學校校長	
范瑞雲	〃	三五	現任湖塘橋鎮鎮長	
莊幼康	〃	三五	曾任湖塘橋小學校長	

湖塘桥服务站设计委员会名册（2）

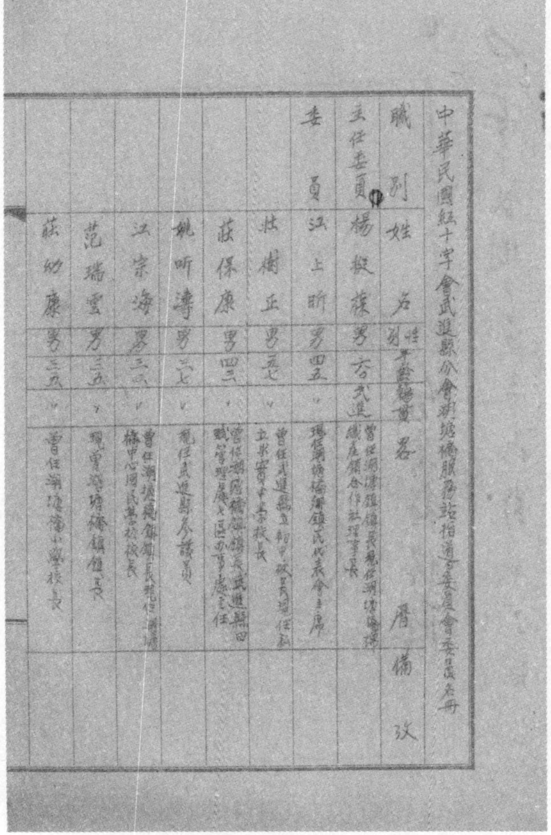

中華民國紅十字會武進縣分會湖塘橋服務站指導委員會委員名冊

職別	姓名	性別	年齡	籍貫	履歷	備考
主任委員	楊毅蓀	男	六	武進	[illegible]	
委員	江上昕	男	四五	〃	現任湖塘橋鎮民代表會主席	
	林樹正	男	五七	〃	[illegible]	
	蔡保康	男	四三	〃	[illegible]	
	姚昕濤	男	二七	〃	現任武進縣參議員	
	江宗海	男	三四	〃	[illegible]	
	范瑞雲	男	三五	〃	現任湖塘橋鎮鎮長	
	蔡幼康	男	三五	〃	曾任湖塘橋小學校長	

湖塘桥服务站指导委员会名册

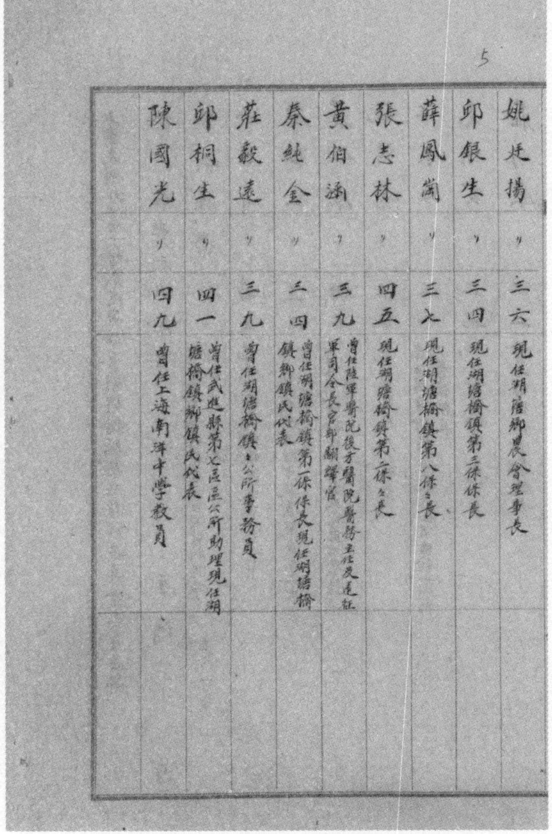

姚廷揚	〃	三六	現任湖塘鄉農會理事長
卯銀生	〃	三四	現任湖塘橋鎮第三保保長
薛鳳崗	〃	三八	現任湖塘橋鎮第八保保長
張志林	〃	四五	現任湖塘橋鎮第[illegible]保保長
黃伯涵	〃	三九	曾任陸軍醫院醫務主任及憲兵軍司令長官部翻譯官
秦純全	〃	三四	曾任湖塘橋鎮第一保保長現任湖塘橋鎮鄉鎮民代表
莊毅遠	〃	三九	曾任湖塘橋鎮公所事務員
卯桐生	〃	四一	曾任武進縣第七區區公所助理現任湖塘橋鎮鄉鎮民代表
陳國光	〃	四九	曾任上海南洋中學教員

湖塘桥服务站设计委员会名册（3）

寨桥服务站材料

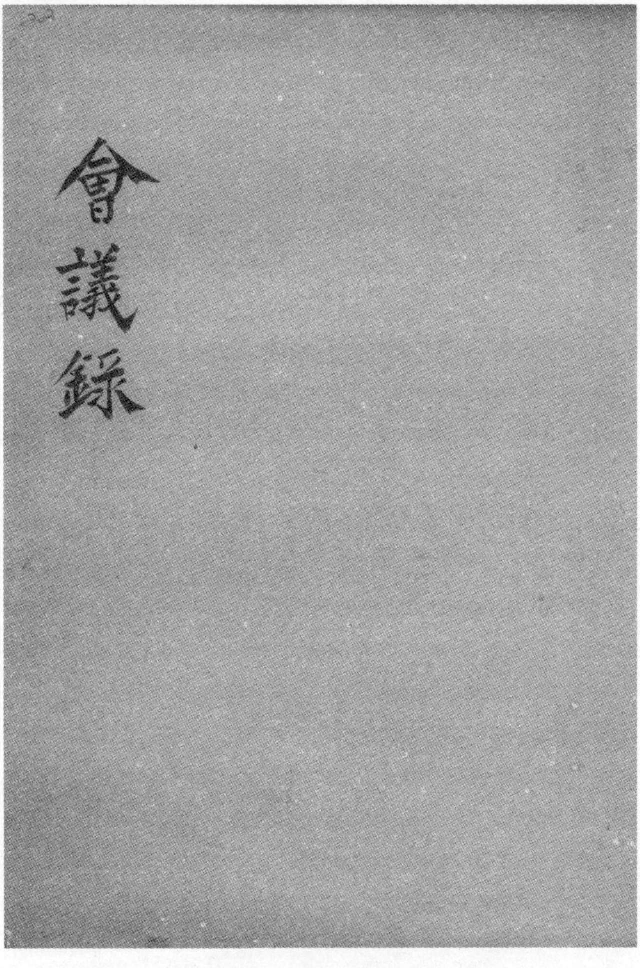

寨桥服务站会议录封面

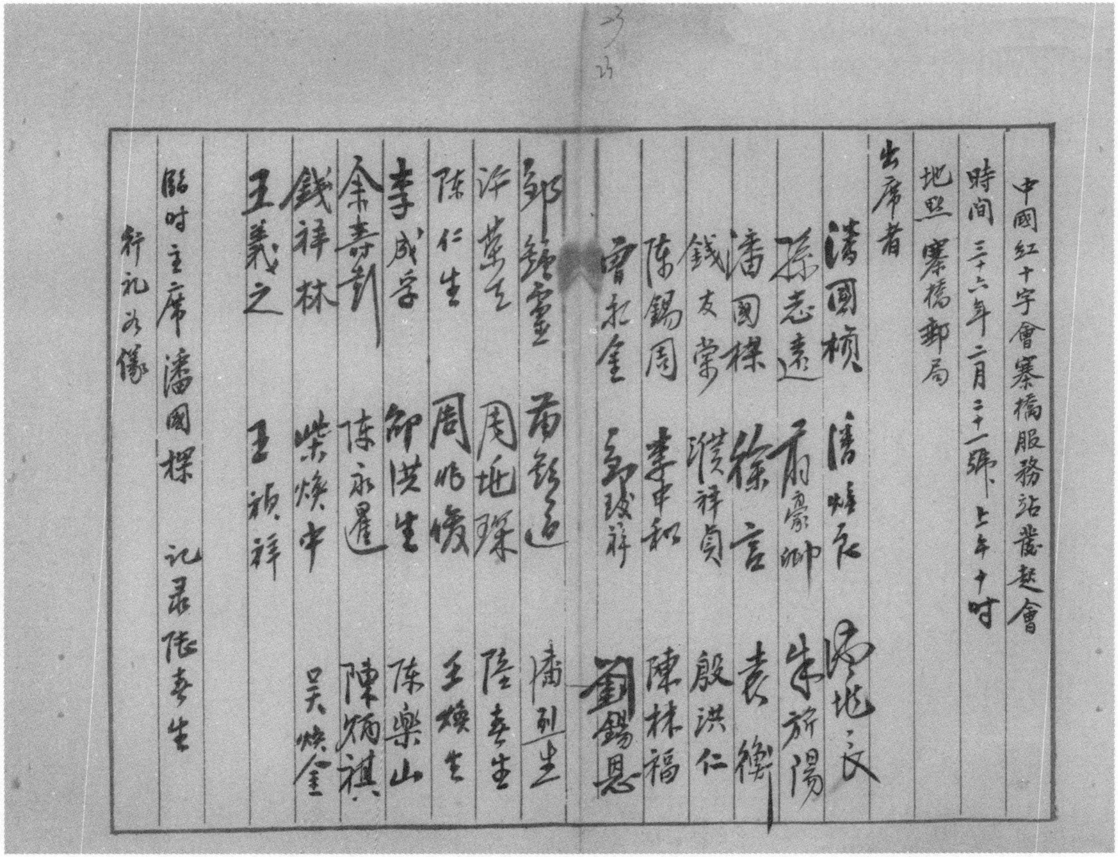
中国红十字会寨桥服务站发起会
时间 三十六年二月二十一号上午十时
地点 寨桥邮局
出席者
潘国桢 潘[illegible]良 周地良
孙志远 俞豪卿 朱旂阳
潘国梁 徐言 袁衡
钱友棠 濮祥贵 殷洪仁
陈锡周 李中和 陈林福
曾永金 马珍祥 刘锡恩
邬钟灵 俞钟远 潘利生
许叶生 周地琛 陆春生
陈仁生 周兆俊 王焕生
李成学 邹洪生 陈乐山
余寿钊 陈永暹 陈炳祺
钱祥林 柴焕中 吴焕金
王义之 王祯祥
临时主席 潘国梁 记录 张春生
行礼如仪

寨桥服务站会议记录（1）

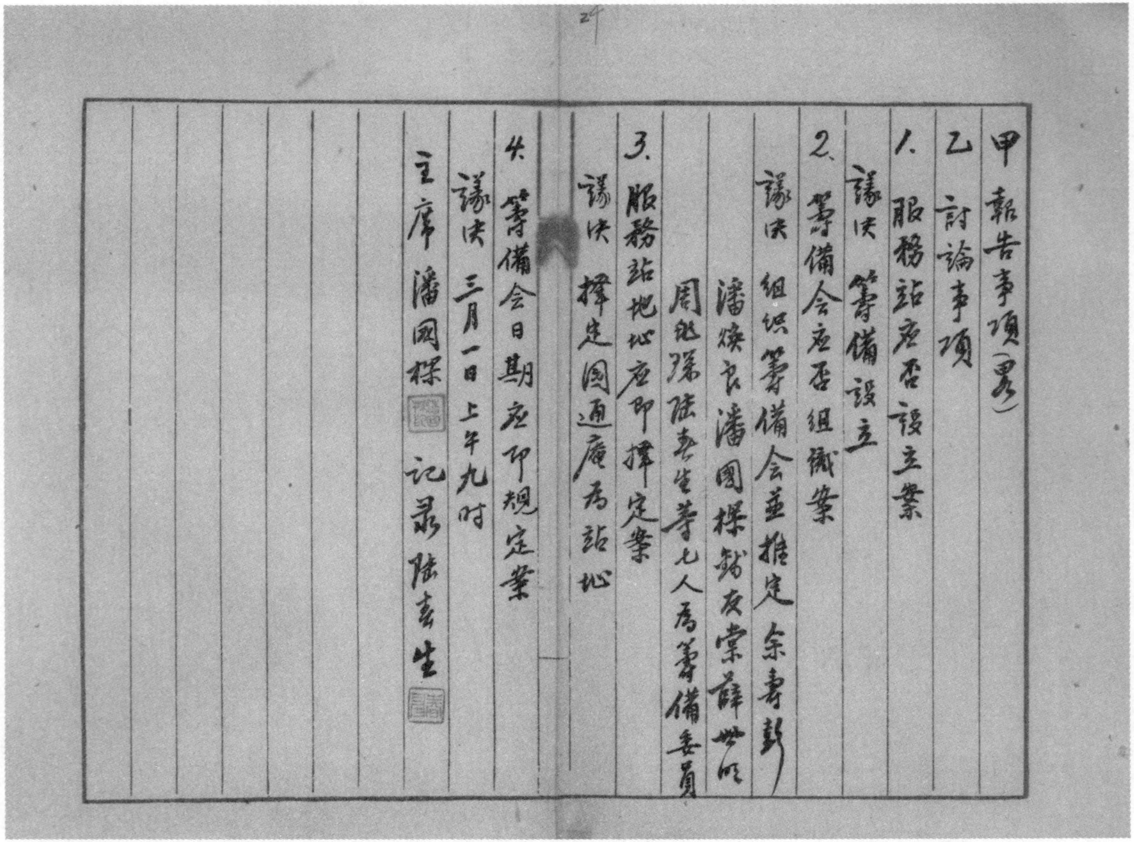

甲 報告事項（略）
乙 討論事項
1. 服務站應否設立案
議決 籌備設立
2. 籌備會應否組織案
議決 組織籌備會並推定余壽彭
潘煥良 潘國樑 鈕友棠 薛世民
周兆瑞 陸嘉生等七人為籌備委員
3. 服務站地址應即擇定案
議決 擇定國通廠為站址
4. 籌備會日期應即規定案
議決 三月一日上午九時
主席 潘國樑 記錄 陸嘉生

寨桥服务站会议记录（2）

各服务站人员一览表

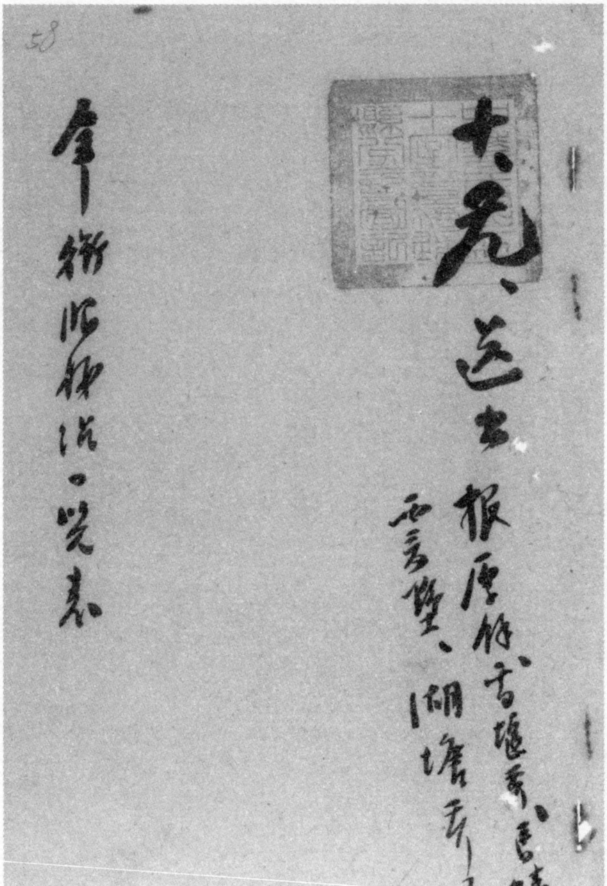

七个服务站人员一览表材料封面

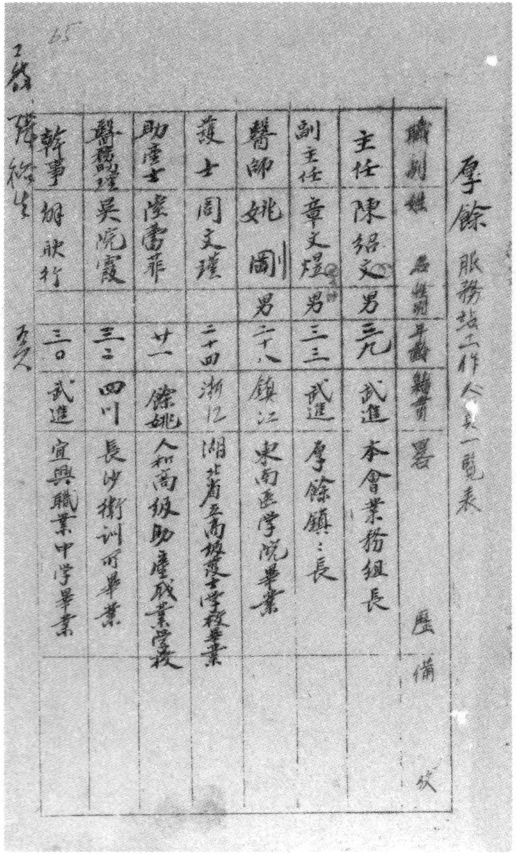

厚餘服務站工作人員一覽表

職別	姓名	性別	年齡	籍貫	略歷	備考
主任	陳紹文	男	三九	武進	本會業務組長	
副主任	章文煜	男	三三	武進	厚餘鎮鎮長	
醫師	姚闓	男	二十八	鎮江	東南醫學院畢業	
護士	周文瑾		二十四	浙江	湖北省立高級護士學校畢業	
助產士	虞雷菲		廿一	餘姚	人和高級助產職業學校	
醫務助理	吳浣霞		三二	四川	長沙衛訓所畢業	
幹事	胡秋竹		三〇	武進	宜興職業中學畢業	

厚余服务站工作人员一览表

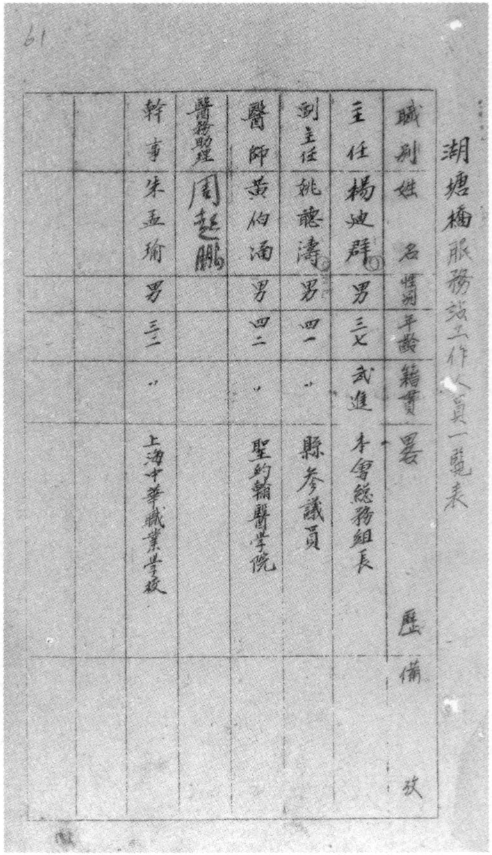

湖塘橋服務站工作人員一覽表

職別	姓名	性別	年齡	籍貫	略歷	備考
主任	楊迪群	男	三七	武進	本會總務組長	
副主任	姚聽濤	男	四一	〃	縣參議員	
醫師	黃伯涵	男	四二	〃	聖約翰醫學院	
醫務助理	周起鵬					
幹事	朱孟瑜	男	三二	〃	上海中華職業學校	

湖塘桥服务站工作人员一览表

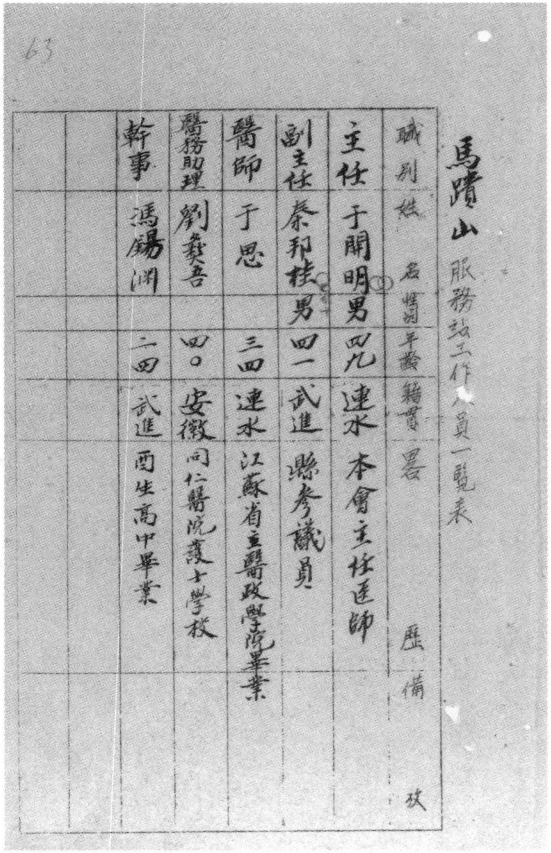

馬蹟山服務站工作人員一覽表

職別	姓名	性別	年齡	籍貫	略歷	備攷
主任	于閘明	男	四九	連水	本會主任醫師	
副主任	秦邦桂	男	四一	武進	縣參議員	
醫師	于思		三四	連水	江蘇省立醫政學院畢業	
醫務助理	劉叢吾		四〇	安徽	同仁醫院護士學校	
幹事	馮錫洲		二四	武進	西生高中畢業	

马迹山服务站工作人员一览表

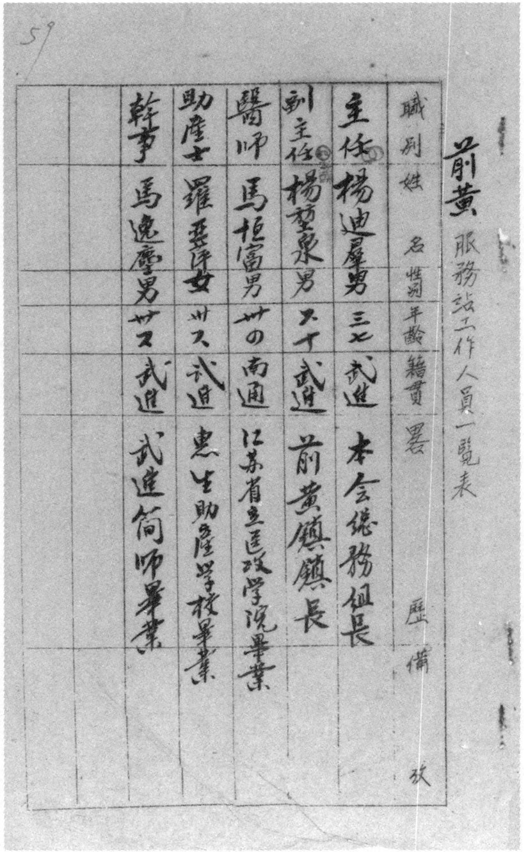

前黃服務站工作人員一覽表

職別	姓名	性別	年齡	籍貫	略歷	備攷
主任	楊迪群	男	三七	武進	本会總務組長	
副主任	楊哲泉	男	六十	武進	前黃鎮鎮長	
醫師	馬桓富	男	卅四	南通	江蘇省立醫政學院畢業	
助產士	羅亞萍	女	卅八	武進	惠生助產學校畢業	
幹事	馬逸摩	男	廿五	武進	武進簡師畢業	

前黄服务站工作人员一览表

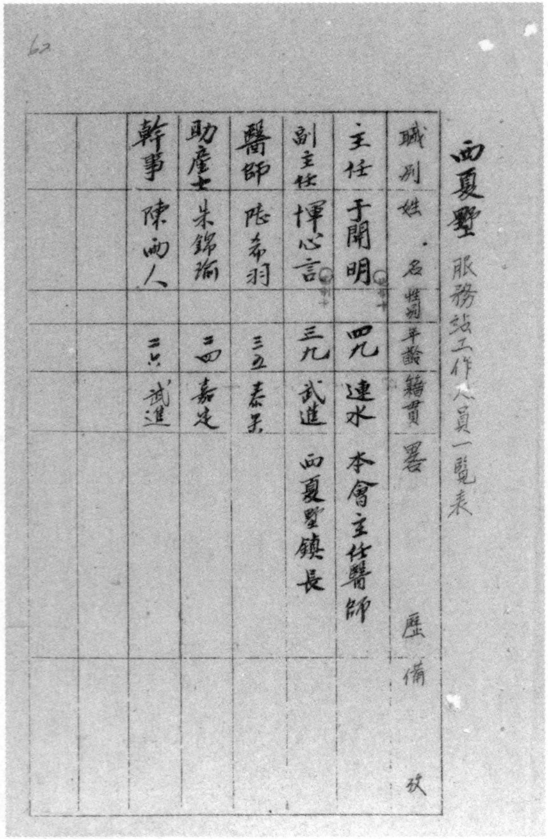

西夏墅服務站工作人員一覽表

職別	姓名	性別	年齡	籍貫	略歷	備攷
主任	于開明		四九	連水	本會主任醫師	
副主任	惲心言		三九	武進	西夏墅鎮長	
醫師	張希羽		三五	泰興		
助產士	朱錦瑜		二四	嘉定		
幹事	陳雨人		二六	武進		

西夏墅服务站工作人员一览表

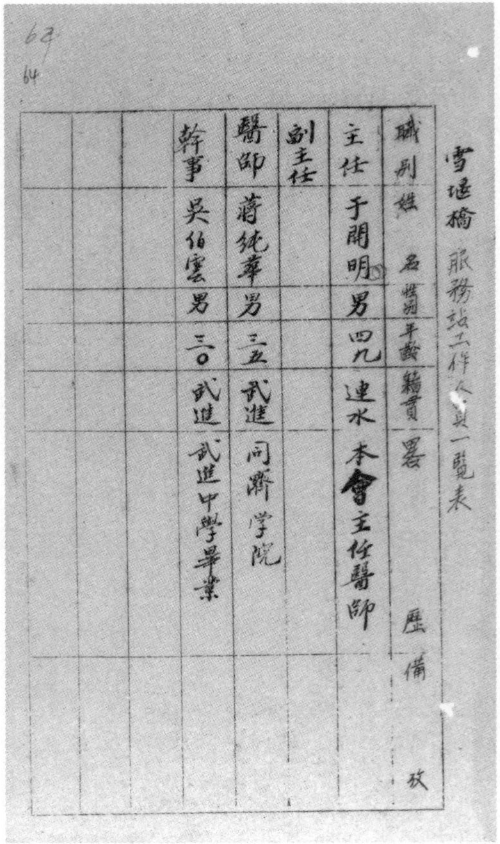

雪堰橋服務站工作人員一覽表

職別	姓名	性別	年齡	籍貫	略歷	備攷
主任	于開明	男	四九	連水	本會主任醫師	
副主任						
醫師	蔣純華	男	三五	武進	同濟學院	
幹事	吳伯雲	男	三〇	武進	武進中學畢業	

雪堰桥服务站工作人员一览表

60

寨橋服務站工作人員一覽表

職別	姓名	性別	年齡	籍貫	畧歷	備攷
主任	楊迪羣		三七	武進	本會總務組長	
副主任	潘國樑		四五	武進	鎮長	
醫師	馮恒富		二八	武進	[illegible]	
醫助	韋嗣良		二三	宜興		
幹事	潘燦良		三九	武進	省立常中	

寨桥服务站工作人员一览表

魏村镇支会材料

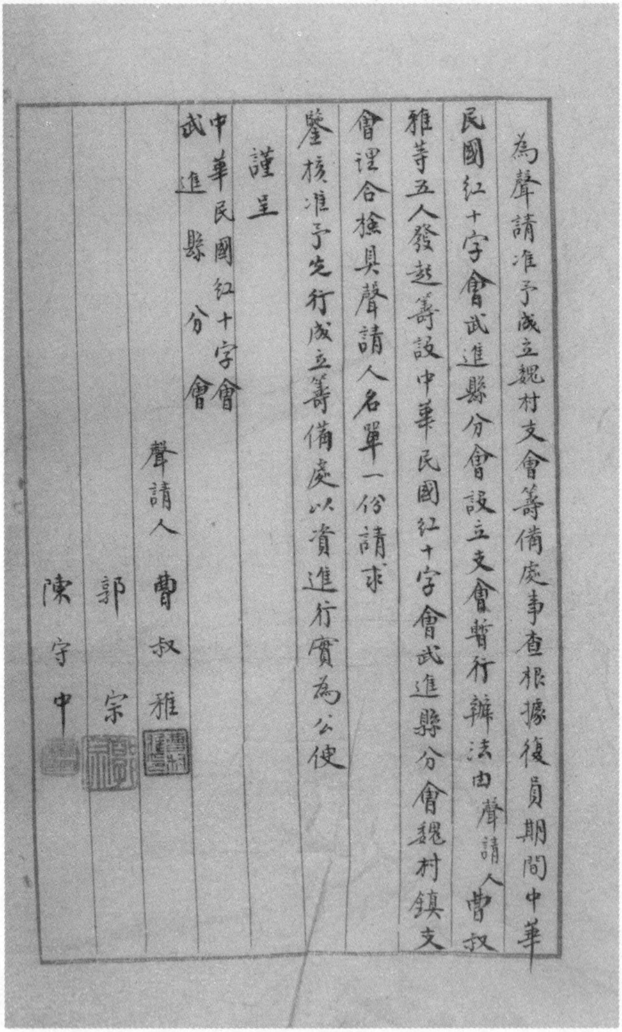

為聲請准予成立魏村支會籌備處事查根據復員期間中華民國紅十字會武進縣分會設立支會暫行辦法由聲請人曹叔雅等五人發起籌設中華民國紅十字會武進縣分會魏村鎮支會理合檢具聲請人名單一份請求

鑒核准予先行成立籌備處以資進行實為公便

謹呈

中華民國紅十字會

武進縣分會

聲請人 曹叔雅

郭宗

陳守中

关于成立魏村镇支会的声请报告

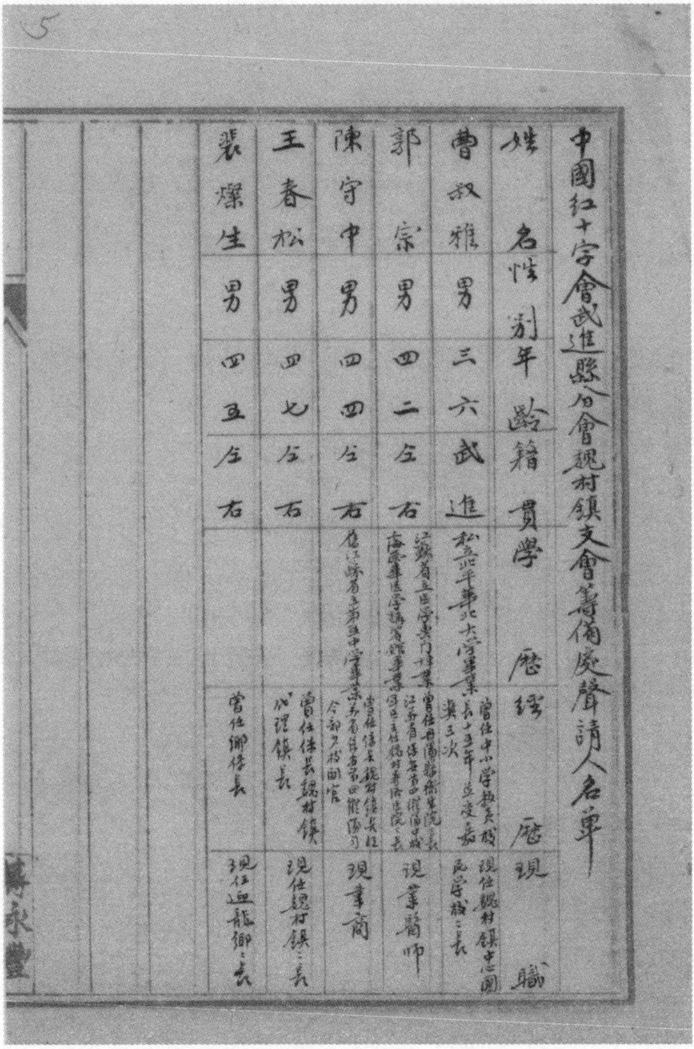

中國紅十字會武進縣分會魏村鎮支會籌備處聲請人名單

姓名	性別	年齡	籍貫	學歷	經歷	現職
曹叔雅	男	三六	武進	私立正平華北大學畢業	[illegible]	現任魏村鎮中心國民學校校長
郭宗	男	四二	仝右	[illegible]	[illegible]	現業醫師
陳守中	男	四四	仝右	[illegible]	[illegible]	現業商
王春松	男	四七	仝右		曾任保長錫村鎮代理鎮長	現任魏村鎮鎮長
裴燦生	男	四五	仝右		曾任鄉保長	現任迎龍鄉鄉長

魏村镇支会筹备处声请人名单

第四部分　民国时期常州红十字运动研究

常州分会筹备处的历史及其贡献(1914—1921)

2014 年适逢常州红十字会建会 100 周年。100 年来，常州红十字会始终以保护人的生命和健康为己任，给那些饱经战争创伤和各种自然灾害痛苦的人们，带来光明和希望。在回顾百年历程之时，我们更应该记住那些筚路蓝缕以启山林的先辈们，没有他们的默默付出和辛勤耕耘，就没有常州红十字事业的今天。本文通过对历史文献的梳理，把淹没在历史尘埃中的常州分会筹备处重新呈现在世人面前。王完白等人主动作为，把人道理念播撒在常州大地上，在较短的时间内取得了令人瞩目的成绩，并最终促成常州分会的正式成立。这种甘于奉献、无私无畏的精神，必将激励我们前行。

常州分会筹备于 1914 年 10 月，正式成立于 1921 年 2 月。这期间的 6 年半中，分会都做了哪些工作？有哪些历史贡献？笔者根据新近发现的历史材料，简单进行梳理，以尽可能还原历史。

一、分会筹备的情况

1911 年辛亥革命推翻了清政府，大清红十字会更名为中国红十字会。全国各地 50 多处红十字会纷纷成立，如苏州、无锡、江阴、镇江等分会，它们大多依靠教会和教会医院得以成立，并广泛参与了辛亥革命的战地救护。由于常州地区战争不是很剧烈，加上缺少教会医院，因此没有在第一时间成立红十字组织。1914 年 6 月，这种状况得到了扭转，基督教监理公会常东牧区与长老会联合在局前街创办常州福音医院，院长由王完白医师担任。

1923 年，王完白曾在《十年之回顾》中写道：“民国三年，余尚主任江阴福音医院，常州监理长老二公会西教士，屡次相邀来常组织正式医院，以应教会及地方之需要。……就局前街福音堂原址，创办福音医院。六月一日行开幕礼。”也就是说，常州福音医院的创办时间为1914年6月1日。

王完白，1884年4月生于浙江绍兴，出身于牧师家庭，毕业于苏州伊利萨伯医学校，1909年获得医学博士学位。1913年曾赴日本千叶医学专门学校，研究细菌学。历任沪宁铁路医官（1909年）、江苏省江阴县福音医院代理院长（1910—1914）、常州医学校校长及常州福音医院院长（1914—1931）。1932年迁居上海，长期从事教会广播事业。1956年6月去世，葬于上海清心堂。因为王完白在江阴就主持成立了江阴红十字分会，并参与过南京及津浦路上的救护事业。因此，筹建常州分会的重担自然就落到了他身上。

王完白说：“医院中尚有二种联属之事业，一为福音医院医学校。二为中国红十字会常州分会。光复之际，余方主任江阴医院，曾组织红十字医队，参与南京及津浦路线之救护事业。迨来常创办医院后，上海红十字会总会沈仲礼前会长，即以筹备常州分会事相托。开院后，遂以筹备处名义办理红会事业。”这也就是说在1914年10月，年仅30岁的王完白受中国红十字会总会沈敦和副会长的委托，负责创建中国红十字会常州分会，并在局前街福音医院设立常州分会筹备处，自任理事长。从某种意义上说，王完白是常州红十字会的奠基人与创始者。

二、参加战地救护工作

分会筹备处成立不久，江阴发生战事，这也给了分会筹备处一次锻炼的机会。1916年4月16日，江阴革命党人策动江阴要塞官兵反对袁世凯称帝，并发表《江阴独立宣言》。萧光礼率“江靖护国军”1000人向无锡进军，终因后援不继而败，时称“锡澄之役”。

王完白回忆道：“江阴炮台发生战祸，炮声相闻。常州大起恐慌，急与地方领袖共谋救济之法，乃组织伤兵留养院于第五中学，妇孺留养院于女子师范。教会西女士五六人，担任义务看护。”也就是说，在锡澄之役刚开始不久，常州积极主动地应对，分别组织了伤兵留养院和妇孺留养院，安排教会的牧师和修女们承担看护的工作。关于他的这段回忆，笔者在《武进报》上找到了相应的史料：“澄台告警，战讯频闻，伤病军民，亟待救护，前经王完白君设立分会于局前街福音医院，已有年所。兹因风云紧急，特扩充会务，筹备救伤事业。由美国罗（淑君）、孙（友朋）、霍（约翰）、蘧（美丽）诸女士担任义务，看护伤兵。又增设妇孺留养院于县立女子师范学校内，由校长任女士兼理院务，以收被殃妇孺。”妇孺留养院为此还在分会的指导下制定了《办法》，该院参照上海总办事处1913年制定的《救济妇孺办法》，定院名为“中国红十字会常州分会附设妇孺留养院”。该《办法》包括定名、宗旨、院址、院务、职员、制限、时期、经费、医药、余则等10个部分，内容十分详尽，在《武进报》上分两天载完。

当年4月26日的《申报》报道：“常州昨到有省军千余名，闻驻团部。此间闻有隆隆炮声，昨商会绅商集议，维持常州治安。事旋即电宁请示办法。福音医院院长王完白现已组织红会筹备处，预备开赴战地救济。”说明早在4月25日之前，常州分会筹备处就已经做好开赴江阴的准备了。

4月28日的《申报》再次报道：“本埠（指上海）红十字会因见近日江阴宣战，苏常一带谣言亦盛。特分请江阴福音医院华尔德医士、常州福音医院王完白医士、苏州齐门外福音医院魏更生医士、葑门天赐庄博习医院芮真儒医士筹备救护，即以各该医院为红十字会临时机关，应需经费，悉由该会担任。如苏常一带不幸有事，均可就近将受伤军民送院疗治，昨该会已电致各军司令知照矣。”这是总会针对锡澄之役提出的救护要求，即各地依托教会医院成立临时救护机关，以就近原则，开展受伤军民的救治工作，所需经费，全部由总会承担。

值得庆幸的是，这次事变持续时间较短，常州一带并未受大的影响。然而，常州分会未雨绸缪的具体措施，却为地方红十字会应对突发事件提供了范例。战争结束后，为了将红十字会这个永久的慈善机构做下去，第五中学童校长特意将校舍划出一部分作为临时病院，另外参加救护者多达6人，全系义务劳动，不取报酬。中西人士的热心赞助，着实让人感动。

三、发出简章，招募会员

分会筹备处成立后，王完白按照总会的要求，推行捐款入会制度，向社会广泛征集会员。锡澄之役中，王完白为筹备救伤事业，急需发展会员，筹募资金。为此，他亲手拟定了《中国红十字会常州分会章程》，并刊发于1916年4月27日的《武进报》上。当年6月21日，该章程再次通过《兴华》杂志第13卷第24期上发出，详细规定了入会条件和本会坚持的宗旨与主要业务。这是目前为止，笔者所见最早的江苏地方分会章程，为了保存这一珍贵史料，现将全文抄录于下：

中国红十字会常州分会章程

第一章

一、本分会名为中国红十字会常州分会，筹办处设于局前街福音医院。

二、本分会所用旗帜袖章均由中国红十字会总会给发，本分会须尽力禁阻滥用。

三、本分会须遵照总会章程办理。

第二章

一、本分会在会同各处分会协助总会按照一千八百六十四年各国会订之《日来弗条约》暨一千九百零六年七月六号中国在保和会签押之《陆战时救护病伤条约》（一名《日来弗红十字约》）办理。

（甲）在战时应遵守本国海陆军部定章及临时军司令官命令协助医队救护病者伤者。

（乙）在平时应筹募款项设立医院，造就医学人才，置办医务材料，并预备赈济水旱偏灾，防护疫疠及其他各项危害之用。

第三章

一、凡纳捐洋二十五元以上者均认为正会员（未满二十五元者，酌赠福音医院优待诊券，聊申谢意）

二、凡纳捐洋二百元以上或募捐洋一千元以上，由本分会函请总会办事处议决，举为总会特别会员。

三、凡独捐洋一千元以上或募捐洋五千元以上，由本分函请总会办事处议决，举为总会名誉会员。

四、本分会会员中有犯刑事案或其作事有违本分会章程者，本分会得褫夺其会员资格。

五、凡分会会员出会，无论告退、被退，所收入会费概不发还。

六、凡本分会所收会员会费，至少应将一半之数，按季汇交总会办事处。

以上章程系由中国红十字会总会所订，俟会员满三十人时即开成立大会，选举职员，同理会务。会所常州局前街福音医院，电话一百五十号。

六月廿一日

中国红十字会常州分会筹办处王完白启

为了更加有效地筹募资金，王完白还连续多日在《武进报》上刊发《中国红十字会常州分会筹办处入会简章》，简章的主要内容为：“捐洋在二十五元以上即由总会举为正会员，二百元以上特别会员，一千元以上名誉会员，皆有徽章凭照（未满二十五元者谨赠优待诊券）。”这一招果然很奏效，第一个积极响应的是武进县立女子师范学校校长任玄珠女士，接着就有省立第五中学校长童伯章、教员黄颂林、武进县知事翁志吾，常州本地士绅汪世铨、汪葆钧、龚瑞萁、沈漱六、贺杏村等人缴纳会费，成为常州分会的第一批红十字会会员，其中翁知事捐款达50元，其余均为25元。

1920年10月，王完白发出《常州红十字分会筹备处紧要启事》：“按照红十字会章当地欲设分会，须集会员三十人以上之志愿书寄由总会核准。本筹备处前因常地会员未满定额，迄未正式成立分会。兹查先后入会者已逾三十人，自应将正式分会早日组成，以立永久慈善机关。现由本筹备处拟就志愿书稿，凡我同会诸君（无论在何处入会，凡籍隶武进者均可）务请于双十节以前驾临局前街福音医院签名盖章，以便寄呈总会核准，事关公益，至为企盼。常州分会筹备处理事长王完白谨启。”也就是说，此时分会的会员人数已经超过了30人。至1921年初，筹备处共征得正式会员36人，超过组织分会的法定人数，于是请求总会批准成立正式分会，经总会汪大燮（字伯唐）会长呈报陆军、海军、内务各部及江苏省长官备案保护，获准成立永久慈善机构——中国红十字会常州分会。当年1月，总会发给分会图记。2月21日（正月十四日），中国红十字会常州分会在福音医院召开成立大会，并选出首任会长屠寄，理事长王完白，理事童伯章，资产委员龚承祖，议事员恽汉辅等12人。当选者均为地方知名且热爱公益人士，自此分会筹备处圆满完成了它的历史使命，退出历史舞台。

四、参与赈灾工作

除参与救护、征募会员外，分会还开展力所能及的募捐活动，参与赈灾工作。王完白在《十年之回顾》中写道：“如丙辰京直水灾，庚申北省旱荒，或捐募赈款，或出发救护，均曾稍尽绵力。”这里需要指出的是，由于记忆错误，“京直水灾”发生在1917年夏秋之际，而不是发生在1916年。当时，北京、河北等地发生严重水灾，常州分会筹备处代募赈灾款。劝募书称：“顺直水灾，异常重大，为百年所未有。各埠团体及慈善士女，或慷慨解囊，或热心筹募，莫不踊跃从事。红十字会尤竭诚赞助，不遗余力。如开会筹款，调查灾区，散放衣食，掩埋尸骸等，均引为己任。兹闻吾常局前街福音医院内之红十字分会，因吾常素号繁富，当不乏大慈善家乐为捐助，惟吾常地无收款机关，故该分会愿效收解之劳。如捐洋在二十五元以上者，由总会推为红十字会终身会员云。”这次劝募从当年10月持续到次年1月，从残存的史料看，已经累计募捐到善款111.2元了。

1919年夏，长江流域发生水灾，分会再次发出劝募倡议，不少人纷纷响应，现存一条《分会谨谢》：“各省天灾人祸相继而来，救济事业无时或歇，本分会特常年代收捐款，汇交总会，稍尽天职。兹承临江会馆罗国祥君急公好义，慨捐银洋二十五元正，除汇交上海总会并推罗君为红十字会正会员外，谨登报征信，奉扬仁风。”

1920年，华北发生最重旱灾，赤地千里。常州分会筹备处再次进行劝募：“今岁北方大荒，据西报所载：灾区之广达百万方里，灾民之众至三千五百万人。灾情严重，为从所未有。现方由中外各埠尽力筹捐，以救灾黎。吾常不乏大慈善家，乐捐之心，当不落人后。敝分会爰按会章中救恤兵灾之旨，愿任代解之劳，捐无巨细，均当登报征信。凡捐数在二十五元以上者，请总会推为红十字会终身会员，特赠庄严华美之徽章凭照，并将台衔分呈政府及万国红十字会，以表敬仰。未满二十五元者，由福音医院谨赠优待诊券，聊尽微意。故赈款之经由红十字会转放者，既可使灾黎必受实惠，无意中复得无上荣誉，尚希各界热心君子，本人类互助之义，慷慨捐助，至深盼祷。”王完白甚至为灾民大声疾呼：“我们生在南方福地，应该省点银钱，去救他们的命。银钱本是身外之物，俗语说的好：‘生不带来，死不带去。’但是我们若用他来做好事，得那精神上的快乐，倒是享的真福。比藏在银箱或留与子孙，还稳当千万倍呢。大家快来，不要失却这救命的机会！”这次的劝募成绩不错，仅正会员就达6人。由王完白先生主持开展的这三次成功的赈灾劝募为分会的早日成立奠定了群众基础和物资基础，也为以后开展更大规模的募捐活动积累了宝贵的经验。

总之，自1914年至1921年，常州分会筹备处热心公益，身先士卒，致力于地方红十字事业的发展。这也决定了常州的红十字运动有着独特的资源和先天的优势，作为慈善之城、爱心之城的常州，拥有这么一段宝贵的历史财富，值得珍视和传颂，更值得我们学习和研究。

（作者：张涛）

艰难前行的常州分会（1921—1937）

早期红十字分会是一个松散的组织，很多工作系被动开展，只有遇到重大或突发事件才开会商议，拿出对策；危机解除后，即停止工作，处于休眠状态。然而，20世纪二三十年代的常州分会却是另一番景象，分会严格按照《中国红十字会章程》规定的“战时救护伤病，平时赈灾施疗”的事业原则，分会上下，无论是德高望重的会领导，还是普通职员，都尽职尽责，把红十字工作当成一种事业来做，做了大量有益地方的工作。本文予以简单介绍。

一、按时换届改选

1921年9月16日，常州红十字会首任会长屠寄先生因积劳成疾，不幸逝世。分会按照总会规章，提前召开会议，公推龚承祖任会长，李涤云任资产委员。次年4月22日，分会遵照总会章程“每年改选议事会三分之一，每三年改选职员一次，议事员由会员大会选举，职员由议事会选举”的规定，分会在福音医院召开议事会，选举正副议长，会长龚瑞蓂、理事长王完白监督，朱稚竹当选为正议长，恽汉辅当选副议长。1923年3月31日，分会召开议事会，改选议事员，吴师召、谈恂之、俞德霖、屠心矩四人当选为议事员。1924年3月，分会第一届职员任满，适逢江浙战起，未能及时改选。至11月，龚瑞蓂会长、王完白理事长等全体职员向议事会辞职。议事会挽留无效，鉴于当时会员已达三四百人之多，分会只好组建临时办事机构，推选会长伍琢初，理事长徐化吾，资产委员谈恂之，理事刘尧性、李涤云、屠友梅，并移会址于教育局。

1925年11月1日，分会召开会员大会，到会会员200多人，会议正式改选伍琢初、赵颂平为正、副会长，徐化吾为理事长，卢锦堂、李复稔、刘节生、赵颂平、史企望、刘程远、夏宗棠、朱秀齐、刘尧性、汪子传、许顺康、张佩坤、周志靖、龙瑞冀、吴翼平、王完白、郭晓溪等17人当选议事员。1926年11月1日，再次召开会员大会，改选三分之一议事员，刘尧性、郭晓溪、吴儆张、屠葆孙、林锦泰、张君柔、周李萍、黄定翰等8人当选。以后每年11月照常召开会议，成为定例，直至抗战爆发才停止选举。

1927年11月15日，分会在北岸召开议事员会议，因原会址营田庙为米业集议场所，不利于开展工作，遂迁至东横街平民工厂内。1928年

11 月 7 日，分会在北岸召开议事员会议，到会 17 人。会上改选职员，改选结果：赵颂平为正会长，张佩坤为副会长，徐化吾为理事长。伍琢初为正议长，郭次汾为副议长。当年因会费久罄，捐款难募，经武进县政府批准，每年补助分会 200 元，编入地方预算，归公款公产处慈善项下支付。12 月，原第三任会长伍琢初突发中风而去世。伍会长临终时捐资银洋 5000 元建南直街桥，邑人以其名“琢初”为桥名，武进冯嘉锡有《琢初桥记》记之。

1929 年初，徐化吾理事长病故。4 月 12 日，分会在小营前胡宅开会，补选理事长，郁景溪被选为理事长。1931 年 11 月 6 日，分会召开议事员会议，改选议事员。同月 15 日，本会各职员 3 年任满，开会改选。改选后的正、副理事长郭次汾、郁景溪向大会辞职，遗缺照章由王完白、高克仁递补。1932 年，王完白辞职，前往上海。1934 年 11 月 10 日，分会在县商会举行选举大会，选举赵颂平为正会长，刘尧性为副会长，谈恂之为理事长，俞泽民为正议长，李复稔为副议长。

二、参与战争救护

自 1921 年至 1937 年抗日战争全面爆发之前，16 年间，战争频仍，大的战争主要有江浙战争、联奉战争、北伐战争，在这几次战争中，常州分会都提前准备，积极应对，做出了较大贡献，下面分别介绍。

（一）江浙战争

早在“齐卢之战”爆发一年前（1923 年 12 月），常州分会就开始关注江浙时局了。大家意识到“江浙问题，风声日紧，吾常东南两方均为重要之地，无论是否成为事实，本会不能不未雨绸缪”。分会遂在福音医院开会专门商议救护办法，并两次致函总会请求指示。总会复函说：“江浙大局，经两省绅商奔走调停，为弭兵之运动，目前当不至于干戈相见。吾辈办理慈善事业，不偏不倚，亦只得沉机观变，静以待之。”尽管总会没有给出具体意见，但基本认可了常州分会尽早筹备救护的主张。

由于准备充分，1924 年 9 月，第一次江浙战争爆发后，常州分会在第一时间做出反应，主要做了三件事情。一是设立伤兵诊疗办事处。办事处设在武进医院内，同时又在城乡主要区乡（贫儿院、常州会馆）设伤兵诊所 9 处，共收住院伤兵 200 余人，诊治伤兵 1000 余人次，其中，在第五中学医治伤兵 80 余人，在武进医院医治 50 余人。二是设立救济妇孺办事处。办事处设在分会会长龚瑞冀家中，同时又在学校、工厂、城镇等地，设妇孺救济院 52 处，以救济丧失抚养与生活能力的妇女婴儿。战争前夕，龚瑞寞会长、王完白理事长就积极与城内各校校长接洽，先后在常州女子职业学校、常州女子师范学校等处设立妇孺收容所。战争爆发后，士兵常骚扰收容所，分会又与驻军长官进行沟通，请求保护。三是开展战地救护工作。分会紧急组织救护队、调查队、输送队、掩埋队，开赴江阴、宜兴、昆山等地，共掩埋死亡士兵200多人。战事结束后，江阴分会还专门来函致谢。而在宜兴方面，由于战事并不十分剧烈，救治伤兵较少。

以上三件工作中，尤其以伤病救治最为重要。分会专门委托武进医院负责收容伤兵事宜，不惜财力，凡重伤士兵先用X光检查，然后施行手术，当时医院忙碌程度为建院以来所未有。自开战之日起至停战之日止，40多天中，该院共收住院伤兵200余人次，门诊伤兵1000余人次，费用的大部分由分会承担。

1925年1月，第二次江浙战争爆发。在常州、无锡、苏州的交战中，齐军溃败，退至江阴。为了协助江阴分会，常州分会又在申港、西石桥一带，救治受伤官兵、百姓100余人，掩埋20余人。同年11月，分会召集会员200余人开会，徐化吾理事长报告说："去年江浙战事，本会一方救护，一方设法掩埋，救护伤兵三四百人，掩埋亡兵二百余人，当时救护分为两处，除武进医院外，又在第一高小等处作为分院，始能容纳。惟枪伤者必用爱克司光线照治，幸武进医院有此器具，始能疗治。每伤兵一人，每日约须七八角费用，然较苏州等处所费尚少，以医生均尽义务之故。掩埋队则掩埋亡兵，备尝困难。至设妇孺救济院，用款尚少。"对于人力财力极为有限的分会来说，这样的成绩来之不易。

（二）联奉战争

1925年11月，孙传芳的部队北上，与山东张宗昌南下的部队交锋于津浦线上，决战于徐淮之间，孙军大胜，北进至山东边境。交战双方死伤甚多，沿线百姓苦不堪言。又值严冬季节，急需赈济。12月初，分会召开职员会议，一面派员赴灾区实地调查，一面筹集善款赈济灾民，除登报募捐外，还请分会职员及会员劝募，以50元为最少数，共捐启100份，募集银元近万元。

12月底，分会理事长徐化吾，偕同会员刘耐齐等人，携带现款，赴宿州散放赈济。这次放赈活动主要沿津浦路展开，自固镇至夹沟，共计100余里，所到之处"死兵遍野，灾民惨苦，大有目不忍睹之概"。放赈的内容主要包括"放银"和"放衣"两种，其中放银办法是分灾户为"善、与、人、同"四字，"善"字1元，"与"字2元，"人"字3元，

“同”字4元。放衣办法是分“上下全”3字，“上”字为棉衣1件，“下”字为棉裤1条，“全”字为棉衣裤1套。此次放赈活动共计放银7000元，棉衣裤1000件。这次放赈共持续了10天，次年1月7日，放赈队全体成员顺利返回常州。

除了放赈之外，徐化吾理事长鉴于“沿津浦路线，尸体未经深埋，而为野兽所食者，不可胜计”，于是动员分会职员，重新覆以泥土，共筑坟158个。放赈队本来还打算深入到更远一些的地方开展放赈救助，考虑到附近绑匪甚多，携带现款可能被劫，所以没有前往。在沿火车线各地散放，约经10日始竣。

（三）北伐战争

1926年6月5日，广州国民政府通过出师北伐案，7月1日发表《北伐宣言》。随着战争的不断推进，外省来常难民逐渐增多。10月，东郊红十字会决定在东门广益第二纱厂、北门临清公馆、城内育婴堂及女子师范学校等5处设难民收容所。1927年3月15日，随着北洋军阀的节节败退，战事逐渐逼近常州，常州分会召集议事员在青果巷赵颂平家开会，筹商救护事宜。主要包括以下内容：1. 向总会请求医药支援；2. 报告函请各军事长官，给示保护；3. 报告函请运输周司令，准予火车免费运送难民；4. 议决设立救济院十处，经费由各主任承担；5. 推赵颂平为主任，与武进医院接洽疗治伤兵。后来根据形势的发展，常州分会共设立了19个救济院，超出了当时预定的10个。武进医院共接受伤兵数百人，治愈数十人，遣送归队。未治愈者，转送上海医治。

三、注重卫生防疫

1922年起，常州分会依托福音医院，开展免费注射防疫针业务，并坚持数年，数量不是很多。1923年夏，由福音医院院长王完白、县知事姚绍枝发起，约集红十字分会、警察局、教育局、商会、农会等8个团体联合成立常州卫生会，办理公众卫生事业，姚绍枝任会长（1926年改选县知事岑郊麟为会长），王完白任副会长。下设宣传、执行、纠察3部。分别经办收毁蝇蛆、灭除蚊种、掩埋死畜、击毙疯犬、取缔坑厕、改良运粪、挑除垃圾、清洁河流、禁售不洁冰水、检查摊售食物及腐烂鱼肉、义务纠察、卫生宣传等12项公共卫生事业。

1925年春，常州分会还专门成立了种痘局，施种牛痘，防治天花。当年11月，常州时疫严重，分会挑起疫病防治的重任。首先在武进医院开设红十字时疫诊疗室，注射预防针，治疗染疫患者。从此，分会每年春季的工作重点为施种牛痘，预防天花，夏季的工作重点为注射防疫针。

1926 年 8 月，长三角地区霍乱盛行，常州由于重视环境卫生工作，措施得力，故疫情最轻。分会还筹款购买了十滴水、痧药水、卧龙丹等防疫药品，施送贫民患者，并布告市民："暑天防疫药品已购送各警区，由岗警随身携带，遇有患疫者，即给药随服，重者至武进医院红十字时疫医疗病室治疗。"并请各警区检查市售食物，凡腐败者不准入市。

1927 年 7 月，分会伍琢初会长、徐化吾理事长，邀集职员在县学旁史氏意园召开大会，决定 13 日开始在崇法寺注射防疫针，分会还特邀屠友梅医师为主任，专门负责此项工作。1928 年夏，分会与市政局共同办理施种牛痘，经费各半分担，地点在市政局，由屠友梅医师主持，每号收号金二角，遇贫寒者，免费送针。另外，分会还与市政局联合为贫民时疫患者进行针药治疗。

1929 年 7 月，为预防霍乱等疫病流行，分会开展夏季防疫工作，请医师公会派员轮值主持，免费为居民注射霍乱预防针，分送十滴水。同时，因时疫流行，总会还特派救疫队总队长王培元率李耐霜、徐祖荫等来常，随带治疗药品、器械。一个多月中，共门诊 1032 人，住院治疗 216 人，患真性虎烈拉而进行盐水注射者 58 人。9 月 14 日，《申报》为此专门刊登了题为《常州救疫队成绩报告》的通讯。

1934 年，分会与武进救济院所属施诊所联合举办诊所，为贫民诊治疾病。自 7 月 16 日至 9 月 25 日，历时两月余，共诊治 1328 人次，其中堂孩（育婴堂孤儿）302 人次。

四、开展赈灾工作

1921 年 7 月，江苏普发大水。受灾 52 县中，尤以常州等地为重。7 月中旬，长江下游沿岸遭水灾，"不特圩岸冲破，十占八九，甚且江水高过圩岸，泛滥全地"。分会到各地巡视，组织义渡、义诊，表现尤为突出。王完白理事长亲赴灾区调查，乘小轮船从小河出荫沙口，往长江下游视察。9 月，分会组织救护队，赴灾区开展疫病防治工作。药品、器材均由分会会员协力筹募，总会补助药品 1 箱，医疗事宜由常州福音医院医士和职员担任。由于"荫沙为出长江之要口，上下游沙洲各地往来最便"，分会遂借荫沙义渡局房屋设立定期放诊所，"自中秋起，每逢三八两期，队员即在该局送诊给药"。分会前后治愈了许多灾民，扬州、泰州、泰兴、丹徒、丹阳、镇江、江阴等地都有灾民前来接受诊治，为数甚众，灾民得此恩惠，"皆颂声载道"。分会开展灾疫预防工作，为武进县公署和沙洲灾赈事务所分担了很大一部分工作，后被当作典型呈报省署备案。

当年 12 月下旬，总会理事长庄录致函常州沙洲灾赈公所伍琢初："今年吾邑沙洲水灾，值此暮冬，遗黎冻馁交迫，良堪悯念。兹由本会筹拨现洋五百元，棉衣二百件，即乞核收散放。棉衣已交中国运输公司带常，迳送贵公所。现款由上海银行汇上，并望掣给收据，寄交本会为盼。”

1922 年夏，浙江沿海风灾，分会募捐以助。1923 年 9 月，日本大地震，常州分会开展募捐活动，有妇女、儿童以首饰、饼饵之资，捐作赈款。由于常州分会在救援日本大地震中成绩较为突出，分会理事长王完白还获得总会的嘉奖。

五、成立救火救护队

常州早期的消防，有“水龙会”等民间松散组织肩挑、手提地取水灭火。后来，钱业公会、商业行会等单独捐资，创办“洋龙”救火会，但他们只管扑救本行业的火灾。1920 年，大庙弄、北大街 24 家商铺被特大火灾烧毁，工商界认识到依靠零星薄弱的救灾组织根本起不了作用。县商会决定创办救灾联合会应对火灾，会长由商会会长兼任，日常开支由所在地段工商户摊派。

1922 年冬，常州分会龚承祖会长、王完白理事长鉴于本邑“迭遭火灾，救火员及灾场上人，时多受伤。因而致死者亦屡有所闻，殊堪悯惜”，便筹建了一支救火医疗队，参加火灾救护，成绩颇佳。1923 年 4 月 14 日，常州分会正式成立救火医疗队，“一逢失火，即出发救护伤人，一概不收费用”。火灾医疗队的设立为罹灾伤员的救治提供了保证。每逢火警，无间日夜，不避风雨，立即赶赴火场施救，所有队员皆由福音医院职员担任，纯尽义务。

六、征集红十字会员

1934 年，在中国红十字会总会的号召和组织下，为“在战时、平时对于救护、赈灾、治疗、卫生等事业加以扩充，务使全国的同胞都得到安全的保障”，自 3 月 1 日至 9 月 30 日，历时半年的征求会员运动首次在全国轰轰烈烈地开展起来。据《中国红十字会第一次征求会员成绩报告》显示，常州分会共征得 488 元，1 元为 1 分。后来，分会将其中的一半作为会费缴纳给总会，一半留作会务经费。

常州分会自 1921 年正式成立，至 1937 年抗战爆发，历次大会的主要内容和领导人的更替都能查到资料，这在中国红十字运动的历史上都是比较少见的。当然，常州分会所做的工作，远远不止以上六个方面，一则限于资料的缺失，二则限于篇幅，只好挂一漏万，简要列举而已。

（作者：张涛）

复员中的武进分会（1946—1949）

一、武进分会的复会

1945 年 8 月 15 日，日本帝国主义宣布无条件投降，中国人民迎来了抗战的胜利。中国红十字会的核心事业也从救护转向了社会服务。1946 年初，国民政府迁回南京，行政院颁布了《复员期间管理中华民国红十字会办法》，要求原敌占区的红十字会组织迅速登记，与总会取得联系，尽快恢复或重建。武进士绅蒋尉仙、程俊观、刘静基等为发扬红十字会博爱人群、服务社会的精神，倡导组建武进县分会，由查秉初、李复稔等积极筹备。1946 年 1 月，中国红十字会上海办事处处长冯子明向总会报告常州分会将于短期内恢复的消息。2 月，由上海办事处呈请总会，提出常州分会应改为武进分会，“以符县名”，总会照准。4 月 17 日，正式筹备，6 月 1 日，武进分会正式恢复建会，会址早科坊 25 号。

复员时期，总会已经认识到此前各项业务过于集中在总会，而忽视了分会的发展，“本会工作，决以全力健全分会，各种业务，一反从前，不再集中总会办理，总会只不过居于领导地位，督促分会事业之开展”。总会和分会的职能有了本质的区别。战前的分会，很大程度更接近于传统的慈善救济团体；复员之后，分会则要经过大力整顿，成为全新的社会服务团体。

而武进分会无论是从遵照总会《管理办法》，还是从自身发展的需要来说，都走在了全国的前列。分会的筹办人员大都是由抗战前线从事红十字救护工作的人员组成，包括吴逸樵、杨迪群、于开明、徐芳等。因为他们对于组建地方红十字组织和开展红十字工作既有经验也有热情，所以在很短的时间内，武进分会不仅恢复了机构，还开展了多项福利事业，迅速成为全国红十字分会的楷模。在城区，分会一方面成立红十字诊疗所开展医疗服务；一方面积极开展会员征募活动，扩大红十字会影响。仅 8 月 18 日，就招募到会员 22 人，其中包括名誉会员 5 人、特别会员 5 人、普通会员 3 人、青年会员 9 人，足见常州入会者的热情高涨和红十字事业的深入人心。

以上的工作，都只是筹备阶段的探索和实践。很多工作必须要经过理事会才能确定。在这种情况下，9 月 19 日，武进县分会第一次理事会在县商会会议厅正式召开，加上抗战前的三次理事会，这次会议也被称作常州红十字会第四次会员代表大会。根据总会《复员期间中华民国红十字会分会组织规程》的规定，“分会设立理事11人至15人组成理事会，并由理事中互选常务理事5人为分会最高之权力机构；分会设会长1人，副会长1人，由常务理事中互选之；分会设总干事1人，得由理事兼任，承会长之命与常务理事之决议，掌理日常事务，呈请总会聘任之”。参加会议的有周季平、程俊观、查秉初、李复稔、马元放、薛迪功（郭耀宗代）、吴逸樵、李行甫、蒋文渊、胡桐、刘国钧、顾峤若（李行甫代）等12人，会议主席程俊观。会议先后议定第五届红十字周扩大征募办法，拟聘请社会名流担任分会顾问，设立财务、救济、会员健康顾问、会员法律顾问等四大委员会，确定各委员会委员人数等事项。大会选出会长程俊观（江海银行总经理），副会长查秉初（武进县商会理事长）、李行甫（振康源庄经理），常务理事薛迪功（武宜汽车公司经理）、胡桐（仁来庄经理），理事刘国钧（大成纱厂总经理）、刘清基（大成纱厂经理）、周季平（救济院院长）、蒋文渊（恺乐堂牧师）、顾峤若（江苏监察使秘书）、陈舜名（县公医院院长）、吴逸樵（宝兴公司会计主任）、李复稔（原常州分会副议事长），总干事吴逸樵，业务组长陈绍文，总务组长杨迪群，诊疗所主任于开明。并推举名誉正会长蒋慰仙（行政院驻沪办事处主任），名誉副会长程沧波（江苏监察史）、马元放（南京市教育局局长）、唐肯（军事委员会参议）、庄启（常州善后救济协会主任）。从上述名单中可以看出，分会领导多为商界人士。这些领导者和商界有着密切的联系，他们热心倡导宣扬红十字精神，推动各界积极捐输，由此推动了分会各项业务的顺利开展。

9月29日，分会第一次常务理事会召开，决定聘请陈舜名、谢知闲、丁克曾、李士模、谈鹏年、杨堃、贝德、段荫琦、宗浩、于开明、潘祖荫医师等为会员健康顾问委员会委员，并请陈舜名医师为主任委员；聘请顾镜明、庄曾笏、汪绍先、章衡、陈绍希、陈择、章涛大律师等为会员法律顾问委员会委员，并请顾镜明大律师为主任委员；聘请周季平、蒋伯明、蒋文渊、沈祖培、吴莑伟、张焕文、吴逸樵先生等为救济委员会委员，并请周季平先生为主任委员；推选薛迪功、刘国钧、刘靖基、程俊观、查秉初、李行甫理事等为财务委员会委员，推选胡理事桐为主任委员。同时决定聘请是旭人、盛景馥、尹祖烈、郭耀宗、金国屏、王超一、李渺世、过志勇等20余人为分会顾问。

会议还就会员征募活动进行了讨论，决定除全体理事、顾问及各委员外，同时聘请各机关首长、各区镇保甲长、各界领袖、各业先进、各校校长为征募队队长，以确保征募活动的效果。为了做好宣传工作，会议决定通过中山日报社、武进新闻晨报社、快报社辟栏刊载宣传文字。同时，请城区各中小学讲述红十字会意义，由分会提供红十字会宣传材料。

按照总会的规定，1946年10月1日至10日，为中国红十字会第五届红十字周，红十字周的目的有三个方面：扩大宣传、征求会员、募集捐款。分会举行了形式多样的宣传征募活动，自9月起，进行扩大宣传，并进行征募活动，聘请总会正副会长担任名誉队长，由第一绥靖区司令李默庵将军担任征募总队长，副总队长由本邑县长孙丹忱、县党部书记长盛景馥、三民主义青年团主任尹祖烈担任。预定目标是征求会员3万人，募集基金1亿元。步骤是先城区再乡村。

会员征募活动期间，分会印发了《武进分会举行第五届红十字周扩大征募宣言》，宣言说："……本分会成立以来，深感今日红十字会所负使命之重大，特致力于会员及一般民众福利事业之创办，曾就力之所及，先后举办城区诊疗所一处，乡区夏令施诊所五处，民众书报阅览室一处，以及协助地方防疫注射等工作，最近且将设立营养站二处，举办急病医药贷金等，凡此莫不为会员及一般民众谋幸福而努力，兹更组织财务委员会、经济委员会、会员健康顾问委员会、会员法律顾问委员会等，进一步为会员广泛服务。然红十字会'服务'与'博爱'之范围，宁有止境？仅就上述诸种工作，本会犹认为不足以表现红十字会积极之精神，亦不足以副社会人士之殷切期望，故对于'儿童''青年''妇女''平民'等之种种福利事业，均有积极计划，次第举办之必要。……"这一段宣言书，把武进分会恢复两个多月来的成绩和今后将要扩展的项目列举了一遍，其中所列举的红会事业基本上都付诸实施了。

至1947年3月1日，分会共征得会员15593人，其中团体会员单位17个，名誉会员92人，特别会员1993人，普通会员4242人，青年会员9249人。计收会费35096500元，上缴总会17548250元。至3月底，计收捐献款14000000元。由于分会加强了宣传，各征募队长又十分尽心尽力，故武进分会在征募活动中成绩极为突出，"位居全国县级分会之冠"，1947年6月18日受到总会表扬，并获得总会颁发的甲等奖状。1947年10月1日至10日为第六届征募周，分会又在上海《申报》刊登消息，在本地多家报纸上出特刊，邀请国民政府要员和社会名流为征募活动题词，广为宣传，街头巷尾均能看到，征募成绩十分可观。

在复员之后的数年中，常州分会始终坚持"服务"和"博爱"的宗旨，做了大量的工作。这和总会的支持、地方的重视、分会领导的能力是分不开的，更和千千万万的有着慈善救助观念的常州老百姓分不开。总会第三处陈蕙君处长到武进后感慨万千：“综观武进分会各部门的工作，个人所得的印象与所生的感想，就是觉得该分会不仅本身拓具了现代化的规模，并已将红十字会的性质与任务及工作精神，深深印入当地官商及一般人民的脑海，所以深得当地人士协助，乐于捐输，乐于与红十字会合作，这在本会整个事业的步骤上说，确是一只最前进的号角。”

二、平民诊疗事业

分会成立伊始，就把分会的事业明确为“医药卫生服务”和“社会福利救济”两个方面。分会恢复之初就创建了红十字诊疗所，这是有深层原因的。战争结束后，百废待兴，分会恢复首先遇到的问题就是资金问题，分会领导认为在这种情况下，急于向广大群众募捐，效果可能不好，为使民众真正了解红会、认识红会，分会决定先办具体工作，以实际行动来起到宣传效果。因此，分会理事自掏腰包，先行垫付，短短4个月内共用去三四千万元。为了缓解资金的压力，分会率先举办诊疗事业。然而，开办诊疗所需款甚巨，除了由名誉会长蒋蔚仙、会长程俊观、理事刘靖基等在沪先行筹集基金600万元外，其余由副会长查秉初、李行甫、常务理事薛迪功、胡桐等负责筹措。

1946年7月初，原救护总队221、222区队开拔到常州，拟进行改组。于是，分会首先利用这一有利条件开办诊疗所。7月19日，正式成立了武进红十字诊疗所，配合地方卫生当局进行疾病防治。诊疗所共6名工作人员，即1位主任医师及护士、助产士、检验员、司药和干事各1人。为告知当地民众，分会还在《中山日报》发布了《中华民国红十字会武进分会诊疗所开诊通告》，内容为：“一、地点：暂借西门外唐孝子图书馆内。二、时间：自8月18日起，每日上午八时至十一时，下午二时至五时。三、科别：内科、外科、产妇科、儿科、检验（产科需先行挂号检查）。四、药费一律免收。五、号金：上午初诊二百元，复诊一百元。下午初诊五百元，复诊三百元。六、凡本会会员可凭会员证优先挂号，提前诊视。七、除产科外概不出诊。八、星期日停诊。”此后，分会又规定：“遇有贫病者，即挂号费亦予豁免，至于团体机关申请医治者，予以全免或半免之优待。”这对贫苦的民众来说具有很大的吸引力，来就诊者络绎不绝。根据当年8月24日第三次会报的记录来看，仅从18日至23日，开诊一周内，就初诊131人，复诊80人（计内科103人，外科34人，儿科34人），平均每日来就诊者35人。由于开学在即，诊疗所不久即迁往西横街十八号胡宅。

诊疗所产科尤其繁忙，主要是因为接生所收费用不到普通医院的十分之一，“对于产妇之缺乏营养者，且给与牛奶或鱼肝油等，以资补助，故产科之挂号者甚多，颇有应接不暇之势”。于是又增添医师和助产士各 1 人。由于诊疗所挂号费收入有限，仅够纸张印刷及添购急需药品，因此诊疗所大部分药品由总会供给，也有有关方面的捐赠，如行总苏宁分署和上海新亚东药厂等。

9 月，分会与县总工会商妥，代办该会劳工诊疗所诊疗事宜。“这所诊疗所至 9 月中旬为止，已诊治病人 994 人，发出奎宁 9400 粒，消炎片 1700 粒。此外并制备碘酒、纱布、DDT 杀虫剂分送各社团机关”。

第一诊疗所成立后，因为诊疗费远低于普通医院，所以应诊者越来越多，无法满足发展需要，虽然采取晚下班、增加人手等方法，仍然不能解决问题。10 月，武进分会在西门外筹建红十字医院，联合国善救总署罗声博士（美籍）莅临红会访问，详商设立医院的计划。其夫人海伦女士为儿童福利专家，对武进分会的工作十分满意，临行许诺赠送木质活动房两幢、救护汽车一辆。房子架设于屋后广场，东西峙立，中留甬道，十分壮观，救护车则专门用于临时救护。11 月，由西门外热心人士吴葵秋、唐瑞生、姚浩文等在溧武路捐建房屋一所，计六大间，为诊所之用，该处前后空旷，阳光空气，均甚充足，三面环水，林木清幽。分会在此先行举办第二营养站。由于诊疗所挂号费收入有限，因此，大部分药品由总会供给，另外行总苏宁分署和上海新亚东药厂也有所捐赠。至 1947 年 4 月份，第一诊疗所共接收内科初诊 1516 人，复诊 1995 人，外科初诊 1896 人，复诊 2598 人，产妇儿科初诊 853 人，复诊 994 人，其他各科初诊 948 人，复诊 1928 人，合计接待患者 12728 人。1947 年 8 月 1 日，分会第二诊疗所在早科坊开诊。次年，第一、第二诊疗所合并，成立武进县分会医院，为慈善性质的医务团体，即目前市第四人民医院的前身。

除了治病救人外，武进分会诊疗所还十分重视防疫保健工作。1946 年底，分会应地方邀请，前往前黄、南夏墅等地注射伤寒霍乱疫苗针 1125 人，霍乱防疫针 1012 人。1947 年春，又应各学校之请接种牛痘疫苗，在城区的培熙、安邦、县师、县中、西郊、东右镇、西右镇等小学，乡区的夏溪、厚余、湟里、嘉泽、周桥等小学，接种牛痘 11206 人。同时还为干训班注射疫苗 51 人。

会员的健康也是诊疗所非常重视的问题。凡来诊所检查身体者，都为其详细检查，分会共为各校青年会员体检1473人，成人体检315人。“四月四日儿童节”，还专门举行儿童健康比赛，共检查城乡儿童1269人。

为了使生活贫困的红十字会会员在生病时能够得到及时的救治，分会还设立了会员医疗贷金，“只要这个会员真的生病，本身无力住院医治者，都可向本会请贷，俟其病愈健康复原再筹措归还，如果力量不够，可以分数次还给”。

于开明医师曾在《武进分会的医务工作》一文中，按照经费、设备、人事、诊疗、防疫、保健、救护等专项，对分会的医务工作进行了介绍，并突出指出建立诊疗机构的目的是“减轻一般平民的医药负担，进而予以营养的帮助，使其能享受健康的快乐”。分会诊疗所尽管规模不大，但积极为患者解除病痛，实施防疫保健，并推出一系列优惠措施，受到普通民众的赞誉。

三、儿童营养事业

在开展医疗工作的同时，武进分会也积极开展儿童营养工作。自1946年10月开始，分会便开始筹划与行总苏宁分署合作开办儿童营养站。具体负责该工作的分会吴逸樵理事长对开办儿童营养站极为重视，他说：“本会认为要建立一个强盛的国家，必须要培植下一代健全的国民，因为今日的儿童，是明日的主人，所以要健全今日儿童的体格，来培植明日强盛国家的基础，这是一个远大而积极的建国工作之一。”因为有了这样的先进理念，分会积极推进这项工作，并成为在当时举办儿童营养站的分会中开办规模最大的一个，在短短1个月中就成立了5个营养站，其速度之快、规模之大令人瞩目。

这5个营养站的建立，背后还有一段鲜为人知的故事。当1946年10月，分会在西门外筹建红十字医院的时候，部分职员担心迁到西门后业务萧条。正在大家举棋不定之际，杨迪群获悉南京苏宁分署有一批美援物资，包括奶粉、药品、毛毯、蚊帐等，而这批物资被苏宁分署的头目侵吞不少，正担心在美国人那里无法交账，分会连夜让他去南京申请办理营养站，苏宁分署顺水推舟，拨给分会一大批奶粉。于是，分会先在西门外的6间平房内办起了营养站，吸引了大批贫苦儿童。

5个营养站，城中3处，城外1处，乡村1处。5个营养站供应全县2000多名瘦弱儿童享用半年的牛奶营养，登记求助者1240人，奶粉均由行总苏宁分署提供。

第一营养站设在分会内，11月11日开办，是专为领奶者设立的。

每5天可领取5天的奶，“以一岁至五岁的贫弱婴儿与幼孩为对象”，平均每次领奶的人数在百人左右。这是专门方便那些不能亲自来站饮奶的幼孩所设。为了防止流弊发生，营养站要求领奶者下次来的时候必须带上喝完的空瓶作为验证，而且每月还要对孩子进行一次体格检查，来检测补充营养的效果。

第二营养站设在西郊城门口附近，11月26日开办，是本站专为来站饮奶的儿童所设，平均每天饮奶的人数达到四五百人。这里环境好，房屋宽敞，饮奶室、消毒室和煮奶室一应俱全，设备完善，是5个营养站中规模最大、条件最好的一个。这里也很适合儿童活动，每天在发奶之前，都要对饮奶儿童进行数分钟的教育活动。

第三营养站设在城东恺乐堂，11月4日开办，在5个营养站中最早设立。该站专门供应儿童饮奶，平均每天饮奶人数在400名以上。

第四营养站设在县城中心的大礼堂，11月8日开办。该站附近分布多所小学，服务对象主要是贫苦的小学生，使他们也拥有享受营养品的机会。该站由县中的老师协助办理，平均每天来领奶的人数在300人左右。为不影响学生学习，一般在未上课之前或下课之后分批供给。

第五营养站设于离城40里的前黄镇，是应当地村民的邀请开办的，是分会重视乡村工作的一个写照，既“提倡医药下乡，也提倡营养下乡”。这是江苏省内分会中唯一设在乡村的儿童营养站。该站自11月27日开办，饮奶儿童有400余人。儿童福利专家韩美如、陈久敬、周慈航以及总会第三处陈蕙君处长都曾到前黄视察过。

在这5个营养站中，第二、五两个营养站由于条件较好，于是扩大服务范围，除了供应牛奶外，还推行一般康乐活动及卫生工作。营养站时常为小学生进行身体检查，仅11月份，就检查小学生1742人。

据统计，分会在12月份，5个营养站共有饮奶儿童1892人，消耗淡奶390听，奶粉3710磅，患肺结核者53人，消耗奶粉216磅，又分发各校汤粉2931磅。武进分会的儿童营养站工作被称为“是分会最具规模和最有成绩的一部门工作”。

1947年2月，分会在第二儿童营养站的基础上设立了一个儿童福利站，收容贫苦失学儿童500人。主要工作是为儿童提供医疗服务、职业训练（包括男孩做鞋及木工，女孩编织及缝纫）、教育活动，并为儿童提供娱乐设施以及供应牛奶等营养品。分会在“四四儿童节”举行纪念活动，由诊所医生对500多名儿童进行健康检查，举行健康比赛，并以此唤起民众对儿童健康工作的重视。

两年后，分会吴逸樵总干事在回顾营养站设立的初衷时写道：“我武进遭遇日寇八年的冲洗，民穷财尽，因此，失教失养的贫苦儿童，几于遍地皆是，我们绝不能熟视无睹，故本会成立未久，即首先对于这贫苦儿童的问题，热筹所以救济之道，经迭次与联总苏宁分署洽办儿童营养站，以资救济，旋由该署派遣中外儿童福利专家，几度来常视察，他们对于本会工作的热忱与同人的服务精神，认为不可多得，所以备承优予协助，供给营养物资，合办儿童营养站，由本会主持其事，该署则常常派遣专家前来视导，在同一个目标，彼此精诚的合作之下，完成了这一桩‘营养服务’的神圣工作。”可见，分会领导有着很高的预见性和创造性，并积极争取总会和其他机构的赞助和支持。

回忆营养站初创时期的情形，他写道：“在最初营养站设立之前，我们分头去找贫苦儿童为对象，当我们走进贫民的草屋里，看到了好多个瘦弱的儿童，我们向他们的家长登记，要他们的儿童到营养站去吃牛奶，他们都投以怀疑的眼光，惟恐有意外的事端，警异得呆若木鸡，这也难怪，因为无条件白送热热的牛奶给贫苦的儿童享受，在中国诚然是从古未有的奇迹，我们希望这个奇迹变为平凡，更希望这个平凡的奇迹遍地在中国各地出现，使成千万面黄肌瘦的儿童得到营养的补助，增强他们有生的力量。”可见，刚一开始，很多家长是不相信会有这样的好事的。

武进分会的成绩得到了总会的高度评价，总会朱子会赞叹道：“在已复员和成立的 109 个分会中，外形刷新的分会已占有三分之一，而内部工作能够称充实的，为数寥寥。武进分会的成长，是足堪惊人的。”

四、乡村服务站

在城市医疗工作顺利开展的基础上，武进分会又把人道关怀延伸到了乡村，倡导医疗下乡，开办了乡村服务站。

开展乡村医疗工作，源于总会的倡导。1947 年初，总会决定在分会之下设立乡村服务站，把红十字的关爱延伸到乡村。乡村服务站“为复员期间本会最新措施”，总会为此特订立服务站暂行规则。在当时的情况下，由于受到各方面条件的制约，能够积极响应的分会为数不多，武进分会脱颖而出，不仅在时间上走在了其他分会的前面，而且开办的乡村服务站的数量也最多，自 1947 年 2 月至 11 月，共设立了 9 个乡村服务站。

分会的第一个乡村服务站设于前黄镇。该镇位于武进城南，人口密集。1946 年 11 月，分会曾应该镇民众的邀请，设第五营养站于前黄。

营养站开办之后，效果很好，受到广大乡民的欢迎，但由于物资有限，营养站于次年2月结束。此时，正值总会提倡设立乡村服务站，于是改营养站为服务站。2月16日，前黄服务站正式设立，这也是全国第一个红十字乡村服务站。

前黄服务站设在前黄镇中街原杨氏宗祠内，站内设有门诊室、手术室、待产室，共有病床8张，产床2张，检查台、检查床各1张。另外还有疗养室、调查室、图书室、理发室等。该站由杨迪群负责筹建，经费主要通过募捐收集。最初仅有平房3间，设备简陋，备有一些常用药品。有医生马逸成、马季坡、曹叔荃、陆希羽和妇产科医师戴宝贤、罗亚萍、韩文娟等7人。从服务站的配置来看，医疗工作是服务站的中心工作。服务站开办后，主要从事免费诊疗、接产等工作，另外也兼顾补助营养、儿童失学教育、图书阅览与公共卫生等服务活动。

自前黄服务站开办以来，“因乡村之需要，深得地方一般民众之欢迎与好评，故工作颇称顺利，继续请求本会设站服务者有五六乡镇之多”。这仅仅是服务站开办后两三个月取得的成效。前黄服务站成为乡民了解红十字会、感受红十字精神的重要窗口。

继前黄之后，分会又在湟里镇（1947.6.1）、寨桥镇（1947.6.7）、厚余镇（1947.8）、西夏墅（1947.8）、马迹山（1947.8）、湖塘桥（1947.9.1）、雪堰桥（1947.9.1）、坂上镇（1947.11.5）等乡镇设立了服务站。至此，武进分会下设的服务站共有9处。服务站所需要药品一般由分会诊疗所提供，经费则多由地方筹募。各服务站成立之后，工作成绩比较突出，适应了乡民的需要。为展示这些乡村服务站的成绩，我们以前黄服务站和厚余服务站为例进行说明。首先说明前黄红十字服务站的工作。

医疗工作：从1947年2月成立至1948年11月，不到两年时间，前黄服务站共接诊病人19125人，防疫种痘50305人次，接生145人次。在这19125名接诊病人当中，免费者人数就达到8554人，占到总数的45%。医疗防疫工作一直是服务站的中心工作，此项工作最受民众欢迎，一定程度上弥补了农村缺医少药的现实状况，符合总会设立乡村服务站以“推行乡镇社会服务工作、促进乡村卫生”的初衷。

保健工作：1947年“四四儿童节”期间，该站举行了儿童健康比赛，为289名儿童检查身体，对营养不良的儿童发放牛奶、鱼肝油等进行营养补助。“三八妇女节”期间，举行妇女招待会，共有208名家庭妇女参加，由医师和公共卫生护士给她们讲解家庭卫生常识与妇婴卫生知识。举行过敬老会，呼吁社会注重健康，参加者有108位60岁以上的老人。该站还广泛开展环境卫生工作，多次与当地相关部门联络，清除垃圾，取缔露天粪坑，发动民众疏浚饮水河道等等。

赈济工作：1947年冬，该站为贫苦居民分发寒衣600件、单衣424件、皮鞋62双、米3石。

教育训练工作：该站曾为40名贫苦儿童资助学费，举办过失学儿童夜校，就学儿童72名。曾举办了两期妇女缝纫班，每期20人，时间为两个月。另外，服务站还设有图书阅览室，供会员及社会人士阅读。

康乐活动：该站举办过会员联谊会，有会员700多人参加。放映过两次教育电影，并开辟了一块两亩大的荒地用作儿童游戏场，希望以健康娱乐活动促进儿童的身体健康。

另外，前黄服务站还曾发动1500名会员修筑通往新园中学的公路，以方便学生上学。

其次说明厚余红十字服务站。该站成立于1947年8月，地址为文昌阁，由赵裕普、辛卫士、庄子朴三人负责筹备资金。服务站设有门诊部，请了2位医师、1位护士、1位助产士。内外科有10张病床，还有4张待产病床，专为往返不便的病人准备的。至1948年4月，共诊治内科2063人、外科2581人、接生51次、预防接种2315次。服务站设有一个阅览室，供乡人阅读。服务站还配合分会和当地的需要做了一些救济工作。

为了进一步推行医药救济及保健防疫工作，1948年，分会决定应总会之邀成立乡村巡回医疗队。6月，分会委派诊疗所主任于开明到总会商讨筹组事宜。7月15日，武进分会第九乡村巡回医疗队正式成立并开始工作，沿武宜、武溧公路沿线，办理巡回医疗业务。

尽管分会的各项工作开展得很好，也受到总会的嘉奖，但经费拮据所带来的尴尬成为会务进一步拓展的一大障碍。1947年，分会致电总会，呈报会员名册并请求拨款，称："以商业凋零筹募不易，除将会费收入全部用作推进事业经费外，不足之数再向各界捐募以资挹住，但仍不敷甚巨"，除要求"将应解会费之半数拨助外"，还希望总会"拨款另行补助"。经费的缺乏，使红会事业发展步履维艰。经费问题已成为制约整个复员时期红会工作开展的最大瓶颈，影响了分会工作的进一步拓展。

总之，武进分会的乡村服务站是复员时期中国红十字会开展社会服务工作的新举措。服务站的设立填补了红会工作在乡镇无固定机构的空白，属开创之举。虽然限于条件，乡村服务站设立的数量有限，尚未做到广泛深入农村。但乡村工作的从无到有，是对红十字事业的新贡献和新尝试，具有开创性意义。

五、救济运动

复员时期，全国经济凋敝，民众生活困难，尤其是在冬天，很多百姓缺衣少食，最终沦为难民，因此急需开展冬令救济活动。关于这一时期的红十字会冬令救济工作的开展，总会提出了五大原则，明确了红十字会冬赈的对象、救济的方式以及红十字会的地位，确保民众在衣食住方面的基本需求。在1947年冬至1948年初的这段时间中，武进分会别出心裁地推出了“一衣运动”和“一升运动”，取得了很好的效果。

1947年冬，武进城区登记的贫民2.5万余人，每天都有数百人在红十字会门前等候救济。分会遂与武进县冬令救济会合作开展“一衣运动”，倡导各界民众捐助衣物，以救济贫民。号召发出后，社会各界积极响应，涌现出不少感人的事例。

私立常州中学高一学生蒋顺震同学听到分会发动“一衣运动”后，当即脱下自己的呢子大衣交到分会，为救助贫民奉献一份自己的力量。他的博爱精神，博得全校同学的称赞，校方也因此将他列为本学期品德最好的学生之一。

五金商人高九如先生把自己八成新的呢子大衣捐到分会。有人问他为什么不捐旧衣服而要捐出价值高昂的大衣，他说：“我在报上看到红十字会举办一衣运动，便决意想捐一件衣服，不过家里男女老少的旧衣，也只够各人御寒，只有自己身上的大衣，尚觉多余，所以把它捐出了。”他还很客气地说：“红会诸先生这样热心救济事业，真是武进老百姓的幸福，本人追随诸公之后，今后如有绵力所及，当乐于尽力。”高先生本人生活不算富裕，但却有一颗仁爱之心，积极参加慈善活动。正是有了众多爱心人士的加入，武进地区的红十字事业才能如此兴旺发达。

据统计，自1947年12月28日至1948年1月7日的10日中，武进分会共收到各方捐来的“寒衣2850余件，鞋帽280余件，现款209.1万元，待义卖字画13件”。为了使贫苦百姓尽快得到温暖，1月8日，分会还专门举行了第一次发放寒衣活动。这天，天刚亮，就有大批贫民涌到分会门前，等待领取寒衣。他们大多骨瘦如柴，衣服破旧不堪，在寒风中瑟瑟发抖，其中还有很多未成年的孩子。领到衣服后，他们脸上显现出久违的笑容。

继“一衣运动”后，分会再次发起“一升运动”，号召每家每户捐出一升白米，救济贫苦民众。之所以发起这项运动，主要是因为分会同人目睹了贫苦同胞的悲惨状况，感受到他们对救助的迫切需求。这些当地贫民和苏北逃难的难胞，没有衣食来源，没有居所，惨剧时有发生。为扩大宣传，分会会长程俊观和总干事吴逸樵分别于1月25日和26日在县党部电台进行广播。

程会长语重心长地说：“一升救饥运动，是集体的募化，积少成多，救人饥饿，在我们常州的风俗，到冬天，有一种发米票的善举，现在冬令救济会的施发赈米，也是这一种善举的传统，所以这一升运动的工作，实在是十分迫切和十分需要……现在，我们只要求每一居户，捐出一升白米，这一户一升白米的捐助，所花不多，收效实大，每一居户，平时把饮食方面，略为节省一点，每人家节省这一点点，就可以救济很多的苦难同胞了。”

吴总干事在呼吁中说：“我们对此成千万的穷苦难胞，仅仅给予一件衣服的救济，那是绝对不够的，在这米珠薪桂的时候，穷苦同胞，天天在饥寒中煎熬，我们决不能旁观，要本着先贤老老幼幼的名训，再进一步救济他们一冬天的问题，这是当前急不容缓的大事，穷苦的同胞，同是一县的老百姓，本着风雨同舟之义，我们必须要负起道德上的责任，积极地起来援助，给他们实惠的救济。……一户给一升，万户则万升，积少成多，多多益善，活人也愈多，真是功德无量。冬救会、红十字会，竭诚地为着成千成万的贫困同胞向社会祈求同情，希望各大善士的热烈支持与慷慨捐输。”

为发挥表率作用，分会全体员工首先捐出大米100升。程会长表示，分会所收到的捐助，将由冬救会有计划地分给过境难民，并资助城内恺乐堂的施粥处为贫民施粥。

1948年1月，总会刘鸿生副会长为配合冬令救济，收募中纺公司捐款1亿元，当即委托武进分会在常州向厂方订购布料，赶制长棉袄1000件，分发南京及上海等分会。

灾害救济是随时会发生的，哪里有需要，哪里就有红十字的旗帜。1948年1月，湖塘桥武宜路附近之草棚居户，不慎失火，烧去草棚7间，失火贫户衣食无着。该镇红十字服务站紧急筹募食物等相助，县红十字分会派员携带粥粉260磅，大小棉衣裤40余件前往慰问救济。

在整个复员阶段，武进分会创造了当时中国红十字会两个分会工作之最，即创办了最多的儿童营养站和建立了最多的乡村服务站。当时，江苏地区共有25处红十字分会，拥有红十字诊所17处，其中武进2处；以医疗为中心的红十字服务站11个，其中武进县分会9个；营养站共8个，其中武进分会5个。总之，武进分会在复员时期，在中国红十字会历史上写下了浓墨重彩的一笔，值得好好研究。

1949年4月23日，常州解放，常州的红十字会事业也由此掀开了新的篇章。

（作者：张涛）

民国教材中的红十字课文

1911年，伴随着辛亥革命的爆发，全国各地设立了50多处分会并建立医院，治愈伤病军民万余人。在战火连连、天灾疾病侵扰下，作为当时全国最大的慈善团体，红会尽其所能地从事社会救济工作，解危济贫，纾缓社会苦难，可谓功绩卓著。从这个意义上来说，辛亥革命使得中国红十字运动得到了前所未有的发展和壮大。1912年，孙中山、黎元洪等要人纷纷在电文中称赞红十字会“厥功尤伟”“其功甚巨”。“红十字”一时成为“慈善事业”的代名词，不仅《申报》《大公报》等主要媒体竞相报道，就连民国初期的教材也在第一时间把红十字知识纳入进来。这对于红十字运动的蓬勃发展，对于红十字知识的传播，无疑起到了推波助澜的作用。本文试从民国初年的“教材革命”与公益主张切入，考察包括红十字在内的社会公益事业的灌输和教育，从而为当下红十字知识传播提供一些意见和建议，以资参考。

一、“教材革命”与公益主张

鸦片战争以前，我国没有近代意义上的普通学校，童生使用的教材主要是《三字经》《百家姓》等，进而读四书五经，不存在现代学校的教科书。直到清末，随着新式学堂的兴起，中国传统的以经史子集四部为框架建构的知识系统逐渐被西方以近代学科分类为标准建构起来的“七科之学”（文、理、法、农、工、商、医）新知识系统所替代后，才出现了近代意义上的教科书。

1911年辛亥革命成功后，以孙中山为首的中华民国南京临时政府于1912年1月1日成立，随即对教育进行了一系列适应资产阶级要求的改革，提出对学生普遍实施资产阶级的道德教育（自由、平等、博爱）、实利教育和军国民教育。这一年，南京临时政府发布了《小学校教则及课程表》，在课程设置上废止了“读经讲经”科，提出设“国文”科；在国文教材的内容上体现“共和精神”，废除了清末“忠君”“尊孔”的说教，增加了道德教育和实用科学的知识。为了适应资产阶级民主主义的要求，时任教育部部长的蔡元培提出公民道德教育、军国民教育、实利主义教育、世界观教育和美感教育的“五育并举”教育方针。新的教育方针呼唤着新的教科书的出现。1912年，由庄俞、沈颐编撰，商务印书馆出版的《共和国教科书新国文》，以及1913年由戴克敦主编、中华书局出版的《新制中华国文教科书》等一批优秀的教科书，都在这一新的时代背景下应运而生。

从内容上来说，教材选文内容更丰富，修身、历史、理科、地理、实业、国民知识、世界知识等方面均有涉及，打破了传统私塾教育只教读四书五经的局限。此外，专门的女子教科书的编写与出版，如范源廉主编、中华书局出版的《中华女子国文教科书》和戴克敦主编、商务印书馆出版的《女子国文教科书》等，也丰富了教科书的选文范围。

1912 年 3 月，陆费逵在《中华书局宣言书》中指出："国立根本，在乎教育；教育根本，实在教科书。教育不革命，国基终无由巩固；教科书不革命，教育目的终无由达到也。"正是在这种"革命"思想的影响下，中国的教科书从介绍科技知识转变为输入思想，进而改变中国学生的知识结构和价值观。我们可以惊奇地发现，民初的教科书已经开始突破中国传统宗族福利保障的狭隘性，注重社会公益事业，谋求造福于他人及社会，此类课文包括《公益》《公益机关》《国民教育》《义务教育》《博爱》《博爱及公益》《慈善》《慈善事业》《红十字会》《扶弱》《救恤》《兴教育》《教育》《受教育》《图书馆》《博物院》等等。课文的读者和受众主要是初小和高小的学生，年龄在 7 ~ 14 岁。此时小学生的身心发育尚未完全，是可塑性最强的时候。这些课文，对学生公民道德的养成至关重要，红十字会也以此为载体走进了课堂。

二、红十字课文的考察

这里我们先来看两篇关于"红十字会"的课文：

红十字会

古之战争，公言杀敌。自教化日进，知战争之事，以屈服敌人为主，非肆意杀戮也。故虽两军相对，毫不退让。而既为捕虏，则不加杀害。遇敌之伤者、病者，必善视之。盖军人临敌，奋不顾生，为国家而战，非为一人之私怨也。不幸负伤，则当怜恤之，不论为己国人，为敌人，其致身为国，一也。

文明各国，有所谓红十字会者，遇有战事，则持红十字旗驰赴战地，救护伤病之人。无论何国，皆不得侵犯之。

克里米之役，南丁格兰躬赴战地，救治伤兵士，所活无算，功绩既著，世始知救护之不可已。未及，奥、法交战，瑞士人亨利目击死伤惨状，著书言筹备救护之策。一时闻风响应，创立红十字会。设总会于瑞士，各国咸设分会，缔结条约，互相保护。

清光绪三十一年，我国始入红十字会。革命军起，会员赴战地疗治伤病，踊跃从事。而女子之躬往执役者亦数十人。其后战事蔓延，刀光炮火之下，无不有红十字旗飞扬其间。此我国有战争以来，所最足纪念者也。

这篇课文出自庄俞、沈颐编撰的《共和国教科书新国文》高小第四册第十六课。该教材编订于 1913 年，距离最后一段所言“革命军起”，仅仅一年多的时间，却对红十字会在创建民国中的作用大加赞扬，“此我国有战争以来，所最足纪念者也”。这是对人道主义和博爱思想的一次肯定和发扬，把红十字运动的起源和重要人物（杜南、南丁格尔），通过一篇四五百字的课文，进行了广泛的教育和普及，对数百万甚至上千万的小学生来说也是一次心灵的净化。更为可贵的是，编撰者充分顾及课文内容彼此间的承接关系，在《红十字会》之前，还有第十四课《慈善事业》和第十五课《南丁格兰》，以爱心、医护为枢纽，将三篇课文有机地连于一体，既有利于此类知识的学习和理解，也能不断加深小学生对红十字的认同和崇尚，做到了知识教育和人格培养的兼顾。试想，当一个十二三岁的少年，将这篇课文熟能成诵后，红十字的知识定能影响他的一生，永不会磨灭。当然，这篇课文也有一个小小的瑕疵，文中的“清光绪三十一年”，应当为光绪三十年，因为我国是 1904 年成立的红十字会。

红十字会

兵，凶机也；战，危事也。自枪炮之制日精，而杀人之术日烈。硝烟弹火之中，死亡枕藉，此人类之大不幸也。夫死者固不可复生，而或负伤，或构疾，因无人施救，亦且同归于死，岂非至惨之事哉？昔瑞士人有安理丢南者，辛苦经营，创为红十字会。以爱敌如己为主义，遇有战事，随赴战地，专庇护负伤构疾者，虽敌国之人，亦加医治，与本国人无异。欧洲各国，奖其仁慈，共与其会。呜呼，可谓仁人之用心矣。

注：红十字会，为战时救护伤亡之会。以十字为徽章，盖根据瑞士国旗红地白十字，此则白地红十字。共同交战救护，不得伤害。我国于前清光绪三十年，加入万国红十字会。

这篇课文出自 1923 年由廊坊小学印制的国文教材，篇幅稍短，主要是对低年级学生介绍红十字的起源并赞扬其作用，在附注中还增加了红十字会会旗的知识和使用办法，最后介绍我国加入国际红十字组织的时间。此时的中国正处在北洋军阀的统治之下，革命思想是最受忌讳的，所以和上一篇相比，十年之后的教材只保留了“我国于前清光绪三十年，加入万国红十字会”部分，而把“革命军起”全部删去，掩盖了红十字会在民国初年战争中发挥的作用和取得的伟大功绩。

三、课文对学校红十字传播的意义

辛亥革命已经过去了100多年。这100多年中，中国发生了翻天覆地的变化，红十字运动也在我国蓬勃发展，遍地开花，在战地救护、人道救助、备灾救灾、“三救三献”等领域做出了巨大贡献，成为党和政府人道领域的重要助手。然而，经历了2011年的“网络风波”后，百年红十字会遭受到重大打击，公信力和影响力有所下降。之所以出现这种情况，很重要的原因就是宣传不到位、传播不到位。红十字会在100多年中究竟做了多少事情，肯定不是一本书、十本书能记载完的。但是为什么到现在为止，还有许多人不知道红十字会是干什么的，这不能不说是应试教育的失败，也是红十字会传播的失败。一个恶意的“网络事件”几乎颠覆了红十字会的百年形象，埋没了红十字会的百年功绩，这是很可怕的事情。最让人痛心的是在中小学生中，收取会费事件，被炒得沸沸扬扬，把红十字会一次次推到风口浪尖上。是我们不应该在青少年中传播红十字知识，还是我们传播得不够好，没有让青少年了解红十字运动的意义和作用？毫无疑问，原因是后者。

2011年9月，江苏省红十字会专职副会长李新平在江苏省红十字青少年工作座谈会上的一段话发人深省，他说：“红十字青少年工作是红十字事业基础，也是红十字组织有别于其他公益组织的重要特点，各地要高度重视这项工作，要抓住机遇，红十字工作要‘从娃娃抓起’，让青少年从小接受红十字知识、理念、价值熏陶。各地的红十字青少年工作要植根于学校、与文化思想道德教育和社会实践相结合。”同月底，李新平会长一行到常州考察，再次提到“把学校红十字工作当作一个重要抓手，牢牢占领这块阵地，培养青少年的爱心意识，强化他们对红十字会人道救助团体的认识和理解，不断深化红十字会的社会基础”。

李新平会长之所以如此重视青少年红十字传播工作，并将之上升为“阵地”的高度，是因为红十字知识的理念和价值，要从小开始培养，潜移默化，日积月累，才能影响一代人甚至几代人。反观我们现在的红十字青少年工作，总体上说，宣传得还不够好，活动形式也还不够多样，重视开展活动而轻视了“人道”“中立”“普遍”“志愿”理念的灌输和完整人格的培养。不仅如此，至今还没有一本适合各个年龄阶段学生阅读的红十字会读本，红十字知识也从没有进入教育系统审定的教材和辅助教材，在校本教材中也难觅红十字会的影子，这是一个很大的传播漏洞。

笔者建议，尽量争取将红十字知识纳入中小学课本，所有的国家红十字模范学校、省级示范校和市级模范校均应把红十字知识编入校本教材中去，并作为考核的重要组成部分。同时，应该集中人力物力，编写一套适合各个年龄层次的学生阅读的红十字知识普及性的读物，以供学生选读，其将来发挥的作用会远远大于一两次知识竞赛或者夏令营活动。

100 年前，红十字知识就已经进入了课本，成为祖辈们的精神食粮。今天，红十字精神和理念没有理由被排斥在课本之外，它应该进入更多人的视野，成为国人不可或缺的精神食粮。作为新时代的红十字人，我们有责任也有义务推动这项“功在当代，利在千秋”的工程，不断增进红十字青少年对红十字运动的认识与了解，培养红十字青少年对推广和传播红十字运动的兴趣，鼓励红十字青少年对外推广与传播红十字运动，从而实现公民道德教育的大进步和大发展。

（作者：张涛）

王完白先生对常州红十字会的历史贡献

王完白（1884—1956），浙江绍兴人。毕业于苏州伊利萨伯医学校，1909年获得医学博士学位。1913年赴日本千叶医学专门学校，研究细菌学。历任沪宁铁路医官（1909）、江苏省江阴县福音医院代理院长（1910—1913）、常州医学校校长及常州福音医院院长（1914—1932）。1914年，筹备常州红十字分会；1921—1924年，担任常州红十字分会理事长。1932年至20世纪50年代初，在上海自行执业，出版著作多种，并任福音广播电台总经理，采用无线电广播传道及演讲公共卫生20年。数十年中，他还担任过中华医学会执行委员、全国医师联合会监察委员、嘉兴福音医院董事长、《通问报》董事长、上海南市普益社董事长等职，集医学家、宗教家、艺术家、教育家、慈善家于一身。

常州红十字会自1914年筹备至今，已有100多年的历史。如果说屠寄是常州红十字会的首任会长，值得我们纪念，那么，作为常州红会的筹备者和创始人，王完白先生的功绩更值得我们尊敬和纪念。本文重点考察1914—1924年的10年间王完白的有关史实，略论他对常州红会的历史贡献。

一、设立筹备处，开百年基业

1914年初，常州监理会和长老会的牧师们邀请江阴福音医院院长王完白来常州创办常州福音医院。王完白童年时期，在父亲的引导下，开始信奉基督教。1909年获医学博士。本来他打算赴一所医科大学任教授，便婉言谢绝到常州来，可是当看到地方人士的热心后，他改变了主意，毅然决定来常州创办医院。

3月9日，王完白在常州监理会霍约翰·鲍的带领下，考察地点，筹划经费，决定在局前街福音教堂旁边开设医院，并于当年6月1日正式开幕。他的到来，为常州红十字分会的创立带来了希望。因为早在辛亥革命时期，王完白就在江阴组织过红十字医队，作为江阴红会的创始人，他参与了南京及津浦路一线的救护工作。在常州创办福音医院之后，中国红十字会总会上海总办事处沈敦和会长，就委托他在常州筹备红十字分会。同年10月1日，王完白以筹备处名义开始办理红会事业，并担任理事长，筹备处设于常州福音医院内。从此，百年红十字运动在常州大地上如火如荼地展开了。

二、应对澄台事变，招募第一批会员

1916 年 4 月，江阴革命党人策动江阴要塞官兵起义，反对袁世凯称帝，并发表《江阴独立宣言》（即“澄台事变”）。随后，萧光礼率由起义官兵等组成的“江靖护国军”1000 余人向无锡进军，但终因后援不继而败，时称“锡澄之役”。澄台事变发生后，炮声相闻，常州城乡大为恐慌。红十字分会筹备处与地方领袖共谋救济办法，组织伤病留养院于第五中学，组织妇孺留养院于女子师范，发动教会修女五六人担任义务看护；同时以福音医院为临时机关，组织救护队，预备开赴战地救济。

尽管澄台事变不久平复，没有对常州造成影响，但是常州分会筹备处在这次事变中得到了锻炼，先后制定了《中国红十字会常州分会章程》《妇孺留养院之办法》，并公布了《中国红十字会常州分会筹办处入会简章》，这些规章的制定在全国所有分会中都是比较早的。不仅如此，常州分会筹备处还通过募捐征集来第一批会员。根据《武进报》的记载，第一批正会员（捐款 25 元以上）包括常州分会理事长王完白，县立女子师范校长任玄珠，省立第五中学校长童伯章、学监黄颂林，武进县长翁志吾，一善堂堂董汪世铨，教育会会员高耀奎，元真堂汪葆钧，沙田局专办龚瑞蓂，士绅沈漱六、屠寄、贺杏村等 12 人。这也是分会筹备处开办两年来正式开展的与红会相关的业务。

三、亲自撰写劝募书，积极开展赈灾活动

常州红十字分会在筹备期间先后为 1916 年的澄台事变、1917 年的京直水灾和 1920 年的北省旱荒等积极开展募捐赈灾活动。王完白，博士出身，善于翻译和创作，他非常重视媒体的宣传，借助《武进报》《商报》《晨钟报》等媒体进行广泛呼吁。他所写的一些劝募书情真意切，感人至深。例如 1917 年 11 月的《常州红十字分会代募水灾急赈》：“顺直水灾，异常重大，为百年所未有。各埠团体及慈善士女，或慷慨捐输，或热心筹募，莫不踊跃从事。本红十字会尤竭诚赞助，不遗余力。如开会筹款，调查灾区，散放衣食，掩埋尸骸等，早见各报记载。吾常素号繁富，当不乏大慈善家，尚望慨解仁囊，乐为捐输，敝分会愿效收解之劳。捐无巨细，均当登报申谢……捐款之经由红十字会转放者，既可使灾黎保受实惠，复可得无上之荣誉，乐善君子，盍兴乎来?”又如《我应该做红十字会会员么?》：“世界各国同盟入红十字会的已有四十余国，大都会员众多，慈善事业非常发达，就如东邻日本，在数年前已约有会员一百八十万人，以全国人口计算，每三十人中有红十字会

会员一人。我中国会员只有六千，照人口比较，每七万人中才得会员一人。相形之下，太难为情了。难道我国民的慈善心如此薄弱么？我当先雪此耻。”文章写得清楚明了，又富有鼓动的力量，产生了良好的社会影响，经他劝募的资金很快达数百元。

四、分会正式成立，当选分会理事长

1920年10月10日，常州分会筹备处的正式会员已经超过30人。王完白遂向总会提出申请，请求正式成立常州红十字分会。

1921年1月，总会批准了常州红十字分会筹备处的申请，并颁发图记。中国红十字会总会会长汪大燮、副会长蔡廷干因为常州红十字分会正式成立，依据红会条例及中国在保和会签约的有关条约，除咨请内务部、海军部、陆军部立案外，还分别致公文给江苏省督军齐耀琳、省长王瑚文、苏常道尹王可耕及武进县知事姚绍枝，请分别立案并转知驻防军警一体保护。

2月21日，适逢农历正月十四日，常州红十字分会第一次会员大会在福音医院召开，会议选举屠寄为红十字分会会长，王完白为理事长。

4月17日，红十字分会在常州青年社召开茶话会，屠寄、王完白先后发表演说，大意为此次开会是让新老会员相聚一堂，以敦友谊；同时指出，由于总会会员章程的规定，在他处入会的人员未能参加选举，但下次选举即可参选，希望选举权可以推广；另外，红会不是政府机关，红会成员有义务而无权利，希望各位会员本着牺牲救济的精神，协力赞助，以期会务发达。

五、组织沙洲救护队，定期开展巡诊服务

常州红十字分会正式成立的当年8月，长江沿岸接连三昼夜狂风暴雨，江潮上涨，冲破圩岸100多处，圩内一片汪洋，泛滥成灾，房屋没顶，家具什物随风浪漂入大江。受灾农民有的迁至高岸，有的攀登屋顶以免淹死，号哭之声不绝于耳，其状惨不忍睹。红十字分会理事长王完白亲自坐小轮船到灾区调查，并拍照记录。当时，武进县商会、公益事务所联合邀集地方各公团、士绅、各业领袖、各区董会，成立了“武进县沙洲灾赈事务所”。

救灾期间，考虑到灾赈事务所忙于筹备赈济，顾不上防治疫情，红十字分会便于9月12日召集议事会，商量解决办法。会议决定，由福音医院医师和护士组成红十字救护队开赴灾区，救护队队长张炳华，队员包括俞德霖、郑荣昌、杨天沛、陈明庠、胡斗燠、张佩玉。他们乘轮船出发，至沿江沙洲各灾区巡视，随时诊治灾民。所用经费和药品，除总

会下拨药品一箱外，其余均由分会和会员解决。

大水退去后，红十字分会又借用荫沙义渡局的空房，作为定期放诊之所。自中秋起，每逢三、八两期，队员即在该局送诊给药。远近前来就治的灾民至为拥挤，甚至有远自扬州、泰州、泰兴、丹徒、丹阳、镇江、江阴等县而来者，治愈之人，为数甚众，灾民皆颂声载道。

当年冬天，看到灾民缺衣少穿，王完白又向总会申请救灾物资。总会下拨现洋500元，棉衣200件。次年4月，看到灾民吃乌泥果腹，王完白又建议武进沙洲灾赈事务所尽快建立组织机构，拨款赈济，并亲赴镇江与华洋义赈会沟通，争取了双倍的赈米，通过以工代赈的方式，号召灾民修复决口。武进沙洲灾赈事务所在信函中称赞常州红十字分会："具见仁心济世，诚莫大之功德，殊堪钦佩。"

六、成立医疗救护队，免费救助火灾伤员

常州早期的消防，有"水龙会"等民间松散组织，通过肩挑、手提的方式取水灭火。后来，钱业公会、商业行会等单独捐资，创办"洋龙"救火会，但他们只管本行业的火灾。1920年，常州大庙弄、北大街的24家商铺被特大火灾烧毁，工商界认识到仅仅依靠零星薄弱的救灾组织，根本起不了消防作用。县商会决定创办救灾联合会以应对火灾，会长由商会会长兼任，日常开支由所在地段的工商户摊派。

1923年4月，常州红十字分会会长龚承祖、理事长王完白给总会上海总办事处写了一封信，汇报了有关筹建火灾医疗救护队的事情。信上说："敝分会去冬曾经组织（火灾医队），成绩颇佳。因本邑迭遭火灾，救火员及灾场上人时多受伤，因而致死者亦屡有所闻，殊堪悯惜。本分会有鉴于斯，特组织火灾医队，一逢失火，即出发救护伤人，一概不收费用。"

火灾医疗救护队的设立，为罹灾伤员的救治提供了保证。每逢火警，无间日夜，不避风雨，立即赶赴火场施救，所有队员皆由福音医院职员担任，纯尽义务。

七、成立常州卫生会，致力改善公共卫生

1923年夏，由福音医院院长王完白、县知事姚绍枝发起，约集红十字分会、警察局、教育局、商会、农会等8个团体联合成立了常州卫生会，办理公众卫生事业，姚绍枝任会长，王完白任副会长。卫生会下设宣传、执行、纠察3部，分别经办收毁蝇蛆、灭除蚊种、掩埋死畜、击毙疯犬、取缔坑厕、改良运粪、挑除垃圾、清洁河流、禁售不洁冰水、检查摊售食物及腐烂鱼肉、义务纠察、卫生宣传等12项公共卫生事业。

卫生会连办数年，成绩颇佳，当时每年都印行卫生年刊，全国各地都来信索要，查其发信地点，竟达 21 省区之广。后来在全国范围内成立的县级卫生会竟达数十个，它们都是以常州卫生会为样板的。

1926 年 8 月，长三角地区霍乱盛行，常州由于重视环境卫生工作，措施得力，故疫情最轻。一位西方商人到常州后，对同行的人说："所至之地，见染疫而死者，触目皆是，景象甚惨。乃一达常州，情形绝不相同，初颇惊异。继察全市街巷无堆积之垃圾，河道无浮漂之秽物，知此间颇能注重公众卫生，无怪有些成效云。"

1923 年底，王完白在《兴华》杂志上发表了《十年之回顾》的文章，详细回顾了自己来常 10 年所做的工作。他说自己做了三件事情：一是创办福音医院；二是创办福音医院医学校；三是创办中国红十字会常州分会。他回忆说："（1914 年）余方主任江阴医院，曾组织红十字医队，参与南京及津浦路线之救护事业。迨来常创办医院后，上海红十字会总会沈仲礼前会长，即以筹备常州分会事相托。开院后，遂以筹备处名义办理红会事业。如乙卯（1915 年，按当为 1916 年）江阴炮台发生战祸，炮声相闻。常州大起恐慌，急与地方领袖共谋救济之法，乃组织伤兵留养院于第五中学，妇孺留养院于女子师范。教会西女士五六人，担任义务看护。幸澄台事变不久平复，然中西士女之热心赞助，殊可感佩。后如丙辰（1916 年，按当为 1917 年）京直水灾，庚申（1920）北省旱荒，辛酉（1921）本邑沙洲水灾，去年（1922）浙江风灾，或捐募赈款，或出发救护，均曾稍尽绵力。分会正式成立则在十年（1921）之春，因所募会员已满法定人数，即选举职员同理会务，当选者均邑中知名之士，经总会汪伯唐会长呈报陆军、海军、内务各部及本省长官，备案保护，遂成永久之慈善机关。"

八、未雨绸缪，提前应对江浙之战

1923 年底，江浙两省军阀因派系之争，摩拳擦掌，随时可能爆发战争。王完白第一时间预感到战争不可避免，需要提前筹备救护事业。12 月 29 日，他在福音医院召集会议，并在会上做了《为江浙时局召集会议之经过情形》的报告，与会者就应否筹备救护及如何着手办理等事宜展开讨论。讨论的结果是，因为分会议事员谈恂之是总会特派调查员，大家一致推选他与总办事处接洽一切；常州附近的地方，万一爆发战事，是否由上海总办事处派出救护队负责战场救护，而分会负责开展后方救助。至于如何筹备，等总办事处有了具体的答复，再开会讨论。

次年 1 月 3 日，总会办事处当即复函云："接奉惠示，藉悉一切。

江浙大局，经两省绅商奔走调停，为弭兵之运动，目前当不至于干戈相见。吾辈办理慈善事业，不偏不倚，亦只得沈机观变，静以待之。”总会的意思是静观其变，再做打算。王完白很不满意，继续写信给总办事处：“惟军情瞬息千变，以后设或于我会相近之地变故发生，此项出发战区之救护队，是否由钧处直接遣派？抑须由分会就地组织。务望早为示知，俾有所遵循也。”1 月 17 日，总办事处复函：“万一不幸，忽然实现，则救护措手不及，自宜先事筹备，以免临渴掘井，至责任问题，则本处与各分会当共同负担，随时相机进行可耳。”总办事处的意思是可以先筹备起来，以免被动。

九、江浙战争爆发，做好救援工作

1924 年 8 月，江浙战争爆发。王完白立刻召集临时会议，做了八项决定：（一）组织伤兵收容所；（二）组织妇孺救济院；（三）筹备出发前线之救护事宜，组织救护队、输送队、调查队、掩埋队，各推定队长，赶紧筹备组织；（四）宽筹经费；（五）延请临时职员；（六）由王完白派人至上海总会接洽一切，并领取徽章及医药材料等；（七）由分会制定会员门条，专备会员领用；（八）请王完白与本城各医生接洽，分担医务。很快，常州红十字分会在福音医院等处，分设妇孺收容所及疗养院多处，并由王完白及地方士绅分别主持。上海红会总办事处也在常州设立救护总队，负责与吴兴、宜兴、长兴三处联络。

常州分会的调查队提前出发，输送和掩埋两队与总会救护队，同赴宜兴、昆山前线服务。鉴于常州城内外都是士兵，经常发生士兵擅自闯入各妇孺收容所的事件，王完白又向驻扎军队的长官报告，请求禁止军士随意出入妇孺收容处所。在目睹了红会救助的人道行为后，短短几天之间，常州新入会的会员已有 250 余人。

随着战争的进展，伤员越来越多，源源不断地送到常州医治。王完白又日夜施手术，钳取子弹，忙碌异常。他将自己及红会同人应对战争的服务工作总结为三个时期：“当江浙失和，军事方兴，余以常州红十字分会理事长名义，筹备救护事业，设立伤兵疗养院、妇孺救济院，组织出发之救护、调查、输送、掩埋各队，备极忙碌。此为办理庶务之第一时期也。后昆山、宜兴两方输送伤兵，均以常州为终点，医务骤忙，医学人才顿感缺乏。余即卸去庶务，专心疗伤。此办理医务之第二时期也。迨战事结束，伤兵渐少。适有美国红十字会托办救济事业，遂入办理振务之第三时期。亲往战地调查后，即回常组成救济队陆续出发，并广募棉被棉衣，运送灾地，为数颇巨。”

十、奔赴战场开展救护，撰写《战地闻见录》

1924 年八九月间，第一次江浙之战打响。战争结束后，常州分会召开会议，组织救护队到昆山、嘉定一带，准备办理赈济事务。10 月 20 日至 25 日，由王完白理事长率队，坐火车先后赴昆山、安亭、方泰、黄渡、南翔、真茹、上海等地进行赈济调查等事宜。回常后，王完白将一周经历如实写成《战地闻见录》一文，共计 8000 余字，先后连载于《商报》《通问报》，次年刊于《中华医学杂志》。同年底，王完白又完成《安亭附近被兵情形数则》一文，1.6 万余字，刊载于 1925 年《孤军》增刊中。

这两篇文章从不同的角度反映了第一次江浙战争的残酷性，如实记录了安亭等地居民的不幸遭遇，前篇重视事件的描述，后篇重视人物的访谈，可谓珠联璧合，堪称常州分会的《索尔费里诺回忆录》。王完白用冷峻的笔锋，记录了齐、卢两军烧杀淫掠、杀人如麻的暴行，记录了老百姓在军阀混战中妻离子散、家破人亡的悲惨命运，表达了作者的非战思想和对和平的渴望。他在《安亭附近被兵情形数则》一文中悲愤地写道："我感觉得心头沉沉压着悲伤，啊！这样也是一个人生的结束！她死，不死在新陈代谢的定例的死里，她死，不死在自己很愿意的死里，她死，死在'生'正在蕴郁的时候，她死，死在挣扎着生存的时候。本来人生已够苦痛了，而又这样的结束！"在该文的最后，他表达了对战争的厌恶："战争已经停了，枪炮声已经息了，毁屋败壁的枪炮痕迹也有销去的了。但在困苦人们心上留下的创痕，将不能磨灭，永久不会消灭的了。"1924 年底，因为任期超过了三年，王完白辞去理事长职务，改任为普通职员。尽管如此，他始终关心着常州红十字事业的发展。

100 年来，常州红十字会在人道领域做了大量的工作，深得常州百姓的支持和赞许，已经成为"永久之慈善机关"，王完白先生若泉下有知，定当欢笑。他为常州红十字会早期的发展做出了不可磨灭的贡献，值得我们永远怀念。

（作者：张涛）

常州红十字运动的奠基人王完白先生

平头，圆脸，和蔼可亲的笑容，鼻梁上架着一副圆形的眼镜，从少年时代到暮年，一直穿着干净的西服、打着领带，一副绅士的气派，他就是常州红十字运动的先驱和奠基人王完白先生。

1884 年，王完白出生于浙江山阴县；1909 年，毕业于苏州伊利萨伯医学校，获医学博士学位；1911 年，任江阴福音医院代理院长，兼任江阴红十字会会长；1913 年，赴日本千叶医学校留学，进修细菌学专业，获日本细菌学士；1914 年回国后，任常州福音医院院长，同时创办中国红十字会常州分会筹备处；1921 年 2 月至 1924 年 6 月，任常州分会理事长；1932 年以后，迁往上海，直至 1956 年去世。

在常州期间，王完白先后参与和创办了常州卫生会、拒毒会、戒烟会，建成了从谦堂和从谦女校。在上海，他先后担任福音广播电台总经理、《通问报》董事长、中华医学会执行委员等职。先生一生笔耕不辍，翻译有多部宗教小说，主编过《生命》杂志，编有《见证如云》《续见证如云》等专著。时人这样评价他："一生待人诚笃，为名医且有学者风度，集医学家、宗教家、艺术家、教育家于一身。"但我认为，王完白先生还应该增加一个"慈善家"的头衔。

一、甘于奉献的慈善家

1912 年夏秋间，浙江温处地区连续遭遇两次暴雨侵袭，波及 13 县，数百万人口受灾，为百年未有之浩劫。在中国红十字会的号召下，时任江阴福音医院院长的王完白个人捐款 40 元。

1916 年 4 月，江阴炮台发生兵变后，炮声相闻，常州城乡大为恐慌。王完白与地方领袖共谋救济办法，组织伤病留养院于第五中学，组织妇孺留养院于女子师范，发动教会修女五六人担任义务看护，同时以福音医院为临时机关，组织救护队，预备开赴战地救济。

1921 年 8 月，长江沿岸接连三昼夜狂风暴雨，江潮上涨，冲破圩岸 100 多处，圩内一片汪洋，泛滥成灾，灾民号哭之声不绝于耳。王完白坐小轮船亲自到灾区调查，并拍照记录。后由福音医院医师和护士组成红十字救护队开赴灾区，至沿江沙洲各灾区巡视，随时诊治灾民。大水退去后，分会又持续数月为来自扬州、泰州、镇江、江阴等地的灾民诊治，灾民颂声载道。

1924年8月，第一次江浙之战打响。10月底，由王完白率队赴昆山、安亭、方泰、黄渡、南翔、真茹、上海等地开展灾情调查。回常后，他将实际调查中的所见所闻先后写成《战地闻见录》《安亭附近被兵情形数则》两篇文章，记录了军阀混战的暴行和灾民的苦难，堪称中国的《索尔费里诺回忆录》。

1937年7月，全面抗战爆发；8月，淞沪抗战开始；11月，上海沦陷。上海基督教会为救济难民而组织了非常时期服务委员会，在慕尔堂、天安堂等10余处设立难民收容所，收容难民15万人，历时7个月。在此时期，王完白积极投身于难民救济活动中，与沪上著名医师刁信德负责医疗救治，救人无数。

二、爱人如己的医学家

1922年，王完白在中华医学会第四次大会上发表了《医学家之责任》的演讲，提出了医学的三方面道德责任：对自己，勿为名利而服役，当为救人而牺牲；对社会，灌输卫生之常识，驱除健康之仇敌（娼妓、烟土、伪药、庸医、迷信）；对病者，保护病人利益之外，还应保护病人家属的利益（尤为对传染病、性病患者的家属）。他总结说："医家为慈善之职，其责任不仅在治疗疾病而已，即遇不可救药之病者，亦不能辞而不顾，仍可对病者之心灵及其所处之家庭，尽我心力以助之。且除行医之任务外，凡有益于社会，造福人群之义举，亦当量力为之。"

除医术高明外，王完白更重视个人医德的培养。根据家人的回忆，他非常注意自身的艺术修养，并把它与为病人服务相结合。特别是动手术时，刀口走向、缝合针脚，不仅要保证医疗效果，而且还要考虑到患者手术后伤口愈合的美感等问题。他的门诊设有出诊服务，每逢有女患者来电要求出诊，他总是携太太刘卓君同去，以免留下"破口"。他经常不计报酬，为救济困难病人而减免医药费。有一次，在诊所门口，一个黄包车工人坐在地上哭泣，原来是因赤脚拉车，不慎踩到碎玻璃上，脚底扎进了好几块碎玻璃，鲜血直流，不能动弹。王完白刚好外出归来，见此情景，立即扶他进诊所进行手术治疗：先给他清洗消毒伤口，逐一取出玻璃碎片；然后涂上消毒药膏以防感染，并仔细加以包扎；又注射了破伤风疫苗。最后分文不收，将工人送至门外，这只是他平日爱人如己的一个写照。

新中国成立以后，王完白主动放弃私人诊所，配合人民政府组建了第七联合诊所。后不辞辛苦，应邀任中国唱片厂厂医，直至故世。

三、终生不渝的宗教家

王完白的父亲王从谦早先原本笃信佛教，1898 年，西方传教士在王从谦家对面开设了福音堂，王从谦与王完白父子两人一同与教士辩论教义，“大败而回”，数月后父子同信基督教。不仅如此，王完白原先已出家为尼的姑姑也还俗而信了基督教，甚至连他远嫁汉口的姐姐也因他而全家信教。王从谦是绍兴当地著名的牧师，在山阴传道期间，共设了八九处分堂，信徒有 2000 人左右，成为浙江省最兴盛的一个教会。

王完白受其父影响，颇具自立的精神。少年时代，他进入教会学校，系统学习了西方的文化，并最终成为一名学识渊博的医学博士。在常州期间，王完白不仅为教会创设了福音医院，且 3 年后就完全自立，并且还用余力扶助教会的自立。1918 年，王从谦去世，为了纪念父亲，同时也为了更好的自立，王完白决定自建教堂，并带头捐款。1921 年，建筑面积近 200 平方米的三层楼新教堂于常州新西门外新马路中段落成，大家一致同意命名为“从谦堂”。该教堂有自请的专任牧师主持教务，日渐兴盛，直到 1983 年才被拆除。

1933 年 6 月开始，王完白在上海中西电台播讲基督教教义与医学常识。12 月，他与上海基督教同人发起成立了福音广播社，台址设在博物院路 19 号（今虎丘路 128 号）广学会大楼七楼，王完白任总经理。福音广播社的呼号 XHHA，频率 840 千赫，发射功率 150 瓦，在当时国内民营电台中名列前茅。1936 年元旦，该电台还播放了宋庆龄的演说词，盛极一时。据当时上海的西文报纸称，这种非营利性的传教电台，在全球唯此一家。

1937 年，上海沦陷之后，在战时混乱的社会秩序下，王完白和其同道利用租界“孤岛”内英美势力的庇护，积极宣传基督教，推动开展重整道德运动，希望借此改造人心和恢复社会秩序。重整道德运动在租界内盛行一时。1939 年，他还应邀赴美国参加全球基督教大会，这成为他宗教生涯中的顶点。1941 年底，太平洋战争爆发后，日军占领上海租界，重整道德运动也逐渐萎缩直至沉寂。

四、多才多艺的艺术家

作为医生、社会人道工作者、宗教界人士，王完白取得了很高的成就。而除此之外，他还是个兴趣广泛、造诣颇深的艺术家。

首先，王完白是一位翻译家。1904 年，他刚满 20 岁时就立足于青少年的教育问题，署名“南野浣白子”，翻译出版了法文宗教道德教育故事《青年镜》（又名《二勇少年》）。1921 年，他又翻译出版了《泰西五十轶事译评》，该书大受欢迎，多次再版。

其次，王完白是一位摄影家。他在常州的时候，就组织成立了常州兰陵摄影社，并举行过专门的展览会。上海的《申报》《时报》的图画周刊中，经常刊发他的佳作。他拍摄过大量的人物、风景和战争等题材的图片，算得上我国最早的一批摄影发烧友，并先后在全国各类摄影大赛中获奖。后来，王完白的孙子王增孝先生告诉笔者："看到你发来的照片中有一张'钧天乐'，万分惊喜。它曾悬挂于故居客厅的墙上，也是王完白中华全国摄影比赛一等奖作品之一。我们已经遗失，曾多方寻找未果。现在看到它，十分欣慰。"王增孝先生介绍说，这是一幅剪影式作品，"钧天乐"的意思就是天上的音乐；再从这幅作品的表现形式来看，其背景是上海兆丰公园（今中山公园）的音乐厅，圆拱形的串串灯光，既烘托出演奏厅的内部环境，又对整个画面起到了很好的装饰作用，具有强烈的艺术效果；作为照片主体的乐队，无论是指挥，还是乐手，个个轮廓分明，线条简练，形象各异；简洁明快的背景与生动活泼的主体，形成了强烈的反差。照片是无声的，但是透过这幅作品，我们仿佛能听到乐队正在齐心协力演奏一曲天人合一、人与自然和谐相处的"钧天之乐"。

再次，王完白还是一名书法家。笔者见过他的三幅作品：一幅是他书写的"常州福音医院月份牌"的报头；一幅是他书写的"幼吾幼以及人之幼"；还有一幅是他写的"荣主益人"的座右铭。这三幅作品都是隶书体，用笔运神、韵味无穷。单就其所书"荣主益人"座右铭而言，"荣主"暂且不论，仅是"益人"二字，便可清晰地感受到先生一生所遵循的价值观。

五、循循善诱的教育家

王完白十分重视女子的教育，在常州新建从谦堂的同时，他利用多余的房屋创设了从谦女校，并由其夫人刘卓君担任校长。该校设有初、高两级小学，每年招收学员 100 名，教学科目包括圣经、国文、英文、算数、历史、地理、理科、常识、卫生、手工、图书、体操、音乐等。学生从入学到毕业共需 6 年时间。学费非常低廉，每年只需 3 ~ 8 元不等。该校举办了 20 多年，历年的毕业生中从事教育、医学等服务工作的很多，为常州地区培养了大批有用的女性人才。

王完白还十分注重公共卫生知识的普及和教育。1923 年，在武进县知事姚绍枝的推动下，警察所、商会、农会、市公所、四乡公所、红十字会、基督教联会等联合成立了常州卫生会，姚绍枝任会长，王完白任副会长。卫生会从最容易的灭除蚊蝇着手，然后逐年扩大工作范围：在处理病死动物传染病方面，其措施包括掩埋死畜、击毙疯犬等；在公共卫生改善方面，其措施包括取缔坑厕、改良运粪、挑除垃圾、清洁河流等；在改善饮食方面，其措施包括禁止冰水、检查食物等；同时，还特别注意传染病人的死亡检查和卫生义务纠察工作。1927 年，一个外国商人对比了沪宁、沪杭铁路沿线各城市的公共卫生状况后指出，别的地方霍乱流行，死者遍地，只有常州没有这种情况发生，其原因就在于当地政府较好地处理了生活垃圾，市民养成了卫生的习惯。可以说，正是因为卫生会的成立和有效运作，常州才能免于 1926 年霍乱大爆发的侵袭。常州人良好卫生习惯的养成，不能不归功于王完白等人的大力提倡。

王完白对子女的教育亦堪称典范。在外人眼中，他是大学问家、名医、宗教家，而在 10 个子女的眼中，他是一位慈祥的父亲、一个好朋友。从现存的他所拍摄的照片来看，其中的人物模特基本上都是他的妻子儿女，这也从侧面反映出他对家庭成员的关爱。在他的精心教育下，其子女在各自领域都有建树，例如，长子王普仁 1939 年赴美，从事医学工作；长女王长乐、次女王恒忍是上海清心女校的学生，均有外国文学的翻译作品面世。

完者，完美无缺；白者，洁白无瑕。王完白先生人如其名，一生功绩可谓既“完”且“白”。60 多年过去了，在今天苏州的凤凰山公墓里，有一个不起眼的墓碑，那正是王完白先生的安息之地。岁月可以带走很多，却带不走记忆，一如这位伟大的先行者和布道者，他的独立、自主、博爱、服务的精神永远激励着我们前行。

（作者：张涛）

姚绍枝与常州城市卫生事业

城市卫生是衡量一座城市文明与否的尺度，亦是城市生活状况和社会发展程度的集中体现，也是城市进步的基本条件和内容。相对于农村的分散性，城市人口密度大，环境卫生更加重要。孔子说："君子敝帷不弃，为埋马也；敝盖不弃，为埋狗也。"说的就是对于死马、死狗，一定要掩埋起来，不要让它们传播疾病。

进入20世纪以后，随着西方医学的传入，中国的城市公共卫生也逐渐得到了政府的重视和市民的认可。常州的近代城市卫生事业发端较早，1914年6月出现了最早的教会医院福音医院；1918年7月，又出现了规模更大的武进医院。在这种背景下，1923年，常州卫生会正式成立，标志着城市卫生事业步入正轨，城市卫生面貌焕然一新。而积极推动这项工作开展的，正是时任武进县知事的姚绍枝。

姚绍枝是安徽池州人，历任嘉定、吴江、吴县等县知事。1918年9月至1925年9月，更是两任武进知事，长达6年有余。虽然他曾因阻止进步青年响应五四运动而颇受舆论诟病，但作为一县之长，他为常州地区做了不少实事，包括支持红十字分会成立、积极为灾区募捐资金等，而其中意义深远、影响最大的，莫过于成立常州卫生会、推动城市环境卫生进步这项利在当时、功在千秋的事业。

一、常州卫生会的成立

1923年，常州各校联合成立演说竞进会，以"卫生"为题目，约各校选手开会演讲。竞进会邀请了福音医院院长王完白到会发表意见，王完白鉴于前有中国卫生会的成立，遂趁此机会，提议设立常州卫生会，来集合社会力量共同解决卫生问题。这个倡议得到了县知事姚绍枝的肯定，他提议说："今天的时间仓促，不如先就到会的教育界同人中推定三名代表，其他各界，由我和王完白先生以发起人的名义分送通告，请各团体自行推出三名代表为筹备委员。"后姚绍枝函请警察所、商会、农会、市公所、四乡公所、红十字分会、基督教联会等，这样8个单位共推选出24名委员。经过三次筹备会的讨论，订立了卫生会的会章并开始征求会员。两周内，共征集会员439人，收到捐款420元。

6月2日，常州卫生会在恺乐堂召开成立大会，各界代表500余人参加。首先由姚绍枝知事致开幕词，接着由王完白报告筹备经过，然后请江苏昆虫局技术员杨惟义演讲有关蚊蝇的知识。杨惟义携带标本器具、摄影图片，先讲蚊蝇的生殖及变化，次讲灭除的方法，并用器具当众试验。演讲结束后，会议还讨论了四个问题：（一）决定即日起由各警察分所收买苍蝇，每50只10文钱；（二）会员的徽章定为铜质、磁质、银质三种，由卫生会置备；（三）决定卫生会本年夏季先举办灭除蚊蝇事宜，以后再谋推广和延伸；（四）推举姚绍枝为会长，王完白为副会长，下设宣传、执行、纠察等部门，由许剑虹、林俊保为文牍，芮真儒、汪少吾、何汝霖办理宣传部，卢心嗜、朱采章、孙梅臣办理执行部，李渊甫、吴省方、恽汉辅办理纠察部，段彦琛为会计员，潘敬斋、俞德霖为庶务员书记。以上职员均由姚绍枝会长聘请，并适当给予酬劳。会所设于福音医院。

1934年，已经移居上海的王完白在其所撰的《常州城市卫生事业之回忆》一文中，详细记述了常州卫生会的成立、发展和取得的成绩。他说："欲办城市卫生，固非少数人所能为力，最好联络当地官绅与公私团体，通力合作，庶几众擎易举，不致掣肘，常州卫生会即依此原则而产生者。由县长与余首先为发起人，请公安、教育、商会、农会各界及慈善机关，各推代表为筹备委员，共商进行，总期各方皆有参与之机会，甘苦共尝，同深爱护。"可见，正是因为有了姚绍枝的发动，卫生会才得到了常州士绅和各公共团体的支持，这些团体包括公安、教育、商会、农会、红十字会等，基本上涵盖了当时社会的方方面面，所以公共卫生工作的推行才比较得力。

王完白还认为，一个社会组织的存在和发展，离不开人才和经费两种要素。无论是网罗人才，还是筹集经费，效果最好的莫过于广泛征求会员。所以，常州卫生会自成立之日起，每年都会征求大批会员，公推社会各界领袖人物为征求队队长。会员按捐款的多少，分为名誉会员、维持会员、赞助会员、特别会员、普通会员和学生会员等六种，分别赠以金、银、磁、铜等徽章，使社会各阶层都能量力参加。后来还根据情况的变化，增加了团体会员。征求活动结束时，再以卫生书画等奖品赠送各队长，以示感谢。对于征集成绩优秀的，还会给以名誉会员的特殊褒奖。于是人才和经费两方面的问题同时得到圆满解决。

二、常州卫生会的工作范围

1923年，常州卫生会因时制宜，因地制宜，规划办法，分清缓急，先从最容易的灭除蚊蝇着手，然后采取措施，逐年扩大工作范围。例如，在治理病死动物传染病问题，其措施包括掩埋死畜、击毙疯犬等；

在公共卫生改善方面，其措施包括取缔坑厕、改良运粪、挑除垃圾、清洁河流等；在改善饮食方面，其措施包括禁止冰水、检查食物等；同时，还特别注意传染病人的死亡检查和卫生义务纠察工作。各项具体规定如下：

（一）收毁蝇蛆　春暖初见老蝇时，出资收买拍死之苍蝇，集有成数，当众焚毁而掩埋之；以后蝇多，逐渐减价，至秋凉为止。大概每年可收毁苍蝇二百几十万头。夏季则加雇夫役，携带无害于植物之灭蛆药水，即青化钾二钱，化为一升，往洒于坑厕，以杀蝇蛆，城中顿觉飞蝇绝迹，市民称快。

（二）灭除蚊虫　会中雇夫役，洒臭药水于阴沟潮湿之处，并至储水之池，捞取孑孓，又劝告居户，倾弃污秽积水，以除蚊种。

（三）掩埋死畜　凡见巷角河边，有猫犬死畜，即收拾掩埋，由会中视动物之大小，给以奖洋一二角，一年间所埋约在二百头左右。

（四）击毙疯犬　如有疯犬发见，经人击毙者，奖洋一元，每年约四五头。

（五）取缔坑厕　由公安局布告，凡街头巷尾之尿缸，一律撤除，另由市政局择要建筑新式坑厕。

（六）改良运粪　粪桶必须加盖，违者由警拘区，责令购盖，挑粪以早晨为限，粪船则必泊于指定之僻静地点，不得随地装卸。

（七）挑除垃圾　各街巷之垃圾窝，须随时出清，不得积蓄，第一年由会雇清道夫，挑除全城积秽，以后市政局自动整顿，一改旧观。

（八）清洁河流。城区河道，不准抛弃瓜皮菜叶等物，一面雇役往城河捞取污秽零物，运弃城外。

（九）禁止冰水　每逢夏季，零售不洁之冰荷兰水等饮料者，触目皆是，实为传染疫疠之祸水，故一律加以禁止。

（十）检查食物　市中摊售之瓜藕糕饼等物，必嘱加盖纱罩，以免蝇类接触，见菜场鸡鸭鱼肉之色味腐败者，送区检查，酌量惩罚。

（十一）死率检查　由公安局造表遍送各区，遇有居民急症死亡，随时填报，俾知境内有无传染病发生，从事预防。

（十二）义务纠察　各项事业，或由曹会雇役专办，或由公安局市政局协助办理，仍恐有执行不力之弊，特推举地方公正之士，为义务纠察员，如有所见，随时报会，加以纠正。

这十二项措施为城市卫生工作的执行范围和内容，而同时进行的卫生宣传也非常重要，因为只有让人人都知道公众卫生关系国家的命运和个人的健康，只有让家家户户都懂得了清洁，然后才能有全常州城的清洁。具体而言，卫生宣传工作主要包括四个方面：

（一）宣传演讲　订邀各校教员定期至繁盛地点，举行通俗演讲，灌输卫生常识于平民，另请著名医师开会主讲，对中上流人士阐发卫生精义。

（二）图画广告　除印刷应时之图画广告至城乡各地张贴外，特购卫生教育会出版之五彩大挂图，装以木框，遍悬通衢，颇为触目惊心。

（三）陈列展览　在适当场所开卫生展览会，搜罗关于卫生之各项图画文字，标本仪器，陈列室中，任人往观。

（四）提灯游行　将蚊蝇蚤虱等传染疾病之虫类，放大形象，制为纸灯，配以简单明了之标语警句。请各校学生列队游行，旗灯掩映，军乐洋洋，最能引起城乡人民之注意。

三、常州卫生会的成绩

根据《常州市志》的记载，常州卫生会成立于1923年，停办于1927年。在短短4年时间里，卫生会的确按照成立时设定的目标和工作范围开展了大量的工作，并取得了一系列成绩。

1923年6月16日，常州卫生会在县警察所召集干事会，到会20多人，姚绍枝派李渊甫代表自己参加会议。开会后，王完白报告会费收入及支出情形。会议结束后，将收到的8.5万头苍蝇烧毁。

8月11日，常州卫生会在福音医院开干事联席会。知事姚绍枝，警察所卢、李两警佐，各分所长暨士绅龚瑞黄等30余人参会。开会后，先由姚绍枝报告开会宗旨，然后由副会长王完白报告捐款情形，最后由庶务员俞德霖报告收买苍蝇、死畜数目：两个月中，计共收苍蝇568513头，死狗、死猫40余只。

1924年4月26日，常州卫生会在三一社的三楼开会。姚绍枝、李警佐、朱采章、郭次汾、王完白等20余人到会，首先由姚绍枝报告开会宗旨，然后由王完白报告会务经过情形。王完白认为，三一社成立后同样设有卫生部，他本人因事务繁剧，精力不继，拟将常州卫生会并入三一社卫生部一并办理。但是，社会各团体多数主张继续办理卫生会，最后经过表决，一致认为应继续举办。

7月11日，常州卫生会当年征求会员工作告一段落，在恺乐堂举行庆功大会，各机关代表到会者50余人，副会长王完白主持会议。首先，由会长姚绍枝致开幕词；再次，由王完白提议改选职员办法，多数主张用提名委员制，公推李渊甫、朱采章、吴有方、恽汉辅、周志靖5人为提名委员；然后，由5位委员提议原有职员仍旧连任，并一致通过；最后，由芮真儒医生演讲公众卫生，王完白报告会员征求成绩。闭会后，焚毁苍蝇21万余头。

1925年6月30日，常州卫生会在三一社的三楼召开第三次常年大会，到会300余人。会长姚绍枝为主席。开会后首先由卫生警察唱国歌，次由姚会长致开幕词，后由副会长王完白报告会务经过情形。他第一次将常州的卫生事业分16种：（一）收买苍蝇；（二）掩埋死畜；（三）捕杀疯狗；（四）灭除厕蛆；（五）定期讲演；（六）木牌广告；（七）分布年刊；（八）实行纠察；（九）取缔坑厕；（十）改良运粪；（十一）禁止冰水；（十二）检查食物；（十三）预防疫病；（十四）清洁河流；（十五）捞取蚊蛆；（十六）调查死亡。最后，请上海唐松园讲演除蚊方法，解说得非常透彻，听众听得了然。

1926年5月11日，常州卫生会召开职员大会，此时姚绍枝已经调任吴县半年有余。王完白等10余人参会。开会后，王完白报告开会宗旨，他说：常州卫生会系前知事姚绍枝先生与我本人共同发起成立，到现在已满三年。虽然没有特殊的成绩，但所办的16种事业，于地方公众卫生大有裨益。遗憾的是本会经费仅仅依赖会员会费，去年（1925年）幸得姚绍枝知事的拨助，会务才得以支持下来。王完白同时提出卫生会是否还要续办的问题，经过表决，一致同意继续办理，并决定即日征募会员，仍请王完白主持。会议公推恽汉辅为总干事，协助做好相关工作。由此可见，虽然此时姚绍枝已经离任，但是卫生会还是非常感谢他的经费帮助，并且认为常州地方公众的卫生的改善离不开他的一贯支持。

四、常州卫生会的影响

一个公共组织存在的价值，不在于它的资产有多少，会员有多少，而要看它取得的效果和其他人的评价。根据王完白1927年撰写的《常州卫生会纪要》一文，我们可以看到卫生会成立数年中的成效：“去夏（1926年）沿沪宁、沪杭二路，各埠时疫盛行，死亡之众，为多年所未有。本邑虽亦不免波及，然据调查，本邑疫势，远不及他埠之盛。某西商时适旅行各埠，至常州后，语云人：‘所至之地，见染疫而死者，触目皆是，景象甚惨。乃一达常州，情形绝不相同，初颇惊异。继察全市街巷无堆积之垃圾，河道无浮漂之秽物，知此间颇能注重公众卫生，无怪有些成效云。’”

王完白通过一个外国商人的口，对比了沪宁、沪杭铁路沿线各城市的公共卫生状况，别的地方霍乱流行，死者遍地，只有常州没有这种情况发生，其原因就在于政府较好地处理了生活垃圾，市民养成了讲卫生的习惯。可以说，正是因为常州卫生会的成立和运行，常州才能免于1926年霍乱大爆发的侵袭。

1934年，王完白回忆说："（常州卫生会）连办数年，成绩尚佳。当时印行卫生年刊，各地同志，远道函索。查其发信地点，竟达二十一省区之广。后闻在内地各县作同样之组织者，亦复不少。"可见当时常州公共卫生事业的影响之大，不仅年刊传播至21个省区，还有不少县仿效常州的做法，纷纷举办卫生会。根据王完白的记载，第一年编印年刊，除了刊登照片、表册、纪事、报告等，还刊登名人论卫生的文章多篇，所以远至甘肃都有人来函索取。只是后来因经费问题，未能继续刊行。

在回顾民国初期常州城市公共卫生事业成就的时候，在我们为当前常州的城市市容和环境卫生叫好的同时，我们不应忘记姚绍枝先生在90年前的这份贡献。

（作者：张涛）

武进县1947年的“四四儿童节”

提起儿童节，很多人会把它和六月一日画等号，其实儿童节本身也有一个历史演进的过程。1925年，国际儿童幸福促进会为鼓励儿童的上进兴趣、学习新知识、更好地锻炼身心，倡议各国确定儿童节日。为响应该倡议，1931年3月7日，中华慈幼协会“建议将每年的4月4日确立为儿童节”的提案由上海市政府转呈国民政府并获得批准。因此，1932年4月4日就成为中国首个儿童节。目前，我国的台湾和香港地区仍然沿用“四四儿童节”。

1949年11月，国际民主妇女联合会在莫斯科举行理事会议，决定以每年的6月1日为国际儿童节。12月，中华人民共和国政府宣布，以“六一国际儿童节”代替原来的“四四儿童节”。

一、举行儿童健康比赛并颁奖

民国时期，由中国红十字会武进县分会主办的1947年第十六届“四四儿童节”尤为隆重，其中儿童健康比赛更为引人注目。对此，武进分会总干事吴逸樵这样解释：“本会秉承总会意旨，推行社会福利事业。对于儿童福利尤为重视，因儿童为国家的骨干，未来的主人，所以儿童的健康与否，影响国家民族之盛衰，关系匪浅。本会在本年第十六届儿童节举行儿童健康比赛，促进一般人对儿童健康的注意，以达到保健之目的。”

早在1947年的3月18日，武进分会就通过《武进新闻报》刊发《“四四”儿童节，红会举行健康比赛，请由总会配发奖品》的新闻。该新闻指出，3月19日至3月25日在早科坊25号分会办公地接受报名，3月26日至3月31日在西横街18号分会诊疗所进行儿童体格检查，4月4日在常州公园水西馆颁奖。但是由于报名者十分踊跃，为了避免漏掉部分小朋友，所以分会于31日再发新闻稿，决定3月31日和4月1日接受登记。最终，共有553名小朋友参加了体检，为他们体检的是红十字分会诊疗所的钱芳和于开明两位医师。对于如何评定成绩，4月3日下午，经评判会议决定：1. 分儿童、婴儿两组，每组分甲乙两等，再由甲乙等中当场评选第一名各一人；2. 已登记检查而未到会者，一律列入乙等，奖品保留一星期，在保留期内，可来会领取，过期作放弃论；3. 由于参赛人数太多，水西馆无法招待，决定4日下午二时在城二镇中心国民学校（局前街小学）礼堂进行颁奖。

4月4日下午，颁奖典礼正常举行，局前街小学大礼堂灯火通明，出席典礼的有孙丹忱县长（刘秘书代）、张止戈旅长（孙副旅长代）、孙金铭副旅长、王钟魂主任、刘轲秘书、李午泉科长、周若愚督学，评判委员王超一、陈舜名、丁克曾、谈鹏年、钱芳、梁聚森、顾峤若、邹莘耕、江帆、蒋伯明、蒋文纨、程成观、李复稔等，及分会副会长查秉初、李行甫，总干事吴逸樵，组长陈绍文、杨迪群、医师钱芳，于开明等。到会的小朋友和家长、各界名人等共计1000多人。孙丹忱致词，他把儿童健康比赛的意义阐述了一下，虽然只有短短的十几句话，却十分扼要，博得了阵阵掌声。之后，分会的吴逸樵总干事及顾峤若先生相继做了演说，半个小时里，掌声断续地起伏着。

激动人心的时刻到了——张旅长颁奖。儿童组第一名邱玉萍，第二名周美芳，第三名张粹青。婴儿组第一名王正平，第二名张秋秋，第三名刘国元。除了红十字会颁发的奖状和奖品（铅笔、钢笔、牙刷、肥皂、糖果、玩具等）外，张旅长、王主任赠"小英雄"立轴两幅，孙县长赠"未来主人""活泼天健"镜框二个，以及医师公会锦旗一面，共计甲等奖43名，乙等奖504名。到会的小朋友依次登台领奖，莫不手舞足蹈。会议持续了两个小时才结束。

于1947年2月成立的前黄服务站，在这一年的儿童节中，也为289名乡村儿童检查了身体，为营养不良的儿童发放了牛奶和鱼肝油，以进行营养上的补充。然而，对于成千上万的穷苦儿童来说，这个数量毕竟是微乎其微的。一些食不果腹的家长，表达了这样的观点："一年一度的儿童节在热烈的情绪中过去了，幸福的儿童们获得了荣誉的奖品。在黑暗的一角，匍匐着一群肮脏的患病的儿童，他们在机车旁拾煤渣，在垃圾箱中拾荒，在田埂上割草，在街头流浪，甚至抢饭担，在人行道上赌钱，甚至偷窃，这一群将永被人们遗忘、唾弃和不齿，一九四七年的儿童节是少数富家儿的。"

二、举行第十六届儿童节庆祝大会

4月4日上午，在局前街小学的礼堂里，城区各校的近千名小朋友参加了儿童节庆祝大会的各项活动。庆祝活动由光华义校童子军担任奏乐，主席团则由城一镇中心国民学校（觅渡桥小学）女生叶凤琳（14岁）、城二镇中心国民学校女声孙爱芳（14岁）、太平镇中心国民学校男生张鹤鸣（17岁）、贫儿院男生洪鹤群（15岁）、西右镇中心国民学校男生高效岳（15岁）等5人组成，他们分别担任主席、司仪、记录、演讲、答词。会议全部由学生负责主持，这也是武进县第十六届儿童节庆祝大会之一大创举。

大会在悠扬的军乐声中开始，行礼后，首先由孙爱芳主席报告筹备庆祝儿童节的经过，她说："我国胜利以后，我们已为世界五强之一国家的儿童，觉得很光荣、很兴奋。我们应该特别注意，修养品性，负起未来建国的责任，并希望老师不断的指示我们，以期达成建国的任务。"

张止戈旅长致词："现有简单的三点意义贡献给各位，一、注重营养，饮食务必定时定量，每日除规定的三餐以外，切勿再吃零食；二、注重精神教育，在家庭中要听长者的讲话，在学校中要听老师的教训，对于立身处世，尤其要特别注意，成为一个好人；三、要培养天真，不要摧残他的发展，我们要经常保持天真活泼。"之后，王钟魂、是旭人、虞铭甫、刘轲、邹莘耕、周钧等名流相继致词。邹莘耕到底是位老教员，能懂得儿童心理，他不用"训"，却讲了一个有教育意义的寓言故事《老鼠山羊乌鸦救乌龟》，勖勉儿童们养成互助合作的精神，将来团结救国。讲来诙谐突梯，津津有味，引得小朋友笑声不绝，掌声齐鼓。会后，各校教师率领全体儿童前赴大光明、凯旋、新军剧场观看《东亚之光》《苏联之光》等电影。这些影片都是非常受欢迎的。

孙爱芳是局小的高材生，年仅 14 岁。她站在主席台上，态度大方，报告筹备大会经过，头头是道，口齿伶俐，拟请一个个长官训话时，必每官一鞠躬，非常有礼貌。学生代表高效岳的演讲，态度自然、口齿伶俐、层次分明，博得一致好评。这次大会中的主席、司仪、记录以及乐队都由儿童们自己来担任，表现了现代儿童的自治自力的精神，并且近千名学生都能准时出席，革除了国粹迟到的坏习惯。

三、开展工商界优待儿童活动

4 月 1 日，武进县红十字分会给武进县商会理事长查秉初写了一封信函："迳启者：本届儿童节，本会为促进民众对于儿童保健起见，特举行儿童健康比赛，并略备奖品以助兴趣，迄今报名人数已逾数百，情况极为热烈。拟请贵会转饬本邑各商店，于四月四日举行廉价一天，优待儿童购物，蔚成盛举。吾邑商界人士，热心公益，向不后人。而贵会领导群伦，尤洽舆情，此次登高一呼，必能群起风往也。相应函达，即希查照为盼。此致武进县商会。中华民国红十字会武进县分会启。"查氏是武进工商界的大佬，同时兼任着武进县红十字分会的副会长，对于红会的工作，十分支持。他在文件上批示："稿由本会送登，告白费请各报捐讫。"

同日，在庆祝“四四儿童节”筹备会议上，县教育科就儿童节如何向各娱乐场所接洽优待及各商店廉价出售儿童用品的问题，决定上午免费招待，下午半价招待，由县商会通知各商号廉价优待。4 月 4 日的《武进新闻报》再次明确：“本邑各娱乐场所为优待儿童起见，今日上午一律免费招待；下午半价优待，对儿童用品等亦由商会通知各商店廉价出售。”据此可知，儿童们赴大光明、凯旋、新军剧场所看的电影，应该都是免费的。这从一个侧面可以看出武进县商会对本次纪念活动的大力支持和社会各界对纪念儿童节的认识非常到位。尽管没有详细的数据说明当时的优待情况，但从以上史料中我们对此仍然可见一斑。

四、广泛宣传儿童节的重要性

除了以上的活动外，武进县红十字分会还十分重视宣传工作。具体措施有：1. 开展儿童广播，每个学校至少以演讲及歌咏各一个节目来宣传儿童节。2. 向各报社洽商出版儿童节特刊，第一组由城二、河南、太平三中心国民学校负责编辑，交《中山报》刊载；第二组由城一、西右、天宁三中心国民学校负责编辑，交《武进新闻》刊载；第三组由贫儿院、光华、恺乐、培熙负责编辑，交《正报》刊载。由城二、城一、光华负责第一、二、三组搜集稿件。根据笔者目前所见到的资料，《中山报》未见有关特刊。《正报》未曾阅目，待考。1947 年 4 月 4 日的《武进新闻报》的确是以整版的篇幅来宣传报道儿童节的，并且这期的内容十分丰富，包括：第一绥靖区司令官李默庵书写的“博爱”；上海市长吴国桢书写的“胞与为怀”；地方名士钱小山的诗歌《童年》一首：阅历人寰感慨深，童年乐事渺难寻。谁教世味都尝遍，无复从前赤子心。另外，还有 7 篇分会领导所写的文章，包括会长程俊观的《庆祝儿童节》、副会长查秉初的《儿童节感言》、副会长李行甫的《加强我们今后的儿童保健工作》、常务理事胡桐的《儿童健康比赛的意义》、常务理事薛迪功的《如何教养流浪儿童》、总干事吴逸樵的《儿童福利改进刍议》、医师于开明的《儿童健康比赛的展望》。他们从多个方面论述了重视儿童成长、加强儿童福利和健康的重要性，以及如何教养流浪儿童，使其融入社会做一个正常的人的重要性。这些意见和建议，在今天仍然有一定的指导意义。

由武进红十字分会主导的 1947 年儿童节纪念活动取得了很好的效果，无论是大人还是儿童都懂得了加强保健的作用，重视体格的锻炼和精神的培养。然而，这样的活动毕竟是昙花一现，随着经济的凋敝和时局的变化，至 1948 年儿童节时，分会早已入不敷出，无力开展这样的公益活动了。正如程俊观会长担心的那样：“过去的每届儿童节几乎都是大事小做着的，大家当时固然都是兴高采烈，什么此后将为儿童谋福利，什么……等等的话，天花乱坠的说了一大套，但之后就忘怀了，结果连一样都没有实行，只等来年，大家再来热烈庆祝，反正年年都有这么一个节日，但这是不是就算值得庆祝了呢？我们感到空虚，感到惭愧!”

斗转星移，60 多年过去了，中国早已经摆脱了当年的贫困和战争，如果不出意外，上文提到的 6 位获奖小朋友和 5 位主席团成员现在的年龄应在七八十岁了，大多数人应该还健在的。如果让他们看到这篇文章，是否还能回想起当年的庆祝场景呢？

（作者：张涛）

图书在版编目(CIP)数据

中国红十字运动史料选编·常州专辑(第十三辑)/江华,张涛主编. —合肥:合肥工业大学出版社,2019.7

(红十字文化丛书)

ISBN 978-7-5650-4590-5

Ⅰ.①中…　Ⅱ.①江…②张…　Ⅲ.①红十字会—史料—常州　Ⅳ.①D632.1

中国版本图书馆CIP数据核字(2019)第164736号

中国红十字运动史料选编·常州专辑(第十三辑)

江　华　张　涛　主编

责任编辑	章　建　张　燕
出版发行	合肥工业大学出版社
地　　址	(230009)合肥市屯溪路193号
网　　址	www.hfutpress.com.cn
电　　话	总　编　室:0551-62903038
	市场营销部:0551-62903198
开　　本	710毫米×1010毫米　1/16
印　　张	19
字　　数	323千字
版　　次	2019年7月第1版
印　　次	2019年8月第1次印刷
印　　刷	安徽昶颉包装印务有限责任公司
书　　号	ISBN 978-7-5650-4590-5
定　　价	50.00元

如果有影响阅读的印装质量问题,请与出版社市场营销部联系调换。